Das Buch

„Wir verlieren die Seele, wenn wir unsere Träume nicht erfüllen", sagt der renommierte schamanische Traumtherapeut Robert Moss. Dieser „Seelenverlust" kann unterschiedlichste Gründe haben: ein Job, der unserer Berufung nicht entspricht, die Trennung von einem Partner, ein Verkehrsunfall, Missbrauch oder andere Verletzungen, die, obwohl verdrängt und vergessen, uns so lange Lebensenergie abziehen, bis wir uns wirklich mit ihnen ausgesöhnt haben. Wie diese verletzten Anteile durch schamanische „Traumarbeit" geheilt werden können, zeigt dieses Buch: Mit geführten Traumreisen, Heilritualen und Beispielen aus der Praxis demonstriert Robert Moss, wie wir unsere Lebensträume und unser inneres Kind heilen können, um endlich das Leben zu leben, das wir uns aus tiefstem Herzen schon immer gewünscht haben!

Der Autor

Robert Moss hatte als Kind drei Nahtod-Erfahrungen, die sein Leben prägten: Er entwickelte eine hellsichtige träumerische Begabung, wie sie häufig bei Schamanen-Heilern zu finden ist. Er erforschte das alte schamanische Wissen der Traumheilung, studierte die moderne Traumtherapie und begründete die wegweisende Heilmethode des „Aktiven Träumens". Heute leitet er Seminare und Trainings weltweit und publizierte bislang neun viel beachtete Bücher zum Thema schamanisches Heilen, bewusstes Träumen und die Kraft der inneren Vorstellung. Robert Moss lebt im Staat New York, USA.

Robert Moss

Traum-Heiler

Lebensträume erfüllen, Verletzungen heilen
durch schamanisches Heilwissen

Übersetzt von Johanna Ellsworth

© 2012 Robert Moss - Dreaming the Soul back Home

© 2012 New World Library

14 Pamaron Way, Novato 94949, Kalifornien, USA

© 2012 Reichel Verlag

D - 91365 Weilersbach, Reifenberg 85

Tel: 0049(0)9194-8900, Fax: 0049(0)9194-4262

E-Mail: info@reichel-verlag.de

www.reichel-verlag.de

Umschlaggestaltung Christian Wolf

Zitate frei übersetzt

ISBN 978-3-941435-29-2

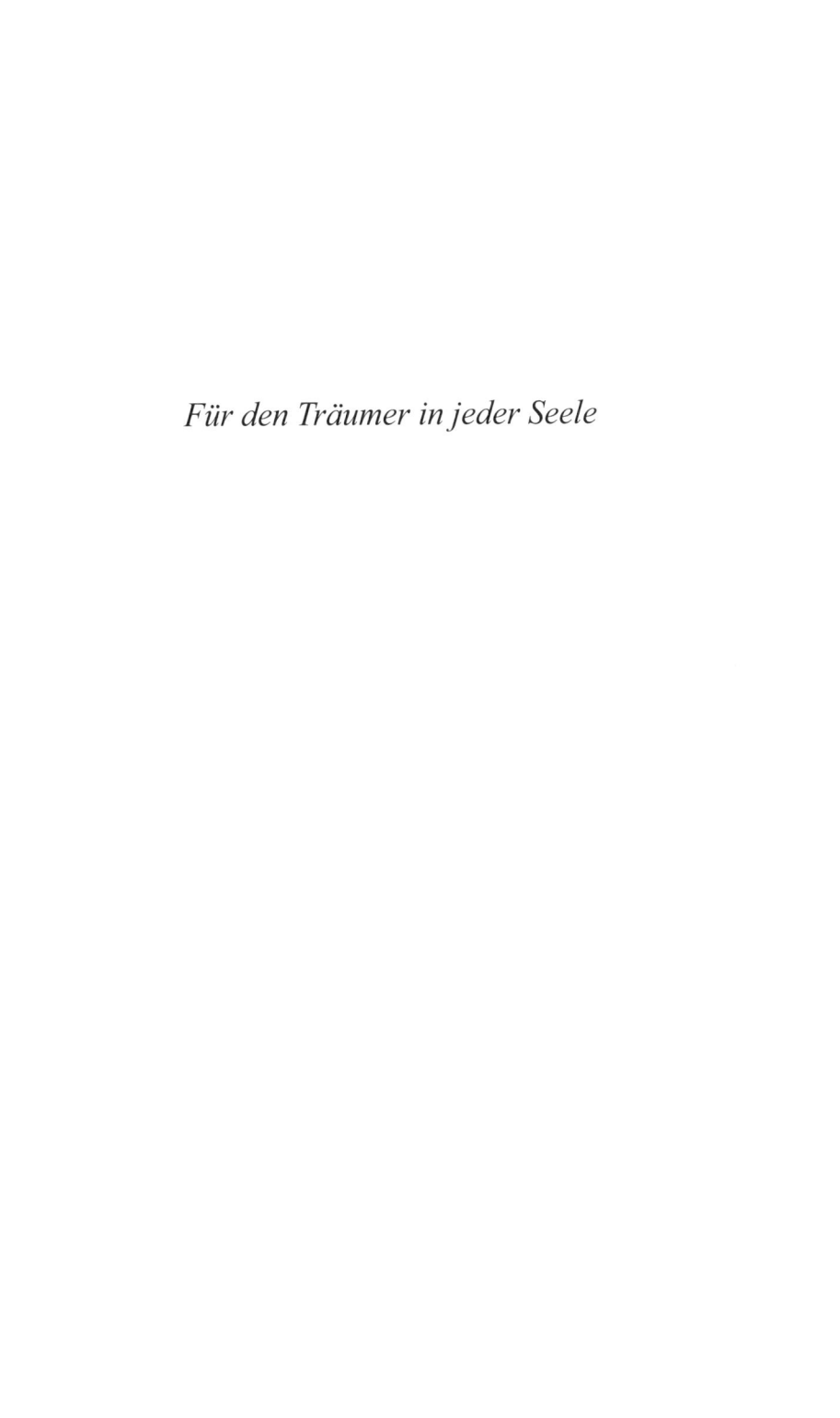

Für den Träumer in jeder Seele

*Nur derjenige, auf dem sich die Seele niederlässt,
durch den die Seele spricht, kann andere lehren.*

– Ralph Waldo Emerson, Ansprache vor der
Harvard Divinity School im Jahr 1835

Inhalt

Einleitung
Die träumende Seele

Die Zeit wird kommen, wenn du dich freudig selbst an deiner Tür begrüßt, dir im Spiegel begegnest und ihr beide über das Willkommen des anderen lächelt.

– Derek Walcott, »Love after Love«

Meistens sind die wichtigen Dinge ganz einfach. Und sie sind offene Geheimnisse in der Hinsicht, dass niemand uns das Wissen vorenthält – außer uns selbst.

Dieses Buch handelt von einer ganz einfachen Wahrheit, auf der die Menschheit basiert. Wir sind mehr als nur Körper und Verstand: Wir sind auch Geist und Seele. Doch wir Menschen sind vergessliche Tiere. Wir vergessen, dass wir eine Geschichte haben, die über unsere jetzige Situation hinausgeht. Wir vergessen, dass wir vielleicht mit einer Aufgabe und einer Identität auf diese Welt gekommen sind, die unserem jetzigen Leben vorausgehen und nicht mit dem Tod enden. Und da wir vergessen, wer wir sind und welche Aufgabe unsere Seele auf dieser Welt hat, geraten wir in alle möglichen Schwierigkeiten. Noch schlimmer wird es, wenn wir einen Teil unserer Lebensessenz verlieren, weil wir unangenehme Dinge erleben und wir in gewisser Weise aus unserem Körper herausschlüpfen wollen. Möglicherweise gelingt uns das sogar. Schamanen bezeichnen diesen Zustand als Verlust von Seelenanteilen, und Psychologen nennen ihn Dissoziation.

Der Lakota-Indianer und Traumschamane Lame Deer hat davor gewarnt, wohin so ein Zustand führt: »Die Menschen sind an einen

Punkt gelangt, an dem sie nicht mehr wissen, wozu sie überhaupt auf der Welt sind ... Sie kennen das Wissen, das der Geist jedem Einzelnen von uns mitgegeben hat, nicht mehr ... und so stolpern sie blindlings auf dem Weg ins Nichts dahin – auf dem betonierten Highway, den sie selbst ausgehoben und asphaltiert haben, um noch schneller zu dem großen, leeren Loch zu gelangen, das am Ende auf sie wartet, um sie zu verschlucken. Es ist eine schnelle, bequeme Superautobahn, aber ich weiß, wohin sie führt. In meiner Vision bin ich dort gewesen, und mir schaudert, wenn ich nur daran denke.«[1]

Dieses Buch enthält das Gegengift zu diesem Zustand. Es ist aus lebenslanger Erfahrung und unabhängigen Studien und einem Vierteljahrhundert praktischer Anwendung heraus entstanden. Ich habe als Kind in meiner Heimat Australien Seelenanteile verloren, als ich sehr krank, einsam und traurig war. Damals war ich zwischen meinem dritten und elften Lebensjahr die Hälfte der Zeit ans Krankenbett gefesselt. In diesen Jahren litt ich unter Lungenentzündung (beider Lungenhälften) und geriet drei Mal in den Zustand, den man heute Nahtoderlebnis nennt. Als Jugendlicher führte ich mitten in der Nacht Gespräche mit einem Traumbesucher, einem strahlenden jungen Mann, der anscheinend aus dem Osten der hellenistischen Welt Griechenlands kam. Wie er mir sagte, erhalten wir alles wahre Wissen durch Anamnese. Dieses ziemlich komplizierte griechische Wort bedeutet wörtlich »sich erinnern«. In der neoplatonischen Philosophie hat es eine besondere Bedeutung: die Erinnerung an das, was auf der Ebene der Seele oder des Geistes zu uns gehört hat, bevor wir in unserem jetzigen Körper auf diese gute Erde gekommen sind. Es geht um die Erinnerung der Seele.

Als ich in meinen mittleren Jahren auf eine Farm im Norden des Hudson Valley im Bundesstaat New York zog, um den Großstädten und dem Alltagsstress zu entkommen, erhielt ich noch eine Lektion über dieses Thema. Nachts beim Einschlafen merkte ich, dass ich aus meinem Körper schlüpfte und anfing, wie ein Vogel über das schlafende Land zu schweben. Mir war, als würde ich auf den Flügeln eines Rotschwanzhabichts sitzen – eines Vogels, mit dem ich in dieser Gegend vertraut geworden war. In meiner spontanen

Nachtreise flog ich über Wälder und Seen zu einer Hütte im Wald irgendwo in der Nähe von Montreal. Ich wurde von einer uralten Indianerin empfangen, deren rhythmische Sprechweise wie Wasser klang, das ans Seeufer schwappt. Sie sprach ihre eigene Sprache und ich konnte sie nicht verstehen, bis ich schließlich Mohawks fand, die mir die phonetischen Laute, die ich aufgeschrieben hatte, übersetzten. Wie sie mir mitteilten, waren die Worte zwar aus der Sprache der Mohawks, doch eine recht altertümliche Version. »Du redest so, wie wir vor dreihundert Jahren gesprochen haben, und darunter ist auch ein bisschen Dialekt der Gegend um den Huron-See.«

Allmählich begriff ich, dass ich zusammen mit einer der Vorfahren des Landes, auf dem ich lebte, geträumt hatte. Ich nannte sie Inselfrau, was einer ihrer Mohawk-Namen sinngemäß bedeutet. Wie ich herausfand, war sie eine atetshents. Dieser Begriff der Mohawks bedeutet wörtlich »Jemand, der träumt« und auch »Schamane, Heiler und Arzt«. Gemäß der Tradition der Inselfrau muss man ein Träumer sein, um in einer dieser Berufungen erfolgreich zu sein. Das Wort hat in der Sprache der Mohawks eine stärkere Bedeutung als in unserer heutigen Sprache. Die atetshents sind starke Träumer. Im Traum kann die Inselfrau Zeit überwinden. Sie kann für andere träumen, sie kann ihren Traumraum betreten und ihnen Heilung bringen oder den Weg, der vor ihnen liegt, auskundschaften und Informationen sammeln, die für ihr Überleben wichtig sein könnten. Im Traum kann sie an Orte des Lernens und der Initiation in anderen Dimensionen der Realität reisen. Sie träumt mit dem sprechenden Land und spricht für die Bäume und Berge. Sie träumt mit den Tieren und Vögeln und kann sich ihre Gestalt leihen oder sie als ihre Vertreter oder Boten aussenden. In ihren Traumreisen begegnet sie Seelen der Lebenden und der Toten und kann sie retten.

Meine eigenen Begegnungen mit der Inselfrau erinnerten mich an Sehens-, Seins- und Heilarten, die alle unsere Vorfahren aufweisen. Vor allem erinnerte ich mich wieder daran, dass es immer um die Seele geht. Eines der seltsamen Wörter, die die Inselfrau in den ersten Gesprächen verwendete, klang wie on-dee-noonk. In einem Schreiben eines jesuitischen Missionars, das aus dem 16. Jahrhundert stammt und halb verkohlt, halb erfroren zwischen einem Feuer und einem Schneesturm in einer Hütte am Huron-See aufgeschrieben wurde, entdeckte ich das Wort ondinnonk. Der Jesuit berichtete einem höheren Geistlichen, dieser ondinnonk sei für den Geist der »Wilden« von unglaublicher Wichtigkeit. Wie er erklärte, ist ondinnonk »der geheime Wunsch der Seele, der sich vor allem in Träumen offenbart«. Er schilderte, dass das Teilen von Träumen in den Dörfern der Menschen, unter denen die Inselfrau geboren wurde, eines der wichtigsten Gemeinschaftsrituale überhaupt war. Träume wurden nach Hinweisen auf die Zukunft und nach Botschaften aus der spirituellen Welt durchforscht. Vor allem wurden Träume als Seelensprache durchleuchtet. Die Gemeinde war verpflichtet, sich um einen Träumer zu versammeln. Sie sollte ihm dabei helfen, die Wünsche seiner Seele herauszufinden, die sein Traum offenbarte, und sich anschließend aktiv an der Erfüllung dieser Wünsche beteiligen.[2]

Das wurde als Kern des Heilprozesses aufgefasst. Wenn wir die Wünsche der Seele verleugnen, dann wird die Seele verärgert und entzieht unserem Leben notwendige Lebensenergie. Dann werden wir für Krankheiten und Unglück anfällig. Folgen wir hingegen den geheimen Wünschen der Seele, können wir auf den natürlichen Weg unserer Energien zurückkehren und Vitalität, Gesundheit und Glück wiederherstellen. Dieser Vorgang kann in einer Runde des Traumteilens sofort beginnen, wenn wir es zulassen, uns mit der Energie eines Traums zu bewegen, statt nur über ihn zu reden. Das Volk der Inselfrau saß nicht lange still herum, wenn Träume erzählt wurden. Sobald wie möglich fingen die Leute an, die Träume nachzuspielen, zu singen und in die Hände zu klatschen. So was mögen Seelen.

In den Traumkreisen und Traumworkshops, die ich seit Ende der 1980er Jahre leite, testete ich die Dinge, die ich von der Inselfrau lernte. Und ich fand heraus, dass sie funktionieren. Wie ich schon bald feststellte, ist das Träumen echte Magie – die Kunst, Geschenke aus einer anderen Welt in unsere herüberzubringen. Ich merkte, wie es die Menschen begeisterte, dass sie durch das Teilen ihrer Traumgeschichten einen Bezug zu den größeren Geschichten ihres Lebens und den Kräften der Traumzeit herstellen konnten. Es faszinierte mich, wie sich unser kindliches Selbst – das vielleicht schon seit Jahrzehnten verloren gegangen ist – zeigte, um mit uns zu spielen, wenn wir Träume in Theaterszenen oder spontane ausdrucksvolle Kunstwerke mit Kreide und Buntstiften auf dem Boden umwandelten. Und ich lernte dabei noch mehr über die träumende Seele.

Träume zeigen uns nicht nur, was die Seele will, sondern auch, wohin sie gegangen ist. Wir träumen immer wieder von unserem alten Elternhaus oder Großmutters Haus, unserer Schule oder der Wohnung, die wir mit einem früheren Partner geteilt haben. Diese Träume wollen uns möglicherweise klarmachen, dass wir einen Teil unserer Lebenskraft und Identität in dieser Lebensphase zurückgelassen haben. Vielleicht träumen wir auch von einer jüngeren Begleiterin oder einem Begleiter unseres eigenen Geschlechts und stellen fest, dass wir von einem jüngeren Teil von uns träumen, der in diesem Traumalter verloren ging. Der Grund dafür war, weil damals schlimme Dinge geschahen oder weil wir eine schlechte Wahl treffen mussten und ein Teil von uns mit der Entscheidung nicht einverstanden war und sich deswegen abgespalten hat. Oder aber wir träumen von einem verhungernden Pferd, einer schlafenden Löwin oder einem wütenden Bären, und damit erscheinen uns animalische Geister, die uns Kraft und Heilung bringen können, wenn wir lernen, sie zu nähren und in unserem Körper erwachen zu lassen – und wenn wir bereit sind, es mutig mit ihnen aufzunehmen. Wir können auch von den Ahnen unserer Gegend oder unseren Vorfahren oder unserer größeren spirituellen Familie träumen, die viele Kulturen umfasst. Dadurch werden wir aufgefordert, mit der uralten Seele Verbindung aufzunehmen oder über Generationen hinweg Heilung zu bewirken. Immer wieder und wieder verfolgt uns unser höheres oder größeres Selbst in unseren Träumen und gibt uns die Chance, eine Verbindung zu knüpfen, die unserem Körper mehr seelische oder spirituelle Anteile zuführen kann, als wir bisher hatten.

Der wichtigste Beitrag, den die uralten Träumer – die Schamanen wie die Inselfrau – zu unserer heutigen Medizin und Heilmethoden leisten, ist das Verständnis, dass man im Leben Seelenanteile verlieren kann, und dass wir uns über die Bedeutung der

Seelenheilung klar werden müssen, wenn wir gesund und ganz werden wollen.

Auf der instinktiven Ebene wissen wir alle, wie der Verlust von Seelenanteilen zustande kommt. Wir erleben Schmerz, ein Trauma oder Misshandlungen, wir werden von Trauer oder Scham überwältigt und ein Teil von uns verschwindet, weil er nicht in einer Welt bleiben will, die so hart und grausam scheint. Wir müssen eine schmerzhafte Entscheidung treffen, einen Partner, einen Job oder unser Zuhause verlassen, und ein Teil von uns stellt sich gegen unsere Entscheidung. Deshalb löst er sich von der dominierenden Seite unserer Persönlichkeit und hält an der alten Beziehung oder dem alten Ort fest. Der Verlust von Seelenanteilen verstärkt sich, wenn wir in eine Depression oder eine Sucht verfallen oder wenn wir mit der Welt, wie wir sie begreifen, Kompromisse eingehen und unsere großen Lebensträume aufgeben. Ohne den Mut und genug Selbstvertrauen, um unsere Kreativität zu leben oder an unsere Liebe zu glauben, ziehen wir uns feige aus der Affäre – und ein Teil unserer strahlenden Seele macht sich voller Verachtung über uns aus dem Staub.

Gute Psychoanalytiker und Therapeuten können uns helfen, Seiten unserer selbst zu erkennen, die wir unterdrückt und verleugnet haben, wie beispielsweise der berühmte Schatten. Vor allem Jungianer verwenden diesen Begriff, um das zu bezeichnen, was wir in den Keller des Unbewussten abzuschieben versuchen, weil wir es nicht als einen Teil unserer selbst akzeptieren wollen. Das schamanische Konzept des Verlusts von Seelenanteilen geht noch weiter. Es erkennt, dass es bei der Seelenheilung nicht nur darum geht, Aspekte des Selbst, die wir verdrängt oder verleugnet haben, zu erkennen und zu integrieren. Es geht auch darum, Seelenanteile zurückzuholen, die buchstäblich verloren gegangen sind und die gefunden werden müssen, um sie zur Rückkehr in den Körper, in den sie gehören, zu bewegen.

In meiner eigenen Praxis unterscheide ich mittlerweile fünf Formen von partiellem Seelenverlust oder von Abspaltung, die geheilt werden müssen. Ich bin noch keinem Menschen begegnet, der gegen sie immun gewesen wäre.

VERLUST VON LEBENSENERGIE

Sie leiden unter chronischer Müdigkeit. Sie sind schlapp und lustlos und kommen morgens nur schwer aus dem Bett. Jeder Tag wirkt freudlos und grau. Ihr Immunsystem spielt verrückt und Sie scheinen jeden Virus einzufangen, der in der Luft herumschwirrt. Irgendwas fehlt Ihnen innerlich und Sie versuchen, diese Leere mit Zucker oder Alkohol zu stopfen.

VERLUST IHRES JÜNGEREN SELBST

Jüngere Versionen Ihrer selbst sind Ihnen verloren gegangen – das kleine Kind, das vor Energie und wundervoller Fantasie sprudelte, der romantische Teenager, der verletzt oder verraten wurde, der Dichter oder Unternehmer in Ihnen, der ganz andere Wege gehen wollte als die, die Sie gegangen sind. Diese jüngeren Teile Ihres Selbst haben Talente und Kräfte, die Sie in Ihrem heutigen Leben nutzen können, wenn Sie herausfinden, wo sie stecken und wie Sie sie zurückholen können.

VERLUST VON ANIMALISCHEN KRÄFTEN

Wie Naturvölker und Schamanen wissen, sind wir alle mit der Welt der tierischen Kräfte verbunden. Wenn wir unsere Verbindung zu den animalischen Kräften erkennen und nähren, finden wir den natürlichen Weg unserer Energien und folgen ihm. Doch viele von uns haben diese ursprüngliche Verbundenheit verloren oder kennen sie nur als etwas Oberflächliches, Möchtegernsymbolisches, das sie in Büchern und auf Tarotkarten nachsehen, ohne es täglich zu füttern und zu leben.

VERLUST DER AHNEN-SEELE

Dies ist ein zweischneidiges Schwert. Wenn wir ohne das Bewusstsein leben, dass wir uns immer in der Gegenwart unserer Ahnen befinden – der Ahnen unseres Familienstammbaums, des Landes, auf dem wir leben, und der unserer spirituellen Verwandten im weiteren Sinne –, werden wir wahrscheinlich zum Spielball und möglicherweise sogar zum Wirt von Wesen, die wir vermutlich nicht in unserer Nähe haben wollen. Wenn wir uns der Seele unserer Ahnen bewusst werden, sind wir bereit, die Verbindung zu den

Hütern der Weisheit und den Beschützern aufzunehmen, die uns helfen können, wieder gesunde seelische Grenzen zu setzen und das zu entfernen, was nicht zu uns gehört.

VERLUST DER VERBINDUNG ZUM GRÖSSEREN SELBST

Letztendlich können wir unter den vielen Seiten unseres Selbst nur dann Frieden schaffen und einen Weg der wahren spirituellen Entwicklung gehen, wenn wir eine unmittelbare und bewusste Verbindung zu dem Selbst auf einer höheren Ebene herstellen – dem Selbst, das kein Fremder für uns ist. Wenn wir die richtige Stelle in unserem verkörperten Selbst freimachen, sind wir womöglich bereit für den tiefen und wunderschönen Akt des Seelenwachstums, den ich spirituelle Krönung nenne, denn er bringt einen Teil des größeren oder höheren Selbst in unseren Körper und dann durchdringen seine Strahlen unseren Körper und unser ganzes Leben.

Wie bekommen wir mehr Seelenanteile in den Körper? Wie können wir die zerrissenen Verbindungen reparieren und uns der Ganzheit und dem höheren Selbst annähern? Um unser animalisches Wesen wiederherzustellen und verloren gegangene Seelenanteile zurückzuholen, kann ein Schamane oder eine Schamanin eine Seelenheilung für uns durchführen. Dafür wird er/sie die eigenen spirituellen Verbündeten einbinden und für uns auf die Reise gehen, um das Krafttier oder die verlorenen Seelenanteile aufzuspüren. Dann werden diese in unseren Körper zurückgebracht. Normalerweise geschieht das, indem der Schamane in unser Herz oder unseren Kopf bläst, da sich der Geist auf dem Atem fortbewegt.

Sandra Ingerman, eine weise schamanische Lehrmeisterin, betont in ihrem Lehrbuch Auf der Suche nach der verlorenen Seele, dass dies keine Selbsthilfemethode ist. Die Technik birgt Risiken und Gefahren für den Heiler und den Hilfesuchenden. Für eine erfolgreiche Seelenrückführung könnte es nötig sein, unerwünschte Wesen und Energien aus dem Körper zu vertreiben, die sich in der Person mit partiellem Seelenverlust festgesetzt haben, weil eine

Leere gefüllt werden musste. Auf dem Weg zur Seelenheilung muss der Schamane möglicherweise Diebe austricksen, die die vereinnahmte Seele nicht mehr herausrücken wollen. Die Seelenrückführung kann eine Reise an sehr dunkle Orte in der nicht alltäglichen Realität bedeuten, an die sich niemand freiwillig begeben würde. Darunter befinden sich auch Totenreiche, in denen Reisende ihr Licht verbergen müssen.

Eine Herausforderung bei der Seelenrückführung kann sein, Erinnerungen an frühere Traumata zu integrieren. Wie bei jeder Therapie besteht die Gefahr, eine übermäßige Abhängigkeit zum schamanischen Heiler zu entwickeln. Wie in jedem Beruf gibt es ganz unterschiedliche Schamanen. Womöglich müssen Sie feststellen, dass Sie mit jemandem arbeiten, der unfähig ist zu erkennen, was wirklich zu Ihnen gehört und was nicht, oder dessen persönliche Energien ambivalent sind, so dass Sie riskieren, etwas Unerwünschtes von ihm zu empfangen.

Im Gegensatz zur Seelenrückführung ist die Seelenheilung eine Handlung, bei der wir uns gegenseitig dabei helfen, Selbstheiler und Schamanen unserer eigenen Seele zu werden. Dafür müssen wir mutig genug sein, über unsere bisherigen Grenzen hinauszugehen. Wir sollen dabei nicht für andere den Schamanen spielen. Diese Methode minimiert auch das Risiko der Abhängigkeit und des Annehmens von Dingen, die nicht zu uns gehören. Wir wissen, wann für uns der richtige Zeitpunkt gekommen ist, diesen Weg zu gehen, wenn wir uns durch unsere innere Führung lenken lassen. Wir wissen, welche Tore wir öffnen müssen, weil sie uns in unseren Träumen und Bildern, die in uns hochsteigen, gezeigt werden.

In diesem Buch geht es darum, wie wir die Techniken des luziden Träumens anwenden können, um mehr Seelenanteile in den Körper zu holen und anderen zu helfen, ganz zu werden. Indem wir lernen, Träume auf die richtige Weise mit anderen zu teilen, schaffen wir einen sicheren Raum, in dem die jüngeren und strahlenderen Anteile unseres Selbst sich annähern können und wir anfangen werden, Gemeinschaften aus Seelenfreunden aufzubauen. Und indem wir lernen, einen Traum als Tor zu nutzen, durch das wir – in bewussten schamanischen Wachträumen – hindurchreisen, können wir an die Orte gehen, an denen verlorene Seelen gefunden und zurückgeholt werden können, und uns gegenseitig dabei unterstützen.

Dieses Buch zeigt Ihnen, wie Sie Schamane Ihrer eigenen Seele werden und anderen helfen können, Heiler ihres eigenen Lebens zu werden. Ich bin überzeugt, dass dieser Weg allen Menschen offensteht, die bereit sind, mit ihren eigenen Träumen zu arbeiten, selbst wenn (wie wir sehen werden) der letzte erinnerte Traum schon dreißig Jahre zurückliegt. Für die meisten von uns gilt: Wo ein Wille ist, ist auch ein Weg. Wenn uns eigene Träume zur Verfügung stehen – selbst uralte –, sind wir im Besitz der Landkarten und der Grundausstattung, die wir für unsere persönliche Reise der Seelenheilung brauchen. Wenn wir uns mit dem Willen, Heilung zu finden, in den Wald aus Träumen hineinwagen, sichern wir uns die Unterstützung der Mächte der tieferen Welt. Wie Schamanen sagen, gefällt Geistern diese Arbeit.

Die Seelenheilung ist zwar eine Methode der Selbstheilung, doch sie ist mehr als nur eine Selbsthilfemethode. Wie Sie feststellen werden, müssen Sie über Ihr gewöhnliches Selbst hinausgehen, um einen bestimmten Punkt zu überschreiten – auf das höhere oder größere Selbst hinzu, den Gott/die Göttin, mit dem oder der Sie kommunizieren können –, und mit spirituellen Verbündeten zusammenarbeiten. Sie werden Freundschaften auf einer tieferen Ebene knüpfen und Teil einer Gemeinschaft aus Seelenfreunden werden, die sich gegenseitig bei Wachstum und Heilung unterstützen. Sie werden entdecken, wie Laotse gelehrt hat: »Von einem anderen innig geliebt zu werden, gibt Kraft, während einen anderen innig zu lieben Mut macht.« Wenn Sie Ihren Kreis aus Seelenfreunden finden und aufbauen, werden Sie merken, dass Sie auch anderen bei ihren eigenen Bemühungen um Ganzheit und Heilung helfen wollen.

***

In den Adirondacks in der Nähe von North River, New York, gibt es einen Berg, der gut für die Seele ist. Zweimal im Jahr, im Frühling und im Herbst, gehe ich zu einem ganz besonderen Wochenendtreffen von aktiven Träumern, die aus aller Welt kommen, um miteinander Abenteuer zu erleben und mit den Geistern des

Bergs zu kommunizieren. Es ist ein Berg aus rotem Feuer und sein Herz ist aus Granat. Es ist ein Ort, an dem die Heilkraft des Wilds stark vorhanden ist und an dem auch manchmal Drachen zu sehen sind.

Dann trommeln wir vor einem großen offenen Feuer und verwandeln auf einer Lichtung zwischen den Nadelbäumen und Silberbirken unsere Träume in Tänze und Schauspiel, in derben Komödien und Tragödien (in drei Akten). Wir reisen gemeinsam in schamanischen Gruppenreisen mit abgestimmten Reisezielen. Wir sind auch schon in die Zellenstruktur des Körpers gereist, um zu untersuchen, ob man auf diese Weise heilen und Diagnosen erstellen kann. Wir haben Gruppenexpeditionen zu anderen Kulturen, Zeiten und Dimensionen durchgeführt. An diesem Ort mache ich häufig meine Testflüge in neuen Techniken, wie zum Beispiel dem Blitz-Traumarbeitsprozess, der zu einer schnellen und unterhaltsamen Methode des alltäglichen Teilens von Träumen geworden ist, die immer zu Aktivität führt, um Führung und Energie aus der Traumwelt in den Alltag zu bringen.[3]

Als ich mir Gedanken über den Kern des Buchs machte – also wie man die Techniken des aktiven Träumens anwenden kann, um mehr Seelenanteile in den Körper zu holen und ganz zu werden –, hielt ich es für richtig und sogar nötig, dieses Thema meiner Seelenfamilie auf unserem Zauberberg anzusprechen.

Als unser Kreis sich vor einem lodernden Kaminfeuer in der Hütte versammelt hatte, gingen wir auf die Reise, um Verbindung zu den Geistern des Landes aufzunehmen und sie um ihren Segen für unsere Arbeit zu bitten. Dann verkündete ich eine Gruppenreise, um neue Techniken und Ressourcen für die Seelenheilung zu entdecken. Auf dieser Reise trommelte ich allein, während fünfunddreißig Leute mit geschlossenen oder verbundenen Augen auf dem Boden lagen oder sich in ihre Sessel zurücklehnten. Meine innere Sicht kam stark in Bewegung. Während ich den Rhythmus trommelte und über die Gruppe wachte, bewegte sich ein anderer Teil meines Bewusstseins mit hoher Geschwindigkeit zwischen vielen Szenen hin und her, die über unseren physikalischen Raum hinausgingen.

Plötzlich spürte ich einen sanften Schlag auf den rechten Oberarm. Mit geschlossenen Augen konzentrierte ich mich weiterhin auf das Trommeln und meine eigenen Visionen. Ich spürte einen zweiten sanften Klaps und ging davon aus, dass Carol, die neben mir saß und die schon seit über zwanzig Jahren auf diese Weise mit mir reiste, versuchte, meine Aufmerksamkeit zu erringen oder den Sinn für Raum verloren hatte, weil sie von ihren eigenen Visionen ergriffen wurde. Doch als ich widerwillig die Augen aufmachte, sah ich, dass Carol zu meiner Rechten saß, ohne sich zu rühren. Sie war eindeutig in ihre eigene Reise vertieft.

Ich machte die Augen wieder zu. Und wieder spürte ich den Klaps auf meinem Oberarm. Diesmal war er stärker. Wenn das keine Hand war, konnte es dann etwa ein ... Flügel sein? Jetzt sah ich ihn mit der inneren Sicht. Einen Flügel und dahinter den gesamten Körper des Rotschwanzhabichts. Das Habichtweibchen schwang sich vor mir in einer Pracht aus Federn und mit ausgebreiteten Flügeln in die Höhe. Als sie vom Boden abhob, spürte ich über meinen Schultern eine Bewegung. Der Habicht verlieh mir Flügel, wie er es schon früher getan hatte. Ich ließ mich in einem zarten Energiekörper aufsteigen, während mein physikalischer Arm weitertrommelte und ein Teil meines Bewusstseins weiterhin über die Gruppe wachte.

Ich wurde mit hoher Geschwindigkeit an einen Ort in den Wäldern im Norden getragen, der mir schon sehr vertraut war. Hierher war ich vor einem Vierteljahrhundert bei einer Nachtreise auf den Flügeln des Habichts gerufen worden. Ich befand mich wieder in der Gegenwart der Inselfrau, der uralten Träumerin und starken Frau.

Ich fand mich in einem weißen Licht wieder. Der Weiße Wolf war da. Im Norden, an der Lichtquelle, erkannte ich die strahlende Gestalt des Friedensstifters. Aus seinem Kopf wuchs ein enormes Geweih wie lebende Kronleuchter.

Die Informationen strömten so rasch wie ein geplatzter Schlauch auf mich ein. Ich wusste, dass der Habicht mich hergebracht hatte, um das aufzufrischen, was ich in meinen früheren Studien bei der Inselfrau gelernt hatte: nämlich dass unsere Träume uns die geheimen Wünsche der Seele zeigen und dass sich die Menschen in einer spirituell lebendigen Gemeinschaft um den Träumer versammeln, um ihm zu helfen, herauszufinden und umzusetzen, wonach die Seele sich sehnt. Und dass es nicht ausreicht, herumzusitzen und über Träume zu sprechen. Die Seele will singen und in die Hände klatschen. Wir sollten unsere Träume verkörpern, indem wir singen, spielen, tanzen – durch jede spontane kreative Ausdrucksform.

Die großartigen Lehrgeschichten der Leute der Inselfrau wurden in meiner Erinnerung wach. Es sind Codes für die Seelenheilung in unserem Leben und unserer Welt. Bei einem geht es um die Erschaffung unserer Welt, bei einem anderen um ihre Erlösung.

In der Schöpfungsgeschichte der Irokesen stürzt die Erste Frau in ein Loch, das sich Erde-im-Himmel nennt, oder wird hineingeschubst. Alles Vertraute und Sichere ist weg. Sie hat schreckliche Angst, während sie spiralförmig durchs All immer weiter nach unten fällt, auf ein formloses wasserartiges Chaos zu. Mitten im nackten Horror, in der wilden Dunkelheit, findet sie Helfer. Die Vogelwesen kommen ihr zu Hilfe. In der Originalversion der Geschichte sind es große blaue Reiher. Sie steigen zu ihr auf und bilden mit ihren weiten Flügeln einen lebendigen Teppich. Die Vögel haben zwar ihren Sturz abgefedert, aber dennoch fällt sie immer tiefer und tiefer, ohne festen Boden unter den Füßen zu spüren. Nun eilen neue Helfer herbei. Die Tiergeister beschließen, ihr die Anfänge einer neuen Welt zu schenken. Einer nach dem anderen taucht unter die aufgewühlte Wasseroberfläche, und schließlich taucht eines der Tiere – das kleinste und bescheidenste – mit einem winzigen Klumpen nasser Erde in der Pfote wieder auf. Das sieht nicht unbedingt nach dem Anfang einer neuen Welt aus. Und wo könnte man den Erdklumpen ablegen? Die Große Schildkröte beantwortet diese Frage. Sie steigt aus der Tiefe auf und bietet ihren Rücken als Fundament an. Die Erste Frau legt den Klumpen Schlamm auf den Rücken der Schildkröte und verschmiert ihn. Dann tanzt sie auf dem neuen Fleck Erde und breitet ihn mit jedem Schritt weiter aus. Immer wieder dreht sie sich in einem spiralförmigen Schöpfungstanz. Die Erste Frau tanzt so lange, bis sie eine Welt erschaffen hat.

Wenn wir glauben, unsere Welt sei verloren, wenn alles, worauf wir gebaut haben, eingestürzt ist, finden wir in dieser unglaublichen Geschichte Mut und Führung. Wenn Sie in Ihrer Welt durch ein Loch gefallen sind, dann stehen Sie auf und tanzen Sie sich eine neue Welt zusammen. Um sicher auf Ihre neue Erde zu gelangen, müssen Sie Verbindung zu Ihren animalischen Kräften aufnehmen.

Die großartige Erlösungsgeschichte der Leute der Inselfrau ist die Geschichte von Hiawatha und dem Friedensstifter. Bevor Hiawatha Sprecher und Meister für den Friedensstifter wurde, war er ein gefallener Mensch. Er stürzte so tief ab, dass er zum Kannibalen wurde, der sich von seinen Mitmenschen ernährte. Seine Transformation begann, als er sein wahres Gesicht im Spiegel sah – es spiegelte sich auf der Wasseroberfläche im Topf, in dem er die Organe eines abgeschlachteten Feindes kochen wollte. Als er die strahlende Schönheit seines größeren Selbst erblickte, gab er seine alten Gewohnheiten auf und machte sich auf den Weg seines Herzens. Am Ende wurde er der »Mann des guten Geistes«, der seine Leute aus den dunklen Zeiten herausführte.

Als Hiawatha seinen schlimmsten Feind, einen tyrannischen Zauberer, besiegt hatte, tötete er ihn nicht. Stattdessen kämmte er die Schlangen des Bösen aus den Haaren des Zauberers. Nach dieser spirituellen Reinigung nahm er seinen ehemaligen Feind in die Reihen der Männer des guten Geistes, die rotiyaner, auf. Sie werden von den Klanmüttern als die traditionellen Häuptlinge der Irokesen angesehen. Die Mohawks unter ihnen sind es, die das Tor zum Osten hüten.[4]

Es fiel mir schwer, die Tränen zurückzuhalten, als die Wahrheit der Inselfrau meinen Geist und meine inneren Sinne durchdrang. Die wichtigsten Erkenntnisse kommen durch die Wiederbelebung dessen, was die Seele längst weiß.

Meine Begegnungen mit der Inselfrau erweckten mich für Wege, die von den Weisen unter all unseren Ahnen gegangen wurden. Für den Frieden und die Heilung unserer Erde und unseres Lebens müssen wir diese Wege zurückholen, und mehr als je zuvor ist der richtige Zeitpunkt jetzt.

Hier sind ein paar der Dinge, die Sie auf der Reise, die nun in diesem Buch beginnt, entdecken werden oder an die Sie sich wieder erinnern werden:

- Die Essenz der schamanischen Kräfte zu reisen und zu heilen ist die Fähigkeit, intensiv zu träumen. In unserem modernen Alltag stehen wir am Rand dieser Kräfte, wenn wir träumen und uns daran erinnern, etwas aus diesen Träumen zu machen. Wenn Sie ein Schamane sein wollen, dann fangen Sie schon am Frühstückstisch damit an, indem Sie Ihre Träume auf die richtige Weise mit Ihrer Familie und Ihren Freunden teilen.

- Träume enthüllen Ebenen und Aspekte der Psyche, die schlummern oder im wachen Bewusstsein womöglich fehlen. Auch bieten sie uns Landkarten, die wir nutzen können, um dahin zu reisen, wo wir Teile unserer Lebensessenz finden und nach Hause mitbringen können. Der Königsweg zur Seelenheilung ist, wenn man einen Traum zum Tor seiner persönlichen Reise macht. Ein Traum ist eine Reise und er ist auch eine Stätte. Sie sind im Traum an irgendeinen Ort gegangen, der Ihrem normalen Lebensbereich nah oder fern sein kann. Da Sie an diesem Ort nun schon einmal gewesen sind, können Sie dorthin zurückkehren.

- Ein wesentlicher Schritt der Seelenheilung ist, Platz für mehr von Ihnen zu machen, indem Sie in sich und um sich herum etwas Platz freimachen. Sie werden einfache und praktische Methoden der spirituellen Reinigung kennen lernen. Darunter sind auch Techniken, wie Sie schwere und ungewollte Energien loswerden können, die nicht zu Ihnen gehören.

- Wir brauchen die Wege der Träume nicht alleine zu erkunden. Wenn wir die Fähigkeiten des Spurensuchers erlernen, können wir Freunde auf ihren Reisen begleiten, um Seelenanteile zurückzuholen und Angst und Bedauern zu überwinden, so wie wahre Seelengefährten es tun.

- Sie können im Reich der Fantasie ein Haus der Heilung errichten und ausbauen, zu dem Sie jederzeit reisen können.

- Träumer sind Zeitreisende. Sie können durch die Zeit reisen, um Probleme, die Widersacher in der Vergangenheit oder Zukunft betreffen, zu verstehen und zu lösen. Sie können auch jüngere Versionen von sich in deren Jetztzeit aufsuchen. Sie können einem jüngeren Selbst, das in einer Zeit unerträglicher Schmerzen oder Schwierigkeiten lebt, Mut machen und Ratschläge geben. Daraus kann eine deutliche Heilung für Sie beide in Ihrer jeweiligen (Jetzt-) Zeit eintreten.

- Vielleicht wollen wir uns nicht mit unseren Ahnen beschäftigen, doch sie beschäftigen sich mit uns. Ob wir es wollen oder nicht – wir sind mit den Ahnen unserer Blutsverwandten verbunden, und ihre Schablonen können unsere Gewohnheiten und Verhaltensweisen steuern, solange wir das Muster nicht erkennen und auflösen. Außerdem sind wir mit den Vorfahren des Landes, auf dem wir leben, verbunden. Wir sollten Seelenverbindungen zu unseren weisen Ahnen und Verstorbenen aufnehmen und pflegen, doch damit solche Beziehungen gedeihen können, müssen wir uns zuerst von ungesunden Vermächtnissen und damit verbundenen Energien reinigen.

- Sie können eine geheime Bibliothek aufsuchen, in der Sie Zugang zu jeder Information und zu jedem Thema erhalten, die Sie interessieren. Hier können Sie den Kontakt zu Lehrmeistern aufnehmen. Sie können möglicherweise Einblick in Ihr Lebensbuch nehmen – dem Buch, das Ihnen helfen wird, mehr über sich zu erfahren, wie beispielsweise Ihre Verbundenheit zu Persönlichkeiten in anderen früheren und zukünftigen Leben und das geheime Muster in Ihren gegenwärtigen Beziehungen. Wenn Sie richtig mutig sind, können Sie vielleicht sogar Ihren heiligen Vertrag einsehen, in dem auch die Aufgabe steht, die Sie vor der Geburt in Ihr jetziges Leben übernommen haben, und ihre Bedingungen.

- Das bewusste Zeitreisen ermöglicht es uns, in andere Zeiten zu gehen und Bedingungen aus erster Hand zu erfahren, die wir dann recherchieren und verifizieren können. Wir können Wissenschaftler und Heilspezialisten in ihren Bemühungen unterstützen, über das bisher Verstandene hinauszugehen. Wir können das Beste uralter Traditionen und Rituale auf authentische, hilfreiche und rechtzeitige Weise zurückholen. Und dadurch können wir bei der kulturellen oder kollektiven Seelenheilung behilflich sein.

- Von allen führenden und unterstützenden Kräften in unserem Leben ist die wichtigste wohl diejenige, die wir oft gar nicht erkennen, weil wir vergessen haben, dass es sie gibt, oder weil wir sie für etwas anderes halten. Dies ist ein Freund der Seele, der uns niemals belügt und nie verurteilt. Es ist das Selbst, das eine höhere Ebene als unser gewöhnliches Selbst einnimmt. Es ist das Gesicht, das uns das Größere Selbst zeigt, wenn wir bereit sind, es zu sehen. Sie werden lernen, wie Sie Ihre Verbindung zu dem, was Sufis so poetisch die Seele der Seele nennen, wiederherstellen und aufrechterhalten können.

Es geht nicht nur darum, die Seele im Körper zu lassen und uns daran zu erinnern, dass wir von den Sternen kommen und dass unsere Geschichten in mehr als nur einer Zeitphase – und auch jetzt – stattfinden. Es geht darum, die Seele wachsen zu lassen, mehr zu werden, als wir je waren, das größere oder höhere Selbst noch mehr zu verkörpern. Dazu brauchen wir den Willen, den kreativen Sprung zu machen und etwas Neues in unser Leben und unsere Welt hineinzubringen. Ein Mythos, den wir im Geist und im Leben wiederaufleben lassen, schenkt uns kreative Kraft und dient der Seele. Träumend finden wir die Mythen, die wir leben können, die Geschichten, die die Seele ans Steuer des Schiffs unserer Odysseen stellt.

1. Schamanen als Träumer

Um handeln zu können, brauchte ich Träume.

– Isaac Tens, Gitksan-Schamane

Was ist ein Schamane? Das Wort wurde Anthropologen des Volkes der Tungus in Sibirien entliehen. Seine ursprüngliche Bedeutung ist unklar. Manche glauben, es bedeutet »Priester«, doch Schamanen, schamanische Heiler, die sich unmittelbar mit der Erleuchtung beschäftigen, sind etwas ganz anderes als Priester, die Hüter von empfangenen Doktrinen und Ritualen. Der Begriff Schamane wurde durch die Veröffentlichung von Mircea Eliades Klassiker Schamanismus und archaische Ekstasetechnik bekannt. Nach Eliades Darstellung ist ein Schamane ein spiritueller Meister in der Kunst des Reisens außerhalb des irdischen Körpers. Er reist auf diese Art, um mit den Geistern zu kommunizieren, die Seelen der Lebenden und der Toten zu lenken und ihnen Heilung zu bringen.

Hier sind einige der Merkmale, die Schamanen definieren:

- Sie können in versteckte Dimensionen der Realität reisen.
- Sie arbeiten mit Krafttieren und Geisthelfern.
- Ihr Aufgabengebiet ist die Fürsorge und Führung der Seele.
- Sie sind über den Tod hinausgegangen und zurückgekommen.
- Ihre Fähigkeiten und Dienste werden von ihrer Gemeinde geschätzt.

Bei den Völkern in Zentralasien ist die wichtigste Reiseausrüstung eines Schamanen die eingefasste einköpfige Trommel, die wir in Kreisen des aktiven Träumens verwenden. Es gibt eine Geschichte aus Buryat (der Mongolei) darüber, wie der Schamane zur Trommel gekommen ist. Vor langer Zeit beschwerte sich der Tod beim Hohen Gott darüber, dass ein mächtiger Schamane das Gleichgewicht aller Dinge stören würde. Dieser Schamane war in seinen Bemühungen, die Seelen der Sterbenden in den Körper zurückzuholen, so erfolgreich, dass der Tod um seinen Anteil betrogen wurde. Daraufhin griff der Hohe Gott hinunter auf die Erde, pflückte die lebendige Seele eines völlig gesunden Mannes aus dessen Körper, verbannte sie in eine Flasche und setzte sich wieder auf seinen hohen Thron. Dort wartete er ab, was der Schamane tun würde. Der Schamane, der von der Familie des unglücklichen leblosen Mannes aufgesucht worden war, bestieg seine Trommel – die er sein »Pferd« nannte – und ritt auf der Suche nach der vermissten Seele durch die Untere Welt und die Mittlere Welt. Um sein Ziel zu erreichen, musste er höher als je zuvor bis hinauf in die Obere Welt reisen, bis er schließlich den Hohen Gott auf seinem hohen Thron erblickte, der die Seele in einer Flasche festhielt. An diesem Punkt hätte wohl selbst der abgebrühteste Schamane aufgegeben. Doch unser Schamane weigerte sich, seine Mission abzubrechen. Er verwandelte sich in die Gestalt einer Wespe und stach den Hohen Gott in die Stirn. In seinem Schock und Schmerz ließ der Hohe Gott die Flasche los. Der Schamane griff nach der gefangenen Seele und galoppierte mit ihr zurück zu seinem Dorf. Zornig schleuderte ihm der Hohe Gott einen Blitz hinterher. Der Blitz schlug in die zweiköpfige Trommel des Schamanen ein und zerbrach sie in zwei Stücke. Daher kommt die klassische Form der Trommel, wie wir sie heute kennen.

Diese ungestüme archaische Geschichte zeigt mehrere ganz wichtige Aspekte, wie ein Schamane arbeitet. Er arbeitet mit Seelen. Er hat die Fähigkeit, durch ein dreischichtiges Universum zu reisen – die Untere Welt, die Mittlere Welt, die Obere Welt –, das sich in einen multidimensionalen Kosmos öffnet. Der Schamane übt die Kunst des »Shapeshifting« aus. Er ist mit dem Tod vertraut. Er ist bereit, die Grenzen des Möglichen zu testen. Und er dient der Gemeinschaft.

Diese Aussagen treffen auf echte Schamanen in vielen verschiedenen Kulturen zu. »Das einzig Wichtige am Menschen ist seine Seele«, sagte ein Schamane der Inuit, auch *angakok* genannt, zu dem Forscher Knud Rasmussen. Die alten Taoisten in China haben das Herzstück ihrer schamanischen Tätigkeit als »die Kunst, bei hellem Tageslicht vom Himmel zu steigen« beschrieben und sich in der Technik des »Kranichreitens« versucht – auf den Flügeln des Kranichs oder der Wildente, des Drachens oder des fliegenden Tigers zum Himmel aufzusteigen.[1] Ein Geist der Aborigines, der gefragt wurde, wie er andere heilte, erklärte dem Jungianer Robert Bosnak: »Ich werde zum Adler«.[2] Wie Holger Kalweit festgestellt hat, balanciert der Schamane am Rande des Todes. Er kennt die Wege des Jenseits, weil er sie selbst bereist hat. »Er stirbt tatsächlich und wird tatsächlich wiedergeboren.«[3]

In Kulturen der Naturvölker können Schamanen in eine bestimmte Blutlinie hineingeboren werden und eine rituelle Ausbildung, Prüfung und Einweihung absolvieren. Doch die Berufung zum Schamanen enthüllt sich gewöhnlich durch eine höchst individuelle Krise. Dies könnte beispielsweise eine ernste Krankheit oder ein Nahtoderlebnis sein. Meistens kündigt sich die Berufung zum Schamanen jedoch in Träumen und Visionen an. Bei den Ojibwa ist die Enthüllung der Berufung zum Schamanen – oder was immer die Aufgabe der Seele sein mag – häufig die Begabung zum Traumführer oder *pawauganuk*.

In allen Beschreibungen des Schamanen in der Literatur – als verwundeter Heiler, als Seelenführer, als Pendler zwischen den Welten, als einer, der mit Geistern verhandelt – findet sich ein wesentliches Element, das nur selten stark genug hervorgehoben wird und das manchmal sogar ganz übersehen wird. Der Schamane ist vor allem eines: *ein Träumer*. Schamanen werden in Träumen ihrer Berufung zugeführt. Sie werden in der Traumzeit eingeführt und ausgebildet. Der Kern ihrer Tätigkeit ist die bewusst gewollte Traumreise. Sie können Träume ausbrüten, um eine Diagnose zu stellen und die richtige Behandlung für den Patienten auszuwählen. Sie gehen – hellwach und bewusst – in ihren Traumkörpern auf die Reise, um verlorene Seelen wiederzufinden, mit den Geistern zu verhandeln, gegen Zauberer anzukämpfen und den Geist der Verstorbenen auf den richtigen Weg zu bringen.

Ja, Halluzinogene oder Entheogene sind in manchen Teilen der Welt – vor allem in Südamerika – charakteristische Merkmale schamanischer Traditionen. Doch die Meisterschamanen produzieren ihre eigenen Chemikalien im Körper und wirklich mächtige Träumer brauchen keine Halluzinogene. Ich selbst habe sie noch nie angewandt, aber ich wurde schon in früher Kindheit von Träumen berufen und habe die Realität anderer Welten während meiner lebensbedrohlichen Krankheit kennen gelernt. Daher verurteile ich andere nicht, die Hilfe suchen, indem sie das scharfe Auge der Vision öffnen.

Schamanen werden nicht nur durch Träume berufen, sondern das Träumen bildet auch den Kern ihrer Tätigkeit. Eine geläufige Beschreibung für Schamanen in der westlichen Hemisphäre ist ganz einfach »jemand, der träumt«. In der Sprache der Mohawks ist eine Schamanin, wie schon erwähnt, *eine atetshents*, »adze-edze-ots*« ausgesprochen (die männliche Form lautet ratetshents). Das bedeutet »Träumer/in« im Sinne von jemandem, der lebhaft träumt, der die Wahrheit träumt, der im Traum reisen und andere im Traumraum heilen kann. Außerdem bedeutet es auch noch »Doktor« und »Heiler«. Hier findet sich das uralte Verständnis, dass man in den Traumwelten zu Hause sein muss, um ein Schamane, Arzt oder Heiler sein zu können.

Bei dem Daur-Stamm der zentralen Mongolei ist der Schamane (*yadgan*) ein starker Träumer, der in seinen Träumen sicher und effektiv Seelenwege beschreiten kann, auf denen andere sich verlaufen würden. Wenn die Vermutung eines partiellen Seelenverlusts naheliegt, versucht der Schamane, in einem besonderen Traum (*soolong*) die Wahrheit herauszufinden. »Der Soolong-Traum war die wichtigste Methode der Weissagung vor einer schamanischen Séance, und der Schamane konnte durch diese Methode den Leuten sagen, welcher Geist aktiv war, wo im Universum er sich befand und an welchem Tag die Zusammenführung stattfinden sollte.«[4] Schamanen handeln mit ihrer Traumgabe wie mit einem kostbaren Gut, und es kann passieren, dass sie sich weigern, für andere zu träumen, solange sie nicht mit Geschenken und Anerkennung dazu bewogen werden. Die Familienangehörigen eines Sterbenden bitten einen Schamanen, »über seinen Traum zu wachen«, um herauszufinden, ob eine Nachtreise (*dolbor*) durchgeführt werden muss, und wenn ja, welcher Weg zu gehen ist.[5] Der Daur-Schamane fordert seine Patienten auch auf, selbst zu träumen. »Wenn du keinen Traum hast, kann das Ritual nicht durchgeführt werden«, erklärte ein mongolischer Schamane einem Gast, der ihn wegen eines Magenleidens um Hilfe anflehte.[6] Interessanterweise ist das mongolische Wort für den Traum des Schamanen, soolong, mit dem Wort für »Regenbogen« (*solongo*) verwandt. Daraus ergibt sich der Hinweis, dass ein Traum eine Regenbogenbrücke zwischen den Welten ist.

Unter den Worora in Australien heißt es: »Wenn ein Schamane mit den Geistern der Toten spricht, geschieht das, indem seine Seele seinen Körper im Schlaf verlässt.« Dann begegnet der Schamane dem »Schatten« des Verstorbenen, der ihn ins Reich der Toten und wieder hinaus führt. Der Schamane bringt heilige Tänze und Lieder (von seiner Reise) mit.[7]

Die Aborigines in Walcott Inlet, Australien, glauben, dass der Schlangengott Unggud potenzielle Schamanen in ihren Träumen zu sich ruft. Die Einweihung hängt von der Fähigkeit des Einzelnen ab, Mut zu beweisen und sich einer Reihe von beängstigenden Prüfungen zu unterziehen. Am Schluss wird er in einem neuen Körper und mit einem neuen Gehirn wiedergeboren, das mit Licht angefüllt ist. Nun besitzt der Schamane die Fähigkeit, ein Traumdouble zu projizieren. Seine Fähigkeiten werden miriru genannt. In *Aboriginal Men of High Degree* schreibt A. P. Elkin, dass miriru im Grunde genommen »die Fähigkeit eines Medizinmannes ist, sich in einen Traumzustand oder eine Trance mit all ihren Möglichkeiten zu versetzen«.[8] In der Sprache des ältesten Menschenstamms findet sich das Verständnis, dass die Kraft eines Schamanen oder einer Schamanin in seiner oder ihrer Fähigkeit zu träumen liegt.

EIN SINGENDER SCHAMANE, DER VON DER EULE
UND TRÄUMEN GERUFEN WIRD

Eine klassische Schilderung, wie Schamanen durch Träume zu ihrer Tätigkeit berufen werden, stammt von Isaac Tens, einem *halaait* (Schamanen) des Gitksan-Volkes im Nordwesten des Pazifiks. Der französisch-kanadische Wissenschaftler Marius Barbeau schrieb 1920 Tens' Erzählung und seine Lieder in Hazelton, British Columbia, nieder. Es ist eine wilde Geschichte, in der Träume in die physikalische Welt überschwappen und in der sich Vögel und Tiere wie Geister benehmen (so wie Schamanen es von ihnen kennen).

»Dreißig Jahre nach meiner Geburt«, berichtet Tens, hätte er in der Dämmerung Holz gehackt, als eine riesige Eule auf ihn zugeflogen sei. »Die Eule hat mich gepackt, mein Gesicht ergriffen und versucht, mich hochzuheben.« Tens verlor das Bewusstsein. Als er wieder zu sich kam, stellte er fest, dass er im Schnee gestürzt war und ihm das Blut aus dem Mund rann. Seine Welt wurde immer seltsamer. Während er sich nach Hause schleppte, schienen die Bäume sich über ihn zu beugen und ihm dann wie Schlangen hinterherzuschlängeln. Zu Hause im Bett verfiel er in einen wirren Zustand. Ihm war, als wäre er in eine starke Strömung gefallen.

Seine Familie holte zwei Schamanen herbei, die in diesem spirituellen Notfall eine mögliche Berufung sahen. Sie sagten Isaac Tens, er sei dazu bestimmt, ein Schamane wie sie zu werden. Doch das wollte er nicht hören. Als er sich wieder erholt hatte, ging er auf die Jagd. Er schoss und rupfte ein paar Eisvögel. Dann erblickte er wieder eine riesige Eule. Er schoss sie ab und sah, wie sie zu Boden fiel. Doch als er an die Stelle ging, um den Kadaver zu holen, war die Eule spurlos verschwunden. Als Tens in seine Hütte zurückkehrte, hatte er den Eindruck, als würde eine ganze Reihe von Geistern ihm folgen. Er fiel in Trance in den Schnee.

Als er sich wieder aufgerappelt hatte und über einen eingefrorenen Fluss nach Hause zurückging, schien sein Körper zu kochen und ein Lied stieg in seiner Kehle auf. »Gesang kam aus mir heraus, ohne dass ich etwas dagegen tun konnte.« Um ihn herum und nur für ihn sichtbar waren Geistertiere. »Visionen wie diese tauchen auf, wenn ein Mensch dabei ist, ein halaait zu werden. Die Lieder steigen vollendet in ihm hoch, ohne jegliche Bemühung, sie zu komponieren.«

Die Schamanenlieder strömten weiterhin aus ihm heraus. Jetzt nahm er seine Berufung an. Ihm wurde geraten, zu ihrer Erlernung abgeschottet zu leben und nur mit vier Cousins in Verbindung zu bleiben. Sie waren Mitglieder des Wolfclans, die über ihn wachten. Das Schlüsselelement in dieser Trainings- und Vorbereitungsphase war das Träumen. »Um handeln zu können, musste ich träumen.«

Etablierte Medizinmänner teilten ihr Wissen mit Tens, als er anfing, mit eigenen Patienten zu arbeiten. Doch am stärksten wurde er von Träumen und Visionen geleitet. »Ich fing an, die Krankheitsfälle durchs Träumen zu diagnostizieren.« Seine Träume zeigten ihm, welche Lieder, Talismane und Tiergeister er in einem bestimmten Fall verwenden sollte. Um eine Krankheit – oder genauer gesagt, den bösen Geist, der die Krankheit in den Körper des Patienten getragen hatte – auszutreiben, legte er einen Talisman auf sich und verlängerte ihn, um den Patienten zu erreichen oder zu bedecken. Der Talisman »war nie ein realer Gegenstand, sondern immer einer, der mir in einem Traum erschienen war.«

Im Traum erhielt Tens ein Geistkanu, das er als Heilmittel einsetzte. »In einem Traum, den ich einmal über den Hügeln hatte, sah ich ein Kanu. Es erschien mir in vielen Träumen. Manchmal schaukelte das Kanu auf dem Wasser und manchmal auf den Wolken. Immer wenn irgendwo ein Problem auftauchte, konnte ich in Visionen mein Kanu sehen.«

Schließlich hatte er dreiundzwanzig Lieder der Energie und Heilkraft zusammen; die meisten wurden ihm unmittelbar in Träumen und Visionen überliefert. Er träumte ein Lied vom Lachs:

Das Dorf wird geheilt sein, wenn mein Lachsgeist hineinschwimmt.

Er träumte, dass seine beiden verstorbenen Onkel ihm für beide Hände Rasseln gaben und dass ein Grizzlybär durchs Haus rannte und sich dann hinauf in die Lüfte und zwischen die Wolken schwang. Er schwenkte die Rasseln in den Händen und machte die Geräusche des Bären nach, der es auf der Erde hatte donnern lassen und dann hinaufgeschwebt war.

In einer Vision reiste er in ein fremdes Land voller Bienen. Die Bienen zerstachen seinen ganzen Körper. Danach half ihm eine uralte Frau zu wachsen. Er sang:

Ein Bienenschwarm zerstach meinen Körper.
Großmutter bringt mich in meiner Vision zum Wachsen.
Eyiwaw!

In einer anderen Vision fiel er aus großer Höhe in ein Kanu, das ihn hinauf zwischen die Gebirgshöhen trug. Dort hörte er die Gebirgsgeister, die sich mit Stimmen unterhielten, die wie Glocken klangen. Er sang:

Die Berge sprechen miteinander.

Wenn er seine ernstesten Fälle behandelte, trug Isaac Tens ein Bärenfell mit einer Kapuze aus einer Bärenklaue und eignete sich die Kraft des größten Medizintiers in Nordamerika an, dessen Lied er in seinen eigenen Träumen übernahm. Bei solchen Anlässen versammelten sich die Familie, die Freunde und andere Schamanen, um eine heilende Gemeinschaft zu bilden.

Häufig ging es um die Rückführung einer Seele. »Wenn der Patient sehr geschwächt ist, fängt der Schamane seine Seele mit den Händen ein und bläst sanft darauf, um ihr mehr Atem einzuflößen. Bei einem noch geschwächteren Patienten nimmt der halaait einen heißen Stein von der Feuerstelle und hält die Seele darüber. Er kann auch ein wenig Fett auf dem heißen Stein zum Schmelzen bringen. Seine Hände drehen den Stein von einer Seite auf die andere und nähren so den kranken Geist.« Zum Schluss wird die Seele in den Kopf des Patienten geleitet.[9]

DIE DREIZEHN STUFEN SCHAMANISCHER TRÄUME

Ruby Modesto wuchs im Martinez-Reservat im Süden Kaliforniens auf. Ihre Träume wiesen sie an, eine *pul* – eine Schamanin – zu werden. Sie machten Ruby mit dem Adler bekannt, der ihr Verbündeter wurde und ihr Flügel verlieh. Sie brauchte die Medizinpflanzen, die manche Schamanen ihres Volkes, der Cahuilla, anwenden, nicht, da sie ihre Träume hatte.

Die Medizinpflanzen waren sehr wirksam. Doch nicht alle puls benutzten die starken Pflanzen. Das sollte von Anfang an klar sein.

Ich bin zwar ein pul, doch der »Verbündete«, wie Castaneda den spirituellen Helfer nennt, der einen pul von normalen Menschen unterscheidet, kam mir durch das Träumen und nicht durch die Wirkung einer Pflanze.

Wie Ruby Modesto herausfand, gibt es aufeinander folgende Traumebenen. Wenn man Ebene 3 oder eine höhere Ebene erreicht, erhält man eine sich steigernde Klarheit und nähert sich den wirklich guten Dingen an. Ihr Onkel war ein Traumschamane, der ihr beibrachte, wie man »das Träumen einrichtet«, um auf die interessanten Ebenen zu gelangen. Sie erklärte dem Anthropologen Guy Mount, wie das funktioniert:

Man erreicht es, indem man sich selbst auffordert, auf der crsten, gewöhnlichen Traumebene einzuschlafen. [In diesem ersten Traum] fordert man sich auf, sich hinzulegen und einzuschlafen. Dann träumt man einen zweiten Traum. Das ist die zweite Ebene und die Vorstufe des echten Träumens. Onkel Charlie nannte diesen Prozess »Das Träumen einrichten«. Man kann sich im Voraus sagen, wohin man gehen will oder was man sehen oder lernen möchte.
Auf der 3. Ebene lernt und sieht man ungewöhnliche Dinge, die nicht von dieser Welt sind. Die Hügel und die Landschaft sind ganz anders. Auf der 2. und der 3. Traumebene kann man mit Menschen reden und Fragen über Dinge, die man wissen möchte, stellen.[10]
Wie sie hinzufügt, »verlässt die Seele während des Träumens

den Körper. Man muss also vorsichtig sein.« Als sie jung war, träumte sie bis in die dreizehnte Ebene hinein, doch dann wusste sie nicht, wie sie wieder zurückkommen sollte. »Ich hatte einen Traum nach dem anderen, schlief [auf jeder Traumebene] ein und geriet auf die nächste Ebene.« Bei diesem enormen, vielschichtigen Erlebnis begegnete sie ihrem schamanischen Verbündeten, dem Adler Ahswit. Doch ihr Geist hatte sich in den Traumwelten verlaufen. Sie war tagelang halb bewusstlos in einem Schlaf, aus dem keiner sie wecken konnte. Ihr Vater versuchte vergeblich, sie in ihren Körper zurückzuholen. Schließlich schaffte es Onkel Charlie, der auf die Seelenrückführung spezialisiert war, ihren Geist zu finden und wieder in ihren Körper zurückzuholen. »Als ich aufwachte, nahmen sie mir das Versprechen ab, nicht mehr so zu träumen, solange ich nicht wusste, wie ich von selbst zurückkehren kann.«[11]

Dafür muss man lernen, »gleichzeitig zu träumen und zu denken«, damit man nicht vergisst, wo man seinen Körper zurückgelassen hat, und sich daran erinnert, auf welcher Traumebene man sich gerade befindet, um sich für die Rückkehr klar orientieren zu können.

Und wieder stellen wir fest, dass das Träumen eine Disziplin ist. Auf die verschiedenen Ebenen zu gelangen und mit Gaben für unsere Welt zurückzukommen bedarf der Übung und Konzentration auf die Flugsicherheit und Navigation. Auch wenn wir alle träumen und wir alle davon profitieren können, wenn wir in unseren Träumen viel aktiver sind, eignet sich das Träumen bis zur dreizehnten Ebene nicht für die »Unbedarften« und wird niemandem als nächtliche Übung empfohlen!

Rubys Stimme zuzuhören, die von dem Anthropologen Guy Mount übermittelt wird, ist, als wäre man in der Gegenwart einer weisen Frau mit viel gesundem und ungewöhnlichem Menschenverstand und Intuition.

So wie ihr Großvater es ihr erzählt hat, erzählt sie uns, wie man mit dem Schöpfer spricht und wie man seine oder ihre Stimme in der Welt um uns herum findet.

Dazu sagt sie Folgendes:

Großvater Francisco hat mir beigebracht, wie man zu Umna'ah, unserem Schöpfer, betet. Er hat mir gesagt, ich solle allein ins Gebirge gehen, mir dort einen schönen, stillen Platz suchen und beten. Er sagte, ich solle über alles reden, alles sagen, was ich fühle oder brauche, und dann auf eine Antwort lauschen.

Das ist das Geheimnis: hinzuhören. Man muss alles sagen, was man auf dem Herzen hat, man soll weinen, bis man leer ist. Dann soll man lauschen. Er wird zu dir sprechen.12

Das ist wunderschön ausgedrückt und es ist ein guter Rat für jeden Tag, aber vor allem für die Tage, an denen wir uns verloren oder verwirrt fühlen. Gehen Sie an einen besonderen Ort, einen Ort, an dem Sie das Land sprechen hören können. Lassen Sie alles raus, was Sie zum Ausdruck bringen müssen. Rufen Sie es, schreien Sie es heraus, bis Sie innerlich leer sind. Lauschen Sie dann, bis Sie mit der Führung und Kraft erfüllt sind, für die Sie Raum geschaffen haben.

Für Ruby Modesto war dieser besondere Ort draußen in der Natur hoch oben im Santa Rosa Gebirge, das in der Nähe der alten Heimat ihres Stamms, des Dog Clan der Cahuilla, liegt. Für mich ist ein guter Ort, um mit dem Schöpfer zu sprechen, ein stiller See im Wald – es sei denn, ich gerate zu nahe an eine Biberburg, was den männlichen Biber dazu bringen wird, wütend mit dem Schwanz zu klopfen, oder das Rotschwanzhabichtweibchen spricht in seiner eigenen Sprache zu mir.

Für Rubys Stamm, die Wüsten-Cahuilla, gehörte die Seelenheilung zur Allgemeinmedizin. Ein pul der Cahuilla kann sich auf mehreres spezialisiert haben, je nachdem, was er persönlich erlebt und überlebt hat. Es ist nicht überraschend, dass die hauptsächliche Berufung eines Traumschamanen wie Onkel Charlie das »Heilen von partiellem Seelenverlust« ist.

Ein Traumschamane, dem die Wege und Tore vieler verschiedener Welten vertraut sind, ist am besten geeignet, den astralen Fußabdruck einer Seele ausfindig zu machen, die sich vom Körper weit entfernt hat. Wenn er seiner Berufung gerecht wird, verfolgt er die Spur, bis er das findet, was er gesucht hat. Dann muss er die verirrte Seele umgarnen, ihr schmeicheln oder sie austricksen, damit sie sich wie ein Schmetterling auf seiner Handfläche niederlässt. Er hält sie vorsichtig fest, bis er sie in den Kopf oder das Herz des Menschen einsetzen kann, dem sie fehlt.

Ruby Modesto beschreibt, wie Onkel Charlie die Seele eines Mannes mit chronischer Erschöpfung und Schlafkrankheit zurückgebracht hat. Der Mann schlief dauernd ein, konnte nicht mehr arbeiten, nicht Autofahren, sich auf nichts konzentrieren. Kein Wunder, dass seine Schlafkrankheit schnell als ein Symptom für partiellen Seelenverlust erkannt wurde. Er schlief ein, weil der wache, lebendige Teil von ihm irgendwo weit weg von seinem Körper war.

In diesem Fall holte sich Charlie Hilfe. In den Naturvölkern ist die Seelenheilung häufig eine Angelegenheit der Gemeinschaft. Man will Freunde und Familie und andere qualifizierte schamanische Heiler mit einbeziehen. Also sangen und tanzten Onkel Charlie und seine Lehrlinge, während der Kranke ins Feuer starrte. Dann döste der Patient ein – und die Schamanen sahen einen Teil seiner Seele zur Tür hinausschweben. Charlie rannte dem Teil hinterher. Er verfolgte ihn bis zum Friedhof. Dort sah er, wie der Seelenanteil versuchte, sich in die Erde zwischen den Gräbern verstorbener Verwandter einzugraben. Der Seelenanteil wollte in ein Grab gelangen, in dem eine verstorbene Person lag, die der kranke Mann geliebt hatte. Vielleicht war es aus Trauer oder vielleicht auch (wie Charlie glaubte) Abscheu über die Art und Weise, wie der Kranke sein Leben gelebt hatte. Was auch immer die Ursache sein mag – die Aufgabe des Schamanen ist es, Ergebnisse zu liefern. Also stampfte Charlie auf das Grab und versperrte so den Zugang der verirrten Seele zur Unterwelt. Dann fing er sie wie ein Flügelinsekt mit den Händen ein.

Als er wieder im Kreis der anderen vor dem Feuer saß, streckte er die Hand aus.

Und da war es: ein winziges Männchen. Es stand nackt auf Onkel Charlies Handfläche. Er blies Tabakrauch auf die Seele und setzte sie wieder in die Fontanelle ein. Dann strich er mit Adlerfedern über den Kopf des Mannes. Danach war der Mann gesund. Er wachte auf und hat seitdem nicht mehr so viele Probleme im Leben.[13]

Wenn wir die Seelenheilung auch in unserer Gesellschaft wieder anwenden, könnten auch wir aufwachen und brauchten nicht mehr »so viele Probleme« im Leben zu haben.

DER TRAUMSCHAMANE AUS DER SCHWEIZ

Wenn Sie wissen möchten, wie ein westlicher Traumschamane aussehen könnte, dann ziehen Sie Carl Gustav Jung und die neuen Enthüllungen in seinem *Roten Buch* in Erwägung. Das Material für *Das Rote Buch* – das mit seiner schönen Kalligraphie, den lebendigen Illustrationen und schmückenden Details einem bebilderten Manuskript aus dem Mittelalter gleicht – hat er aus den Tagebüchern und »schwarzen Büchern« geschöpft, die er in den Jahren seiner »Konfrontation mit dem Unbewussten« schrieb, als er die Gratwanderung zwischen Genie und Wahn machte. Wie er es schildert, hat der »Geist der Tiefe« ihn aus den bequemen, rationalen Anschauungen des »Geists unserer Zeit« gerissen und ihn Nacht für Nacht durch die unheimlichen Stufen der Initiation in der Unterwelt gezerrt.

Das Rote Buch ist nichts für schwache Nerven. Ja, es finden sich Passagen schillernder Schönheit, die vielleicht noch wundervoller sind als alles andere, was er geschrieben hat. Doch es enthält auch Sturzflüge in Abgründe des schieren Terrors und schreienden Wahns. Als ich es las, gab es einen Moment, in dem ich das Buch am liebsten quer durchs Zimmer geschleudert hätte – und das womöglich auch getan hätte, hätte es nicht den Umfang und das Gewicht eines Grabsteins, so dass zu befürchten war, dass meine Zimmereinrichtung Schaden erleiden würde.

In einem Krater einer dunklen, erschreckenden Welt in der Tiefe, wo schwarze Schlangen eine rote Sonne zu zerstören drohen, begegnet er dem Propheten Elias und dessen »Tochter« Salome, der bösen Schönheit, die die Enthauptung des biblischen Johannes des Täufers zu verantworten hat. Salome offenbart Jung – zu seiner Überraschung und Verwirrung –, sie seien Geschwister, die Kinder der Mutter Maria. Ungläubig und um seinen Verstand fürchtend schreit Jung sie an, dass sie und die Gestalt des Elias nur »Symbole« seien. Elias widerspricht ihm und weist ihn darauf hin, dass sie genauso real seien wie seine Mitmenschen. Indem er sie Symbole nannte, würde er gar nichts lösen. Wie Jungs Elias ihm außerdem sagte, seien Jungs Gedanken genauso außerhalb seiner selbst wie Bäume oder Tiere außerhalb des Körpers seien.[14]

Während C. G. Jung sich bemüht, weiterhin ein normales Leben als berühmter Psychoanalytiker und Vater von fünf Kindern zu führen, wird sein Realitätssinn durch die nackte Gewalt seiner nächtlichen Visionen und synchronischen Phänomene am Tag erschüttert, die ihm das Gefühl vermitteln, als würden die Mächte einer tieferen Welt an die Oberfläche kommen. Im Dezember 1913 hält er im gut geschnittenen Anzug vor der Psychoanalytischen Gesellschaft Zürich eine polierte Vorlesung. Drei Nächte später offenbart er Elias, ihm sei, als wäre er in der Unterwelt realer, doch er wolle nicht dort sein.[15]

Jung geht durch die Hölle. Er spricht mit einem roten Teufel. Er kämpft mit einem Stiergott und schrumpft ihn auf die Größe eines Hühnereis, das er in die Tasche stecken kann; dann lässt er den alten gehörnten Gott wieder aufleben. Er heult einen toten Mond und ein dunkles Meer wegen der Verbindung von Gut und Böse an, doch er traut seinen eigenen Rufen nicht.

In einem unheimlichen Waldsumpf gelangt er in eine Schlossbibliothek und hofft auf einen Ort des Rückzugs und der Reflexion. Als der Bibliothekar ihn auffordert, sich ein Buch auszusuchen, nennt er zum Erstaunen beider *The Imitation of Christ* von Thomas à Kempis, einem im Mittelalter beliebten Schriftsteller. Immer wieder merken wir, dass unser verzweifelter Reisender im mittleren Alter ist; vor wenigen Monaten wurde er vierzig. Er diskutiert mit dem Bibliothekar, was es heißen würde, heutzutage Jesus zu imitieren. Da Christus niemanden imitiert hat, findet er, dies würde bedeuten, seinen eigenen Weg zu gehen und einen hohen Preis für kreatives Schaffen von einer Art, wie sie noch keiner vor ihm aufgezeichnet oder angewendet hat, zu zahlen. Dann gelangt er in eine Küche neben der Bibliothek und spricht mit einer rundlichen, mütterlichen Köchin. Starke Unruhe liegt in der Luft. Ein Schwarm rastloser Toter fliegt durch den Raum und schreit etwas über »nach Jerusalem gehen«. Er fragt, warum die Toten nicht ruhen, und ihr Anführer weist Jung an, er solle ihnen das erklären. Jung sagt den Toten, sie könnten wegen dem, was sie im Leben versäumt hätten, nicht zur Ruhe kommen. Die Toten klammern sich an ihn und er ruft: »Lass los, Daimon, du hast dein Animalisches nicht gelebt« – womit er das instinktive, natürliche Leben der Sinne meint.

Das Geschrei dieses Streits wird so laut, dass die Polizei auftaucht und ihn in eine psychiatrische Anstalt bringt. Dort stellt ein dicker, kleiner Professor nach einer ganz kurzen Befragung »religiösen Wahn« fest. Er merkt an, dass das Imitieren von Christus einen heutzutage ins Irrenhaus bringe.

Jung wird zwischen zwei anderen Patienten – der eine ist in Lethargie verfallen und der andere leidet unter einem rasch schrumpfenden Gehirn – in einen Raum gesperrt. Jung vergleicht sich mit Jesus, der zwischen zwei Dieben gekreuzigt wurde, von denen einer hinauf- und der andere hinuntersteigen wird. Seine Gedanken wenden sich dem Problem zu, wie man mit den Toten umgehen soll. Ihre Anzahl ist viel größer, als er gedacht hat, wie die Küchenszene ihm gezeigt hat. Er merkt an, dass die Toten schon seit ewigen Zeiten durch die Luft geflattert und wie Fledermäuse unter unseren Dächern gewohnt hätten. Das erfordert »verborgene und seltsame Arbeit«, doch es ist ihm noch nicht klar, wie er das von seiner Zelle aus bewerkstelligen kann.

Er hört einer Stimme zu, die den Wahn anpreist, einer Stimme, die er als seine Seele identifiziert. Laut C. G. Jung ist Wahn eine besondere Form des Geistes, die sich an alle Lehren und Philosophien klammert, noch mehr jedoch an das tägliche Leben, da das Leben an sich unlogisch ist.

In der Nacht bewegt sich alles in seinem Zimmer in schwarzen Schwaden. Die Wände werden zu furchterregenden Wellen. Nun befindet er sich im Raucherzimmer eines großen Ozeandampfers, in dem der dicke, kleine Professor prachtvoll gekleidet wieder auftaucht und ihm einen Drink anbietet, während er ihm eröffnet, dass er, Jung, vollkommen verrückt sei und in eine Anstalt eingewiesen werden müsse. Sein apathischer Zimmernachbar taucht auf und verkündet, er sei Nietzsche und zugleich der Erlöser.

Jung schreibt, dass in dieser Nacht alle Dämme brachen, dass sich die Steine in Schlangen verwandelten und alles Lebendige erstarrte. Zurück in seiner verschlossenen Zelle im Irrenhaus kämpft er gegen verstrickende Spinnweben aus Worten und Gedanken. Er ermahnt sich, nichts, was er tut, zu einem Gesetz zu machen, denn das ist die Überheblichkeit der Macht. Dennoch merkt er, dass er ein Gesetz des Lebens nach dem anderen ausspricht, in der Art von Nietzsche, dessen Identität der Irre zu seiner Linken angenommen hat.

Jung weiß nicht, ob es Tag oder Nacht ist, als er einen rauschenden Wind hört und gleich darauf eine hohe dunkle Wand, die immer näher kommt. An ihr kriecht ein grauer Wurm aus Tageslicht entlang. Er hat ein rundes Gesicht und lacht. Jung öffnet die Augen und blickt auf in das fröhliche rundliche Gesicht der Köchin. »Sie haben fest geschlafen«, sagt sie zu ihm. »Sie haben über eine Stunde geschlafen.«

Jung glaubt zwar, wach zu sein, aber er befindet sich natürlich immer noch in einem Traum und entrückt von seinem physikalischen Zuhause. Anders als in den Klischeegeschichten, in denen das Unmögliche erklärt wird und die Handlung wieder aufgegriffen wird, sobald der Schlafende aus seinem Traum erwacht, gibt es hier nur das Erwachen innerhalb eines enormen, schnellen, unentrinnbaren Traums.

Der Augenblick, in dem ich nahe dran war, *Das Rote Buch* in die Ecke zu werfen, kam an dem Punkt, an dem C. G. Jung beschreibt, wie er von einer Frau, die sich seine Seele nannte, dazu gedrängt wurde, ein Stück der Leber eines ermordeten Mädchens zu verspeisen.16 Ich war angeekelt und hätte mich fast erbrochen. Doch ich zwang mich dazu, weiterzulesen, jeden Schritt mit Jung auf seiner beängstigenden schamanischen Reise durch die vielen Zyklen der Unterwelt zu gehen.

Wie Jung zugegeben hat, könnte jeder, der die letzten Kapitel von »Liber Primus«, dem ersten Teil *des Roten Buchs*, aus dem Zusammenhang gerissen liest, den Verfasser für verrückt halten. Zwar brillant und lehrreich, aber dennoch verrückt. Doch aus solchen gefährlichen Abenteuern jenseits des eingezäunten Gebiets des gesunden Menschenverstands leitete Jung seine Vorstellungen von »psychologischer Objektivität« ab, einem der stimulierendsten Elemente seiner späteren Arbeit. Aus seinen Dialogen mit seinen Traumfiguren und seinen Versuchen, die Kräfte, die mit ihnen einhergingen, zu integrieren und ins Gleichgewicht zu bringen, entwickelte er seine Praxis der aktiven Imagination. Wie er dem holländischen Dichter Roland Holst sagte, hatte er sein Werk *Psychologische Typen* aus dreißig Seiten seines *Roten Buchs* heraus entwickelt.[17] Das waren offensichtlich die Seiten, auf denen die Begegnungen mit Elias und Salome stattfinden und auf denen – nachdem Jung so lange von einer riesigen schwarzen Schlange fest umschlungen wird, bis das Blut aus ihm herausspritzt und sein Kopf sich in einen Löwenkopf verwandelt – Salome zu ihm sagt: »Du bist Christus.«[18]

Auf diese Episode in seinem transpersönlichen Innenleben im Jahr 1925, die auf der Scheidelinie des katastrophalen Weltkriegs lag, den mehrere seiner Visionen vorausgenommen hatten, blickte C. G. Jung auf einem Seminar zurück, als er sagte, man könne sich dieser unbewussten Fakten nicht bewusst werden, ohne sich ihnen hinzugeben. Wenn man seine Ängste vor dem Unbewussten überwinden und sich fallen lassen kann, dann bekommen diese Fakten ein Eigenleben. Es kann passieren, dass man von den Vorstellungen so gepackt wird, dass man wirklich verrückt oder fast verrückt wird. Die Bilder formen einen Teil der uralten Mysterien. Es sind genau Fantasien, die die Mysterien geschaffen haben.[19]

In seinem Schlusswort zu *Das Rote Buch* schrieb er fast ein halbes Jahrhundert später, dass er tatsächlich verrückt geworden wäre, wenn er es nicht geschafft hätte, die überwältigenden Kräfte der ursprünglichen Erlebnisse zu absorbieren. Manche der Prozesse, die er dadurch entwickelte, sind für uns alle geeignet. Er schrieb sich durch die Phase hindurch, indem er alles notierte und dann seine Tagebücher schrieb. Er suchte nach und schuf Bilder der

Ausgewogenheit und Integration, aus denen eine faszinierende Reihe von Mandalas wurde. Und er entwickelte die Technik, die er aktive Imagination nannte. Statt die Gestalten und Inhalte unserer Träume und Fantasien abzulehnen, arbeiten wir bei dieser Methode mit ihnen und tragen das Drama weiter zur Heilung und Erlösung.

Er sei ins Mysterium gefallen, sagt Jung, nachdem er von der schwarzen Schlange fast zerdrückt und von Salome salutiert wurde.[20] *Das Rote Buch* zeigt uns den enormen Preis, den Jung für seine Erkenntnisse bezahlt hat, und das Ausmaß seines Muts und letztendlich seiner meisterhaften Selbstbeherrschung. Es ist die Dokumentation eines tiefgründigen schamanischen Abstiegs in die Unterwelt sowie eines langen Tests und einer ausführlichen Einweihung in Räumen des Dunklen, aus denen ein weniger starker Geist und eine schwächere Seele womöglich nie mehr den Weg zurück gefunden hätte.

***

Aus der schamanischen Tiefe seiner persönlichen Erfahrungen, die auf der Wissenschaft, den Lehren und der analytischen Praxis beruhen, entwickelte Jung eine Tiefenpsychologie, in der Träume im Mittelpunkt stehen. Er erkannte, dass die meisten von uns nur ein oder zwei Stockwerke des Gebäudekomplexes bewohnen, aus dem unsere Psyche besteht, und sich der vielen anderen Ebenen und Räume gar nicht bewusst sind. Wie wir sehen werden, werden wir in unseren Träumen von Häusern (und anderen Träumen) wach für die Dinge, die sich auf den anderen Stockwerken befinden. Jung schuf den Begriff Individuation für den Prozess des Erkennens und Integrierens dessen, was in den restlichen Räumen unseres persönlichen Wohnhauses zu finden ist.

Außerdem erfand er einen Wortschatz für das, was auf den verschiedenen Ebenen dieser Wohnhäuser lebt. Viele Begriffe sind dank der Arbeit von Jungs Anhängern wohl bekannt, wenn auch nicht immer richtig angewandt. Es gibt die Schattenseite, die einen oder mehrere Teile unseres Selbst darstellt, den oder die wir nicht mögen, nicht kennen und auch nicht kennen lernen wollen. Der Schatten kann negativ oder positiv sein. Dann gibt es die Anima, die Frau im Mann, und den Animus, den Mann in der Frau. In seinen späteren Jahren sagte Jung, den Schatten zu erkennen sei das, was er die Lehre nennt. Aber sich mit der Anima auseinanderzusetzen sei das, was er das Meisterwerk nenne, das nicht viele erreichen würden.[21] Konflikte unter den Hausbewohnern sind genauso unvermeidbar wie Konflikte und »Widersprüche« in unserer Welt. Es gäbe keine Auflösung, nur das geduldige Ertragen von Gegensätzen, die sich letztendlich aus dem eigenen Wesen ergeben, schrieb Jung in einem Brief. Man selbst ist ein Konflikt, der in sich und gegen sich wütet, um seine unvereinbaren Substanzen – das Männliche und das Weibliche – im Feuer des Leidens miteinander zu verschmelzen und so die feste, unveränderbare Form zu erschaffen, die das Lebensziel ist. Wir werden so lange zwischen den Gegensätzen gekreuzigt und der Folter ausgeliefert, bis das versöhnende Dritte Gestalt annimmt.[22] Und was ist dieses »versöhnende Dritte?« Es ist die Bewegung auf das Selbst zu (das wir das Höhere Selbst nennen können). Es bezieht die »Annäherung an das Göttliche« mit ein, die Jung als das Herzstück seines Werks definiert hat. Wie er sagte, galt das Hauptinteresse seiner Arbeit nicht der Behandlung von Neurosen, sondern vielmehr der Annäherung an das Göttliche ... Für Jung war die Annäherung an das Göttliche die wahre Therapie und insofern man die göttliche Erfahrung macht, wird man vom Fluch des Pathologischen befreit. Sogar die Krankheit an sich nimmt eine göttliche Eigenschaft an.[23]

***

In der Praxis übernahm Jung mehrere der charakteristischen Methoden des Schamanen, der weiß, dass das richtige Lied oder die richtige Geschichte das Verhalten des Körpers verändern und die Kraft der Seele anrufen kann. Einmal erklärte sich Jung bereit, eine Frau mit »unheilbarer Schlaflosigkeit« zu empfangen, bei der bisher kein Mittel gewirkt hatte. In ihrer Gegenwart erinnerte er sich an ein Gutenachtlied, das seine Mutter ihm in seiner Kindheit vorgesungen hatte. Er fing an, es laut zu summen. Das Lied handelt von einem Mädchen in einem kleinen Boot auf einem Fluss voller glänzender Fische. Es hat den Rhythmus von Wind und Wasser. Jungs Patientin war verzaubert. Seit dieser Nacht war ihre Schlaflosigkeit wie weggeblasen. Ihr Hausarzt wollte wissen, was Jungs Geheimnis war. Er fragt sich, wie er dem Hausarzt hätte erklären können, dass er einfach nur auf sein Inneres gehört hatte? Er war auf dem Meer. Wie hätte er dem Mann sagen können, dass er der Patientin nur mit der Stimme seiner Mutter ein Gutenachtlied vorgesungen hatte? Eine Verzauberung dieser Art sei die älteste Form von Medizin.[24]

Jung, der Traumschamane, wusste und bestand darauf, dass Träume uns zeigen, was die Seele im Leben will. In *Erinnerungen, Träume und Gedanken* schreibt er, ihm kämen den ganzen Tag über aufregende Ideen und Gedanken. Doch er beziehe nur die in seine Arbeit mit ein, zu denen seine Träume ihn leiten würden. Er war immer bereit, sich durch seine Träume in Bewegung zu versetzen und Kurskorrekturen von ihnen anzunehmen.

Während er heilige Stätten in Indien aufsuchte, wurde er plötzlich auf eine wichtige Mission zurück nach Europa geschickt. In seinem Traum befindet sich Jung mit Freunden auf einer Insel an der Südküste von England. Er steht unter dem Schutzwall eines Schlosses, das von Kerzen erleuchtet ist. Er erkennt das Schloss als Heimat des heiligen Grals. Doch der Gral ist noch nicht da. Im Traum erfährt Jung, dass seine Mission darin besteht, in der Dunkelheit zu einem leeren, abgeschiedenen Haus zu schwimmen, den dort versteckten Gral zu bergen und ihn zu seinem wahren Zuhause zu bringen. Jung deutet den Traum als Aufforderung, als westlicher Mensch zu sehen und zu handeln. Er schreibt, es sei, als würde ihn der Traum fragen: ›Was machst du in Indien? Suche lieber für dich und deine Mitmenschen das heilende Gefäß, salvator mundi, das ihr so dringend braucht.‹[25]

Ein Traum lieferte Jung ein Kraftbild zur Selbstheilung, als er nach einer Herzembolie im Jahr 1946 dem Tod nahe war. Er schrieb in seinem Bett mit Bleistift an einen englischen dominikanischen Priester (Victor White) über einen Traum, der ihm Hoffnung machte. Das Traumbild war ein bläulicher Diamant im Himmel, der sich in einem stillen, runden Teich spiegelte. Die ruhige Schlichtheit dieses Bildes nach den komplexen Stürmen seines früheren Lebens und seiner »Konfrontation mit dem Unbewussten« gab ihm Kraft und Zuflucht.

Nahe dem Ende seines Lebens wurde Jung von einem Traum zu einem entschiedenen Schritt angespornt, sein Werk Lesern außerhalb des recht kleinen Kreises von Akademikern, Wissenschaftlern und Analytikern zugänglicher zu machen.

Trotz des Überflusses an neuen Ausgaben und Auswahlbänden aus seinem Werk, die man in fast allen Buchhandlungen findet, lesen und verstehen heutzutage nicht viele Leute C. G. Jungs eigene Schriften (im Gegensatz zu jungianischen Erörterungen). Seine umfangreiche Lehre, einschließlich der Klassiker – deren Griechisch und Latein er für seine Monografien verwendet hat – ist für viele zu unförmig und abschreckend.

In seinem letzten großen Essay hat Jung es jedoch geschafft, seine besten und originellsten Ideen so zu formulieren, dass sie für eine breite Leserschaft einfach genug sind, ohne irgendetwas zu verwässern oder zu vereinfachen. Er tat dies aufgrund eines Traums.

1959 nahm Jung an mehreren sehr menschlichen gefilmten Interviews mit John Freeman von der BBC teil. Nachdem der Regisseur Aldus Books sie gesehen hatte, kam ihm eine glänzende Idee: Warum nicht Jung bitten, ein Buch für die Allgemeinheit zu schreiben? Als Freeman Jung auf Anweisung des Regisseurs fragte, war dessen Antwort ein glattes Nein. Er war mittlerweile über achtzig und wollte die Zeit, die ihm noch verblieb, nicht mit Bücherschreiben verschwenden. Doch dann träumte Jung, er würde an einem öffentlichen Ort stehen und vor einer bunten Menge von Menschen eine Vorlesung halten. Sie hörten nicht nur aufmerksam zu, sondern verstanden auch, was er sagte.

Durch diesen Traum änderte Jung seine Meinung. Er setzte sich an das Buch, das nach seinem Tod unter dem *Titel Beiträge zur Symbolik des Selbst* veröffentlicht wurde. Er sah es als ein Gemeinschaftsprojekt an und bat Kollegen, denen er vertraute – wie zum Beispiel Marie-Louise von Franz –, eigene Kapitel beizusteuern. Sein persönlicher Beitrag war ein langer Essay mit dem Titel »Annäherung an das Unbewusste« über das Unbewusste. Der Aufsatz ist das Einfachste, was Jung je verfasst hat. Das heißt, wenn Sie auf den ersten Seiten auf einen Begriff wie z. B. Misoneismus (Angst vor dem Neuen) stoßen, dann bleiben Sie gelassen.

In seinem Essay geht es hauptsächlich um Träume. Er hat ihn nur zehn Tage vor dem Beginn seiner letzten Krankheit verfasst; daher kann man diesen Text als sein Testament bezeichnen. Der Essay bezeugt vor allem die vorrangige Wichtigkeit, die Träume in Jungs Tiefenpsychologie und seiner Vision von der menschlichen Natur und ihrer Evolution einnehmen. Jung macht die unvergessliche Aussage, es sei eine uralte Tatsache, dass Gott hauptsächlich durch Träume und Visionen spreche.[26]

EINE SCHAMANISCHE TRÄUMERIN TRÄUMT SICH IN GÖTTLICHE GNADEN

Sandra Ingerman ist eine der authentischsten und wichtigsten schamanischen Lehrmeister und Heiler, die ich kenne. Auch gehört sie zu denen, die am meisten zu unserem Wissen beigetragen haben, warum die Seele den Körper verlässt und was wir tun müssen, um sie zurückzuholen und bei uns zu halten. Im Jahr 1991 fuhr ich in die Gegend von Boston, um an einem ihrer Workshops teilzunehmen, kurz nachdem ihr so schöpferisches *Werk Auf der Suche nach der verlorenen Seele. Der schamanische Weg zur inneren Ganzheit* erschienen war. Ich fasste auf Anhieb Vertrauen zu ihr. Hier war ein Mensch ohne Maske, eine integere Person, die für ihre Berufung lebte. Außerdem freute es mich sehr, einer Träumerin zu begegnen. Sandra sprach darüber, wie Träume ihr eigenes Leben gelenkt hatten. Sie schlug vor, dass die Workshop-Teilnehmer in der ersten Nacht um Träume bitten sollten, um sich auf die Durchführung der Seelenheilung am nächsten Tag vorzubereiten.

Als ich Sandra nach dem Workshop in Santa Fe besuchte, erzählte sie mir von einem Traum, in dem sie Tiefenheilung erhalten hatte. Aufgrund eines Symptoms, das kein Medikament bisher geheilt hatte, hatte sie chronische Schmerzen und betete um einen Heiltraum. Er kam nicht über Nacht. Sie betete über einen Monat lang Nacht für Nacht darum. Schließlich träumte sie, dass ein Indianer hinter dem Sofa in ihrem Wohnzimmer hervorkam. Er hatte eine durchsichtige blaue Rassel in der Hand. Er deutete mit der Rassel auf den Körperteil, der ihr wehtat. Er schüttelte die Rassel über der Stelle, bis der Schmerz in ihrem Traumkörper verschwunden war. Als sie aus dem Traum aufwachte, war auch der Schmerz in ihrem physikalischen Körper verschwunden. Als ich Sandra zwanzig Jahre später an dieses Ereignis erinnerte, sagte sie mir, dass sie seitdem schmerzfrei geblieben sei. Eine Lektion dieser Erfahrung ist die Notwendigkeit, beharrlich zu bleiben, wie wir beide feststellten.

Wenn Sie das, worum Sie bitten, nicht über Nacht bekommen, dann versuchen Sie es immer wieder. Ein Traum gab Sandra den Anstoß für ihr zweites Buch *Die Heimkehr der verlorenen Seele*, in dem es darum geht, was man tun muss, um nach tiefschürfender Arbeit an sich selbst die Seele im Körper zu halten. Mehrere Jahre lang tauchte in ihren Träumen wiederholt eine Botschaft auf, die auf einer Grundbedingung für Heilung bestand: »Der Erfolg jeder Heilung beruht auf der Fähigkeit des Klienten, die Heilung anzunehmen.«[27] Sie hat es »kapiert«, als sie im Traumzustand vollständig fühlen konnte, wie es ist, auf der Zellebene Heilenergie zu erhalten.

Nach ihrem ersten Aufenthalt in Ägypten folgte ihr ein Wesen aus dem kollektiven Geist des altertümlichen Ägyptens nach Hause. Es war Anubis, den jedes Kind, das jemals eine ägyptische Museumsausstellung besucht hat, als Gestalt mit dem Kopf eines Hundes oder Schakals kennt. Für die alten Ägypter (und Menschen, die sich dieser Tradition verbunden fühlen) ist Anubis ein wichtiger Torwächter, Öffner der Wege zwischen den Welten und Schutzherr des Träumens und Astralreisens. In einem Traum stellte sich Anubis Sandra als »der Gott, der die Ebenen zwischen den Welten bewacht«, vor. Er wies Sandra darauf hin, dass in ihrer Arbeit etwas fehle: der fehlende Schlüssel war die »Transfiguration«.[28] Auch wenn Schüler des Neuen Testaments (und Harry-Potter-Fans) das Wort kennen dürften, konnte sich Sandra nicht daran erinnern, es vor dem Traum jemals gehört zu haben. Der Hinweis aus ihrem Traum von Anubis führte zu der Entdeckung, dass *Transfiguration* »Shapeshifting« (eine andere Gestalt annehmen) bedeutet – und zwar auf Ebenen, die über ihre bisherige

Praxis als Schamanin hinausgingen. Der Begriff bedeutet die Anhebung und Projektion von Licht, wie Jesus es tat, als er seinen Jüngern Licht einflößte.

Sandra Ingermans Roman *Ein Fall mit Grace* aus dem Jahr 1997 entfaltet sich als eine Verschachtelung von Träumen in Träumen. Die Protagonistin verlässt ihren Körper bei Vollnarkose auf dem Operationstisch und reist durch verschiedene Portale an viele Orte der nicht-alltäglichen Realität. Dabei begegnet sie einer Reihe von Geistführern und unterzieht sich Prüfungen und Initiationen. Die Szene, mit der der Roman beginnt, wurde Sandra in einem luziden Traum geschickt. Sie erinnert sich: »Ich hatte eine schwere Grippe. Daher beschloss ich, mich für ein paar Tage zu Hause in Santa Fe ins Bett zu legen, bis ich mich mit dem Auto nach Boulder aufmachen musste, wo ich am Ende der Woche einen Workshop leiten sollte. Ich hatte hohes Fieber. Ein Mann erschien mir und sagte mir, ich solle das Buch mit der Hauptperson im Operationsraum kurz vor der Krebsoperation beginnen – einer Krankheit, die ich nie hatte. Dann fällt durch ein Erdbeben im Krankenhaus der Strom aus, während die Protagonistin in andere Welten katapultiert wird. Der Mann sagte: *Und jetzt stehe auf und schreibe es nieder.* Ich wollte aber nicht aufstehen. Ich fühlte mich elend, doch er drängte mich so lange, bis ich aufstand und die Szene aufschrieb. Danach hatte ich die ersten drei Seiten.«[29]

Während Sandra ihren Weg als schamanische Heilerin, Hüterin der Erde und Träumerin fortsetzt, vertieft und erweitert sich ihre Arbeit. Sie unterstützt aktiv die Umwandlung der giftigen Energien in unserem Leben und unserer Welt. Sie hat es sich zur Lebensaufgabe gemacht, den Menschen in ihrer Umgebung Licht zu bringen. In ihrem persönlichen Schöpfungsmythos »hat das Licht Menschen erschaffen, damit sie spielen« und ihnen eine große Gabe mitgegeben: »Die Möglichkeit des Geistes, in einem Körper zu leben.« Wenn wir uns daran erinnern und es verkörpern, werden wir aufhören, uns und anderen Schaden zuzufügen.

Vor zwanzig Jahren schrieb Sandra *in Auf der Suche nach der verlorenen Seele*, dass die Seelenheilung keine »Selbsthilfetechnik« ist, doch wie sie festgestellt hat, helfen sich immer mehr Leute auf diesem Gebiet selbst durch ihre Träume, und zwar durch

Träume, um die sie gebeten haben und die von alleine kommen. Sie sagte 2011 in einem Interview für meine Radiosendung: »Die Leute holen sich in ihren Träumen lebensnotwendige Essenz, und die Energie verbleibt ihnen hinterher. Auf diese Weise ist es ein vollständiger Prozess.«

Sie hat festgestellt: »Die Schleier zwischen den Welten werden immer dünner, während wir uns bewusst weiterentwickeln. Wenn deine Psyche sich erhebt, wird deine Traumwelt darauf reagieren. Wenn du den Willen hast, geheilt zu werden, entwickelt sich dein Träumen, und das, was zurückgeholt werden muss, wird durch das Träumen erreicht.«

2. Träumer als Schamanen

Seit der Ankunft der Seele auf der Welt heißt sie das,
was am Schönsten und Göttlichsten ist,
freudig willkommen und betrachtet es durch Träume.

– Plutarch, »Amatorius«

Eine träumende Frau findet sich in einem anderen Körper wieder, in dem sie sich mit ihrem Volksstamm neben einem Fluss in einer wilden, unberührten Landschaft weiterbewegt. Sie ist mit dem Leben und den Beziehungen der Stammesangehörigen wohl vertraut und spürt, dass ein harter Winter naht.

Sie sieht einen Adler nahe am Flussufer fliegen, und jemand sagt zu ihr: »Du kannst mit ihm fliegen.« Sie hat Angst, sich zu weit vom Fluss zu entfernen, und so wartet sie, bis der Adler über ihrem Kopf schwebt. Später erzählte sie mir, dass dann Folgendes geschah:

Ich fliege einen Augenblick, der eine Ewigkeit währt, mit diesem herrlichen Vogel mit, der wunderschöne glänzende braune Federn mit goldenen Tupfern hat. Der Adler fliegt über mir, neben mir, landet dann im Fluss. Ich lande flussabwärts und lasse mich auf dem warmen weißen Schaum treiben, mit dem die Wasseroberfläche bedeckt ist.
Als ich wieder trocken bin, fliege ich erneut über den Fluss. Ich sehe an der Stelle, an der der Adler geflogen und gelandet ist, Schildkröten. Die Schildkröten sind dunkelgrün. Sie sind feste Punkte auf dem Schaum. Sie bewegen sich nicht, sondern sonnen sich nur friedlich.

Die Träumerin fragte mich, wie sie sich an die Bedeutung des Traums herantasten sollte. Für mich bedarf eine solche Erfahrung keiner Deutung, sondern nur der Annahme. Ihr Traum war eine Reise in die Lebensumstände eines Naturvolks, der Zugang zu einem »vergangenen« Leben, einem früheren Erlebnis ihres eigenen multidimensionalen Selbst (des Multiselbst) oder das eines Ahnen des Landes, auf dem sie lebt, oder auch das ihrer größeren spirituellen Familie. Bei dieser Lebenserfahrung lernte sie, was Träumer unter den Naturvölkern wissen: Man kann zu einem Adler werden.

Als der begabte Analytiker und Jungianer Robert Bosnak in der Zentralwüste meines Heimatlands Australien umherreiste, wollte er die Handhabung des Träumens der Pitjantjara verstehen lernen. Er sprach durch einen Dolmetscher mit einem »Spirit-Mann«, von dem gesagt wurde, er wüsste alles über das Träumen und die Traumzeit. Um das Eis zu brechen, versuchte Bosnak, seine eigene Traummethode zu erklären. Ich weiß nicht, wie das in der Sprache des Aborigines herüberkam. Der Spirit-Mann saß ungerührt da und wischte nur von Zeit zu Zeit die Fliegen weg. Als Bosnak ihn bat, ihm zu erklären, wie er mit Träumen arbeitete, lautete die Antwort durch den Dolmetscher: »Er wird zu einem Adler.« Als der Jungianer die Bedeutung dieser Aussage klären wollte, wurde der Satz nur wörtlich wiederholt: »Er wird zu einem Adler.«[1]

Es war eine nüchterne Aussage, die nur wenig mit archetypischen Symbolen zu tun hat. Als der Schamane der Aborigines sagte, er würde zu einem Adler, meinte er genau das: Er bewegte sich in seinem Traumkörper als Adler umher, sah mit scharfen Adleraugen und flog zu den Orten, die er aufsuchen musste.

Die amerikanische Träumerin, die mit dem Adler flog und in den Fluss tauchte, tat durch den spontanen Schamanismus des Träumens etwas Ähnliches. Träumen ist Reisen im Sinne der uralten Naturvölker, und solche Reisen beschränken sich nicht auf eine Form. Wenn man mit einem Adler fliegt, will man nicht zu viel Zeit darauf vergeuden, den Adler als Symbol zu erörtern. Man will die Verbundenheit feiern, etwas erschaffen oder finden, das man bei seinen Alltagsproblemen als Traum-Talisman behalten oder bei sich führen kann und das einen an die eigene Fähigkeit erinnert, sich auf eine höhere Perspektive zu schwingen und »viele Blicke weiter« zu schauen. Diese Formulierung stammt von den Irokesen, den Leuten des Longhouse, die den Adler auf ihren hohen Friedensbaum gesetzt haben, damit er wachen und vor Dingen warnen kann, die sich in der Ferne andeuten.

Der Vogel, der mir in meiner Kindheit am Vertrautesten war, war der Seeadler. Er ist in Nordaustralien und auch an der Nordküste von Schottland, der Heimat meiner Ahnen väterlicherseits, heimisch. Auf den Orkneys wurden Schamanen früher mit einem Seeadler begraben. Für die Inselbewohner der Torres Straits ist der Seeadler der bevorzugte Verbündete des *zogo le*, des Schamanen. Zwar habe ich den Großteil meines Erwachsenenlebens außerhalb von Australien verlebt, doch in den *wichtigen* Träumen kommt der Seeadler manchmal und verleiht mir Flügel, um in meine Heimat zurückzufliegen und etwas zu sehen, was ich sehen muss.

IN JEDEM, DER TRÄUMT, STECKT EINKLEINER SCHAMANE

Die Essenz der Fähigkeit des Schamanen zu reisen und zu heilen ist seine Fähigkeit, kraftvoll zu träumen. Im modernen Alltag stehen wir am Rand dieser Fähigkeit, wenn wir träumen und uns daran erinnern, etwas mit unseren Träumen zu machen.

Wir alle träumen, und wie die Kagwahiv aus Brasilien sagen: «Jeder, der träumt, ist ein kleiner Schamane.« Unsere Träume zeigen uns, wie weit wir gehen können und wann die Zeit für uns gekommen ist, uns auf tiefere Reisen zu begeben. »Die Arbeit wird dir zeigen, wie es geht«, lautet ein estländisches Sprichwort. In Bezug auf die Seele können wir sagen: Der Traum wird dir zeigen, wie du deine Seele heilen und nähren kannst.

Wenn Sie mehr darüber wissen möchten, was Träume sein können, dann sehen Sie sich näher an, was »Traum« in verschiedenen Sprachen bedeutet. Sie werden Hinweise darauf finden, was Träumen für unsere Ahnen bedeutete, bevor wir die Achtung vor Träumern und den Kontakt mit dem Träumen verloren haben.

- Für ein träumendes Volk aus Venezuela, die Makiritare, ist der Traum eine »Reise der Seele« (adekato).

- Laut dem alten Stamm der Assyrer ist ein Traum ein Zephyr, eine sanfte Brise, die durch das Schlüsselloch oder die Türritze weht und in Ihr Ohr flüstert.

- Für die alten Ägypter war ein Traum ein »Erwachen« (rswt).

- Nach griechischen Schriften des Altertums ist ein Traum ein »spiritueller Bote« (oneiros), der aus der Republik der Träume (Demos Oneiron) kommt.

Im Altenglischen war ein Traum »Fröhlichkeit« und »Träumerei« der Art, die man erleben kann, wenn man zu viele Kelche Wein gebechert hatte. Doch zu Chaucers Zeiten bedeutete dasselbe Wort mit einer anderen, nördlichen Ableitung auch eine Begegnung mit den Toten. Und wie in Nordeuropa (dem deutschen Traum, dem holländischen droom und so weiter) leitet sich das englische Wort dream, das uns überliefert wurde, vom Altgermanischen Draugr ab, was einen Besuch der Toten bedeutet.

Wie der bedeutende Ethnograf des Indianervolks der Tuscarora, J. N. B. Hewitt, ausführt, bedeutet das alte irokesische Wort *katera'swas* zwar »ich träume«, doch es deutet noch viel mehr an als nur das, was wir normalerweise damit meinen. *Katera'swas* drückt das Träumen als Gewohnheit aus, als täglichen Teil des Auf-der-Welt-Seins. Der Ausdruck birgt auch die Nebenbedeutung von aktiver Glücksbringung – also: Ich bringe mir Glück, weil ich durch meine Träume Glück und Wohlstand manifestieren kann. Der verwandte Begriff watera'swo bedeutet nicht nur »Traum«, sondern lässt sich auch übersetzen mit: »Ich beschaffe mir Glück.«[2] Wie frühe jesuitische Missionare berichteten, glaubten die Irokesen daran, dass das Vernachlässigen von Träumen Unglück bringen würde. Jean de Quens notierte während eines Besuchs bei den Onondaga: »Den Leuten wird gesagt, wenn sie ihre Träume missachten, werden sie Unglück haben.« Wenn Sie also Glück haben wollen, dann sollten Sie viel träumen.[3]

Unter den Stämmen der Dene werden dieselben linguistischen Begriffe verwendet, um Träume, Visionen und spontane Erscheinungen sowie Trancezustände auszudrücken.[4] Das deutet darauf hin, dass sie alle den Träumer an denselben Ort – den Ort, an dem Schamanen tätig sind – bringen können. Unter den Wind River Shoshone bedeutet das Wort *navujieip* »Seele« und »Traum«. »*Navujieip*« wird lebendig, »wenn Ihr Körper ruht und in irgendeiner Form erscheint.«[5]

Im schottischen Gälisch findet sich ein reichhaltiger und spezieller Wortschatz für viele verschiedene Formen des Träumens und Sehens und der übersinnlichen Phänomene. Die beste Literaturquelle hierfür ist das Werk des Pastors John Gregorson Campbell, der Ende des neunzehnten Jahrhunderts auf der schottischen Insel Tiree gelebt hat. Er sammelte die mündlichen Überlieferungen gälischer Sprecher und verewigte sie in zwei Büchern, *Superstitions of the Highlands and Islands of Scotland* (1900) und *Witchcraft and Second Sight in the Highlands and Islands of Scotland* (1902).

Der Begriff *da-shealladh* (wird ungefähr »Dej-hejlouw« ausgesprochen) lässt sich häufig als »zweite Sicht« übersetzen, was buchstäblich »zwei Sichten« bedeutet. Er bezieht sich auf die Fähigkeit, Erscheinungen von Lebenden und Toten zu sehen. Der *taibshea*r (»Teischer« ausgesprochen) ist der Seher, der sich darauf spezialisiert, das Energiedoppel *(taibhs)* zu beobachten. Ein Traum oder eine Vision ist ein *bruadar* (»Bru-itar«). Der *bruadaraiche* (ungefähre Aussprache: »Bru-i-teretschcr«) ist mehr als nur ein Träumer im gewöhnlichen Sinne. Er ist die Art von Träumer, der in die Vergangenheit oder Zukunft sehen kann. Das ist ein Kleinod, das der näheren Untersuchung wert ist. Die Tiefe des Praktizierens von Träumen in einer Kultur spiegelt sich in ihrem aktiven Vokabular für solche Dinge. Ich bin mir zwar nicht sicher, ob die heutige deutsche Sprache ein einziges Wort zur Verfügung stellt, das so reichhaltig wäre wie bruadaraiche, aber ich bezweifle, ob wir den schottischen Begriff importieren können, da er (zumindest so, wie er von meiner Zunge rollt) nach etwas klingt, das in einem Schafsmagen gekocht worden ist.

Die hawaiische Sprache bietet ein reichhaltiges Traumvokabular, das sich wunderbar für eine Studie eignet. Ein generelles Wort der Hawaiianer für Träume ist moe'ukane, das sich allgemein mit »Seelenschlaf« übersetzen lässt, jedoch eher als »Nacherlebnisse der Seele« verstanden wird, da es für die ursprünglichen Hawaiianer beim Träumen stark um das Reisen geht. Die Seele macht im Schlaf Ausflüge. Sie schlüpft aus ihrem normalen Körper – häufig durch den Tränenkanal, der auch als »Seelengrube« bezeichnet wird – und ist dann in einem »Körper aus Wind« unterwegs. Während dem Schlaf wird der Träumer auch von Göttern (*akua*) und Schutzgeistern der Ahnen (*aumakua*) aufgesucht, die die Gestalt eines Vogels, eines Fischs oder einer Pflanze annehmen können.

Wie alle praktischen Träumer erkennen die Hawaiianer, dass es große und kleine Träume gibt. Einem »Traum über einen wilden Meerbarben« (*moe weke pahulu*), der verursacht wird, wenn man etwas Falsches gegessen oder sein Essen zu schnell heruntergeschlungen hat, sollte man keine große Bedeutung beimessen. Der Ausdruck leitet sich von der weit verbreiteten Überzeugung ab, dass man krank wird und schlechte, wenn auch bedeutungslose Träume hat, wenn man Meerbarbenköpfe in der falschen Jahreszeit verspeist. Andererseits sollte man erkennen, dass ein Traum die Erinnerung an eine Reise in die Zukunft und damit äußerst wichtige praktische Informationen enthalten kann. Vor allem der »eindeutige« Traum (*moe pi'i pololei*), der klar ist und keiner Deutungen bedarf, ist besonders hilfreich.

Es gibt auch »Wunschträume« (*moemoea*), die einem etwas aufzeigen, wonach man sich sehnt. Dies kann in der normalen Realität erreichbar oder auch unerreichbar sein. Es gibt »Enthüllungen der Nacht« (*ho'ike na ka po*), die die Macht der Prophezeiung in sich bergen. Eine hochinteressante Kategorie hawaiischer Träume besteht aus Prophezeiungen, die als Geschenke der Schutzgeister unter den Ahnen angesehen werden und die Heilung der Beziehungen innerhalb einer Familie oder Gemeinschaft bewirken sollen. Träume werden außerdem von den aumakua zur Förderung der persönlichen Heilung geschickt.

Die Geister der Vorfahren vermitteln auch »Nachtnamen« *(inoa po)* für ungeborene Säuglinge, und es kursieren Warngeschichten über drohendes Unglück, das eintrifft, wenn die Eltern den Namen des Babys ignorieren, der ihnen in einem Traum mitgeteilt wurde. Die Hawaiianer achten ganz besonders auf Visionen, die in der Phase zwischen Schlaf und Erwachen auftauchen (*hihi´o*). Sie halten es für äußerst wahrscheinlich, dass solche Visionen klare Kommunikationen der Geister und »eindeutige« Einblicke in kommende Ereignisse enthalten.

In unseren Traumreisen können wir mit einem »Traummann« (*kane o ka po*) oder einer »Traumfrau« (*wahine o ka po*) zusammentreffen. Das mag zwar angenehm und sogar verlockend sein, doch die hawaiische Folklore lehrt, Vorsicht walten zu lassen. Wenn man zu viel Zeit außerhalb seines irdischen Körpers in seinem »Körper aus Wind« verbringt, könnte der physikalische Organismus geschwächt und schlapp werden. Außerdem sollte man sich vor Täuschern hüten, die die Gestalt verführerischer Sexpartner annehmen können, doch in Wahrheit etwas ganz anderes sind – nämlich trickreiche *mo'o*, eine Art Wasserkobold.

Wir sollten aus unseren saftigsten Träumen Energie für unser verkörpertes Leben schöpfen, statt sie dort zu lassen. Eine beliebte hawaiische Legende berichtet, wie eine Göttin das geschafft hat. Pele wurde auf ihrer Vulkaninsel durch rhythmisches Trommeln in der Ferne aufgeschreckt. Sie befahl ihren Dienern, sie drei Tage lang auf keinen Fall zu wecken, und ließ ihren Körper auf ihrem Bett aus Lava zurück. Dann reiste sie in ihrem »Körper aus Wind« so weit, bis sie schließlich die Quelle des magischen Trommelns fand: es war ein Luau-Fest, das ein stattlicher Prinz abhielt. Die Göttin und der Prinz verliebten sich und machten drei Tage lang stürmische Liebe. Anschließend kehrte Pele in den Körper zurück, den sie auf ihrem Lavabett zurückgelassen hatte. Da sie eine Göttin war, konnte sie arrangieren, dass ihr Prinz nach Big Island gebracht wurde, wo er fortan als ihr Begleiter mit ihr lebte. Für uns Menschen mag sich diese Art des Transfers zwar schwieriger gestalten, aber einen Versuch ist es immer wert![6]

AUF DEN KORRIDOREN VON LEBEN UND TOD

Ich teile seit mehr als zwanzig Jahren Träume und Abenteuer mit Carol. Sie ist eine der Schwestern, die ich nie hatte, nach denen ich mich als Junge aber immer gesehnt habe. Als ich sie dann fand – und als Seelenschwester erkannte –, wurde eine Lücke in mir gefüllt. Wir sind die schmalen Grate der Erde miteinander gegangen. Wie so viele begabte schamanische Heiler hat Carol ein Kindheitstrauma überlebt. Wie so viele begabte Berater und Therapeuten gibt sie ihren Klienten den Willen und die Fähigkeit, Heilkräfte aus einer tieferen Quelle zu schöpfen, aus jener Tiefe, die sie »Das Mehr« des Lebens nennt.

Carol, die eine überzeugte Christin ist, war immer bereit, die schwierigsten Fragen zu stellen und sich ihnen zu stellen, wie zum Beispiel: Wo ist Gott, wenn guten Menschen schlimme Dinge zustoßen? Oder: Was passiert mit Tätern, wenn sie sterben und diese Welt unverändert verlassen?

Die folgende Geschichte gibt eine Antwort auf die letztere Frage. Sie kommt aus den Kräften der tieferen Welt, die uns durch Träume zugänglich wird. Die Geschichte erinnert uns daran, dass uns Hilfe und Seelenheilung immer zur Verfügung stehen. Sie ist ein weiteres Beispiel dafür, wie Träume die Tore zu tieferen Welten und einer tiefgreifenderen Lenkung sein können, wenn wir nur bereit sind, wieder durch diese Tore zu gehen.

Am Ende eines Sommers fand Carol eine Nachricht auf ihrem Anrufbeantworter vor, die ihr mitteilte, dass ihr Freund Patrick an AIDS gestorben war. Während sie in dieser Nacht trauernd im Bett lag, hörte sie ein Geräusch im Zimmer und fühlte, dass jemand da war. Sie wusste jedoch, dass sie vor Einbrechern sicher war, und ließ sich schließlich in den Schlaf sinken. Als sie in der Morgendämmerung aufwachte, hörte sie wieder ein Geräusch und achtete darauf. Wie ihr klar wurde, war ihr Freund Patrick bei ihr. Er sagte ihr: »Ich habe ein Vermächtnis für dich. Sieh unter meinen alten Briefen nach.« Sie sagte ihm, dass sie alle alten Briefe weggeworfen hatte und nicht glaubte, noch Briefe von ihm zu haben. »Dann sieh in deinen alten Tagebüchern nach«, wies der freundliche Geist sie an.

Als Carol das tat, fand sie einen alten Brief von Patrick, den er (wie er erwähnte) bei Sonnenaufgang über zehn Jahre zuvor geschrieben hatte. Es war eine lyrische Schilderung seiner Gefühle, während er die Sonne über dem Meer aufgehen sah, ein Gefühl der Weite in ihm, das »dem Atem des Horizonts« begegnete.

Carol überkam ein Gefühl der tiefen Erleichterung und war sicher, dass ihr Freund sich glücklich auf eine Reise begeben hatte, um dem Atem des Horizonts zu begegnen. Es war noch früh am Morgen und sie legte sich wieder ins Bett und bat um einen Traum, der ihr die Reisen der Seele näherbringen würde.

Träumen ist reisen. In ihrem Traum kam Carol in jener Nacht an einem Flughafen an. Sie hatte ein Flugticket und einen Koffer in der Hand und war bereit zum Abflug. Doch sie hatte keine Angst, sie könnte das Flugzeug verpassen. Sie wanderte durch die Abflughalle und beobachtete das Geschehen. Sie sah, wie sich ihre Eltern auf ihren Flug vorbereiteten und fand das seltsam, da beide Eltern schon tot waren. An diesem Punkt erlebte sie eine Erleuchtung. *Sie sagte sich: Das hier ist ein Traum – also ist alles möglich, auch das Reisen mit den Toten.*

Carol sah sich das Flugzeug, in dem sie abfliegen würden, näher an. Es war silbern und sein Rumpf schien aus altem polierten Silber zu sein – nicht nur aus Silberfarbe, sondern aus dem kostbaren Edelmetall. Warum eigentlich nicht? Träume haben eine andere Physik. Sie machte sich wieder auf und wanderte weiter durch den Terminal. Sie kehrte zu der Nische zurück, in der sie ihren Koffer abgestellt hatte. Dann öffnete sie ihn und fand mehrere sauber zusammengefaltete Flanellnachthemden. Lachend dachte sie: *Ich habe mir für diesen Winter wohl vorgenommen, viel zu schlafen und zu träumen.* Sie beschloss, den Koffer dort stehen zu lassen. Ihr war, als würde sie ihn da, wo sie hinfliegen würde, nicht brauchen.

Dann ging sie auf das silberne Flugzeug zu. Eine Mitarbeiterin der Fluglinie hatte die anderen Passagiere schon an Bord geschleust und war gerade dabei, die Türen zu verriegeln. »Hey!«, rief Carol. »Ich muss in das Flugzeug! Sagen Sie ihnen, sie sollen auf mich warten!«

»Das geht nicht«, sagte die Angestellte ruhig. »Aber Sie könnten einen Zug woandershin nehmen. Wie wär's mit Florida? In Florida ist es schön.«

Carol dachte: *Diese Frau will mich an einen Ort schicken, der nichts mit dem hier zu tun hat.* Um die Situation besser einschätzen zu können, ging Carol auf den Flieger zu. Die Mitarbeiterin der Fluglinie wich lächelnd beiseite. Carol sah sich die Passagiere im Flugzeug an. Darunter waren auch ihre verstorbenen Eltern. Alle winkten zum Abschied, und ihr wurde klar, dass sie alle tot waren. Vielleicht war das der Grund, weshalb sie nicht in diesem Flugzeug saß. Aber sie hatte trotzdem ein Flugticket. Wofür? Carol ging zurück durch den Gang und merkte, dass sie bis an die Decke federn konnte. Je höher sie federte, desto höher wurde die Decke, und so schlug sie sich nicht den Kopf an. Es machte Spaß!

Sie erforschte den Flughafen noch weiter und entdeckte am Ende einer der Hallen eine Gruppe von Leuten, die dort ein Picknick veranstalteten. Ein Mann bückte sich unter den Picknicktisch und fing an, einen kleinen Jungen zu befummeln. Entsetzt rannte Carol hin und zog den Mann von dem Kind weg. Ein zweiter Mann eilte ihr zu Hilfe. Gemeinsam zerrten sie den Pädophilen von dem Jungen weg.

Der Helfer schubste den Täter in Carols Richtung, damit sie mit ihm fertigwerden sollte, und nahm den kleinen Jungen in seine Obhut. Sie hatte das Gefühl, genug Kraft zu haben, um den Täter zu überwältigen. Sie packte ihn am Kopf und hielt ihn wie in einem Schraubstock fest, so dass er gezwungen war, ihr in die Augen zu sehen. »Sie brauchen Heilung«, sagte sie mit fester Stimme zu ihm. »Sie müssen da hingehen, wo Sie Heilung bekommen.« Dann schob sie ihn durch die Halle zu den anderen, die darauf warteten, ihn in Empfang zu nehmen.

Carol wachte fasziniert, berauscht und zugleich verwirrt aus diesem Traum auf. Was hatte sie am Flughafen gemacht? War ihr Freund Patrick unter den Passagieren des silbernen Flugzeugs? War das Kind, das beinahe zum Opfer geworden wäre, Patrick als kleiner Junge? Woher hatte sie im Traum gewusst, wohin sie den pädophilen Täter bringen musste, damit er Heilung erfahren könnte, und was dort auf ihn wartete? Und was hatte ihr Flugticket zu bedeuten? Was war ihr eigenes Reiseziel gewesen?

Carol glaubte, um echte Antworten auf diese Fragen zu erhalten, müsste sie zu dem Flughafen mit dem silbernen Flieger zurückkehren. Sie wollte dabei Unterstützung bekommen, und so erzählte sie den Traum in einem meiner Workshops. Nachdem wir über ihn diskutiert hatten, fand sie, dass sie als Allererstes mehr über ihr Flugticket herausfinden müsste. Bedeutete es etwa, dass sie eine Verabredung mit dem Tod hatte?

Während ich trommelte, streckte sich Carol auf dem Teppich aus und machte die Augen zu. Dann ließ sie ihr Bewusstsein zurück in die Flughalle gehen, während unser Kreis aus aktiven Träumern über sie wachte.

Bei diesem zweiten Besuch auf dem Flughafen blieb sie nicht lange im Terminal. Eine spirituelle Lehrmeisterin, die sie die uralte Ur-Mutter nennt, erschien ihr und trug sie »hinaus und hinauf«, damit sie sich den Flughafen von hoch oben ansehen konnte. »Wir passen auf dich auf«, sagte die uralte Ur-Mutter zu ihr. Carol fragte sie nach dem Flugticket. Die Ur-Mutter beruhigte sie: »Jeder hat ein Flugticket. Sieh dir deins mal näher an.«

Carol untersuchte ihr Ticket und ihr fielen mehrere Daten auf. Einige von ihnen waren aus der Vergangenheit. Als sie zurückdachte, merkte sie, dass diese Daten zu lebensbedrohlichen Krisen in ihrer Vergangenheit passten, darunter auch zur Herzoperation, die sie als Kind durchgemacht hatte. Außerdem entdeckte sie auf ihrem Flugticket ein Datum in der nicht allzu fernen Zukunft. »Mach dir deswegen keine Sorgen«, sagte die Ur-Mutter. »Diese Dinge sind nicht so fest vorherbestimmt, wie manche Menschen denken.«

Als Carol sich nach den Leuten erkundigte, die sie auf dem Flughafen gesehen hatte, machte die Ur-Mutter ihr deutlich, dass sie alle – nicht nur die Passagiere im Flugzeug – schon verstorben waren. »Über all das wirst du noch mehr erfahren. Jetzt musst du erst mal das hier erleben.« Die Ur-Mutter nahm Carol an der Hand und flog immer schneller immer höher, bis sie sich auszudehnen und in Licht zu bersten schienen. Carol empfand dabei freudige Verwunderung, Verbundenheit und Mitgefühl. »Ich sah die Verbindungen zwischen allem Leben. Ich begegnete dem Atem des Horizonts.«

Das Abenteuer, das mit dem silbernen Flugzeug angefangen hatte, setzte sich fort und vertiefte sich noch. In einem anderen Traum tauchte der Mann, der ihr geholfen hatte, den Kinderschänder festzunehmen, an Carols Seite auf. Er führte sie in einen Freizeitpark und brachte sie zum Lachen, indem er ein Lagerfeuerlied sang. Als sie ihn nach seinem Namen fragte, sagte er ihr, er sei ein Schutzgeist. Er wollte ihr seinen Namen noch nicht nennen, da sie dann womöglich anfangen würde, an der »Echtheit« ihres Erlebnisses zu zweifeln. Wenn sie mehr erlebt hatte, würde sie mehr erfahren. »Die Ur-Mutter hat mich geschickt, um dir zu helfen«, versicherte er Carol. »Du kannst dich bei ihr nach mir erkundigen.«

Nachdem sie sich verabschiedet hatten, ging Carol in ihrer Traumstadt eine Straße entlang und summte dabei das Lagerlied. Es war mehr als nur ein lustiges Lagerfeuerlied, wie ihr klar wurde; es ging darin um Einweihung und eine ganz besondere Prüfung.

Durch das Lied wurde ein ungewöhnlich großer Mann auf sie aufmerksam. Er ging mit einem kleinen Jungen spazieren, der dem Kind auf dem Picknick ähnelte.

Der große Mann blieb stehen und fragte sie nach dem Lied. Er sah aus wie ein riesiger Storch, der sich aus unglaublicher Höhe hinunterbeugte. »Moment mal«, forderte Carol ihn auf. »Würden Sie mir bitte sagen, was hier läuft?«

Die obere Hälfte des hochgewachsenen Mannes beugte sich vornüber und trennte sich vom Rest, so dass er ein normal großer Mann wurde. Jetzt bemerkte Carol, dass er auf den Schultern eines zweiten Mannes gestanden hatte, den sie als denjenigen wiedererkannte, der sich als Schutzgeist ausgegeben hatte. Merkwürdig. Doch wie sie festgestellt hatte, gelten in anderen Welten andere Gesetze. »Mein Name ist Raphael«, sagte der Beschützer.

»Du hast den Kinderschänder in meine Richtung geschubst, damit ich mich um ihn kümmere.«

»Ich wusste, du bist stark genug.«

»Und du hast dich um den kleinen Jungen gekümmert.«

»Ja.«

»Und du bist *Raphael*?« Langsam dämmerte ihr die Bedeutung seines Namens.

»Ich bin Raphael. Nicht analysieren, Carol. Geh jetzt mit meinem Freund.«

Carol wandte sich dem Mann zu, der auf seinen Schultern gesessen hatte. »Und du bist –?«

»Michael.«

Natürlich. Raphael und Michael. Carol hatte ihre Namen zwar in Gebeten gesprochen, doch sie hätte nie gedacht, ihnen jemals persönlich zu begegnen – und schon gar nicht auf diese ungewöhnliche Weise.

Michael sagte: »Ich weiß, du hast Fragen über dein Flugticket, vor allem über das Datum in der Zukunft. Ich werde dich hinbringen.«

»In die Zukunft?«

»Dir wird nichts geschehen.«

So ließ sich Carol von Michael leiten. Sie kamen so schnell wie Gedanken zu einer Versammlung im Freien. Carol kannte einige der Leute, doch sie sahen älter aus. Es wurden Tüten mit Fast Food herumgereicht. »Iss den Cheeseburger nicht«, sagte Michael zu Carol. Ihr wurde klar, dass sie eine Zukunftsversion von sich selbst sah, die schon graue Haare hatte. Die Carol der Zukunft wollte gerade in einen Cheeseburger beißen. Durch Michaels Aufforderung neugierig geworden, drang Carol in die Gedanken ihres zukünftigen Selbst. Iss diesen Cheeseburger nicht. Sie fühlte, wie es ihrem zweiten Ich widerstrebte zu gehorchen. Es gab hier nur Cheeseburger und sie hatte Hunger. *Du willst nicht daran ersticken*. Sie beobachtete, wie ihr zweites Ich die Finger vom Fast Food ließ.

Nun sagte Michael: »Sieh dir dein Ticket an.«

Carol betrachtete es und sah ihr Todesdatum in der Zukunft verblassen.

Michael führte sie zurück an die Stelle, an der Raphael auf sie wartete.

»Michael wird sich für eine Weile um dich kümmern«, sagte Raphael.

»Und wo wirst du sein?«

»Wir sehen uns auf den Korridoren zwischen Leben und Tod.«

»*Ist das real*?«, wunderte sich der Zweifler in Carols Psyche, als sie aus diesem Traum über Engel und Zeitreise zu einem zukünftigen Selbst erwachte. Sie suchte die Bestätigung wie ein aktiver Träumer, indem sie noch einmal durch das Tor ihres erinnerten Traums ging, nur diesmal hellwach und bewusst. Beinahe auf Anhieb erschien Raphael und umarmte sie. »Oh ja, Carol, das hier ist real.« Er wiederholte: »Wir sehen uns auf den Korridoren zwischen Leben und Tod.«

Zwei Wochen später praktizierte Carol Trauminkubation. Sie hatte in ihren bisherigen Traumreisen über den kleinen Jungen nachgedacht. Als sie am Abend zu Bett ging, bat sie darum, mehr über die Situation von Kindern an Übergangsorten im Jenseits zu erfahren – zum Beispiel auf dem Flughafen, an dem das silberne Flugzeug gewartet hatte.

In ihrem Traum war Carol wieder auf dem Flughafen. Dort entdeckte sie ein Kleinkind, das nach seiner Mutter weinte. Während Carol hinrannte, um das kleine Mädchen zu trösten, fragte sie sich, was ein winziger Säugling an diesem Ort tat. Das Kind war noch nicht alt genug, um ein Glaubenssystem zu haben, ganz zu schweigen von einer Ansammlung an Lebenserfahrungen, die es hierher bringen würden. Als sie das Kind auf den Arm nahm, sah sie ein kleines Mädchen. Es war ungefähr fünf Jahre alt und wirkte verängstigt und verwirrt. Als Carol es an die Hand nahm, stammelte das kleine Mädchen schluchzend etwas von »Absturz«. Da wurde Carol klar, dass die Mutter des Kindes tot war.

Sie wunderte sich über das altmodische Baumwollkleid, das das kleine Mädchen anhatte. »Weißt du, welches Jahr wir haben, Schätzchen?« Das Mädchen antwortete: »Daddy hat gesagt, es ist 1958.«

Carol empfand Liebe für die Kinder und das starke Verlangen, sie zu beschützen. Doch sie spürte auch Schock und Wut. Was machten die beiden Kleinen hier allein auf diesem fremden Flughafen? Es sollte jemand da sein, der sich um sie kümmerte. All die vielen Jahre in einer Warteschleife auf einem Flughafen.

»Oh Gott!«, rief Carol laut. »Das ist ja unglaublich!«

Eine innere Stimme – die Art von Stimme, der man vertraut – sagte ihr, sie solle die Kinder in das silberne Flugzeug setzen. Carol beschloss, die Kinder im Flieger zu begleiten und mit ihnen an ihr Ziel zu reisen, wo immer es auch war. Sie betrat mit dem Mädchen auf dem Arm, das sich an sie klammerte, das Flugzeug. Im Flieger erlebte Carol einen plötzlichen Zeitsprung. Sie schienen wieder in den 1950er Jahren zu sein. Die Sitze im Flugzeug waren mit weinrotem Plüsch bezogen. Carol fand Decken und machte es den Kindern bequem.

Sie blieb nicht lange allein mit ihnen.

Hinter ihr tauchte Raphael auf. »Ja, Carol, es ist das Jahr 1958 und du bist wirklich hier, um ihnen zu helfen.« Jetzt werde den Kindern nichts mehr passieren, versicherte er ihr. Carol brauchte sie auf ihrer Reise nicht zu begleiten; am anderen Ende wartete die Mutter der Kinder auf die beiden. Carol küsste die Kinder zum Abschied und wachte verwundert auf.

Der Flughafen tauchte in Carols weiterer Traumodysseen immer wieder auf. Während einer kritischen Phase in ihrer Arbeit als Therapeutin beschloss sie, ihn auf einer schamanischen Traumreise erneut aufzusuchen, um mehr darüber herauszufinden, was aus bestimmten Menschen nach ihrem irdischen Tod wird. Carol hatte schon viele Überlebende von sexuellem Missbrauch und Inzest therapiert; manche von ihnen wurden nach dem Tod ihrer Täter von beunruhigenden Träumen heimgesucht. Carol wollte mehr darüber erfahren, was im Jenseits mit den Tätern geschieht.

Sie erzählte in einem meiner Aktives-Träumen-Kreise, was sie vorhatte. Wir machten es zum Fokus einer schamanischen Reise, die durch Trommeln unterstützt wurde. Carol konnte ohne Schwierigkeiten auf den Flughafen zurückkehren. Dort wurde sie von der

Mitarbeiterin der Fluglinie empfangen, die sie fragte: »Warum sind Sie hier?«

Als Carol ihr den Grund erklärte, zeigte die Angestellte auf eine der Flughallen. »Gehen Sie da durch.« Das beunruhigte Carol, da sie den Täter in diese Halle geführt hatte.

Da erschien Raphael neben ihr. »Ich komme mit.«

Selbst in Raphaels Begleitung fühlte sich Carol zutiefst verunsichert, während sie durch die Halle gingen. Sie bemerkte ein Türschild, auf dem Sicherheitspersonal stand. Vor der Tür standen Wachposten. In der Tür befand sich ein einseitiges Fenster, durch das sie in einen großen gesicherten Raum blicken konnte. Sie sah den Kinderschänder, den sie vor einiger Zeit unschädlich gemacht hatte. Warum war er immer noch hier?

»Dies ist eine Verwahrzelle im Flughafen«, erklärte Raphael. »Sie ist für Leute, die in einem destruktiven Muster gefangen sind und daher eine Gefahr für andere darstellen. Hier können sie niemandem schaden. Außerdem ist es eine Begutachtungsstelle, an der der nächste Schritt für sie festgelegt wird. Etwas Heilung kann schon hier erfolgen.«

Raphael forderte Carol auf, ihr inneres Licht zu nutzen. »Lass das Licht aus dir strömen und Liebe verbreiten. Sei Liebe, sei Licht.«

Carol spürte das Licht aus ihr heraus fließen und immer mehr Energie ansammeln. »Du kannst es ihm schicken«, sagte Raphael und zeigte auf den Gefangenen im verschlossenen Raum. »Du kannst das Licht durchs Fenster leiten. Vergiss nicht: Du bist Licht.«

Carol ließ das Licht von sich zu dem Täter strömen. Als es ihn berührte, heulte er vor Schmerzen auf, als hätte es ihn verbrannt. Carol war geschockt und entsetzt darüber, dem Mann wehgetan zu haben, egal, was er verbrochen hatte. Dann spürte sie den sanften Druck von Raphaels Hand auf ihrer Schulter. »Mach dir keine Sorgen. Mittlerweile kann er schon mehr Licht von dir aushalten als beim letzten Mal.«

Als Nächstes zeigte Raphael ihr Bereiche des Flughafens, die sie noch nicht kannte. Darunter war auch ein Ort des Friedens und Trosts – eine Kapelle, die Menschen aller Religionen offen stand.

Carols Reisen mit Raphael gingen weiter. Als sie einen Monat später einschlief und träumte, befand sie sich wieder auf dem Flughafen. Diesmal ging sie direkt zur Verwahrzelle, weil sie sehen wollte, was mit dem Täter geschehen war. Als sie durch das einseitige Fenster sah, stellte sie fest, dass der Kinderschänder verschwunden war.

Raphael gesellte sich zu ihr und erklärte: »Wir haben ihn woanders hingebracht. Jetzt durchläuft er die Pools aus Liebe.«

Ich bat Carol, für dieses Buch zu schildern, was ihre Beziehung zu Raphael und Michael für sie als Heilerin und auf ihrem persönlichen Seelenweg bedeutet hatte. Sie sagte mir:

Seit dieser Zeit rufe ich Michael und Raphael um Hilfe, wenn ich mit Menschen arbeite, die unter Missbrauch gelitten haben. Auch fordere ich andere Leute auf, sich direkt an sie zu wenden für Hilfe. Wenn eine Person dazu bereit ist, kann sie Helfer bei den Namen rufen, an die sie glaubt. Wenn sie einen Vorschlag braucht, wen sie um Hilfe bitten kann, schlage ich ihr Raphael und Michael vor. Sie sind besonders hilfreich, wenn es um verstorbene Täter geht. Ich habe selbst gesehen, wie sie bei der Trennung von Täter und Opfer helfen, indem sie den Toten von der missbrauchten Person trennen, um Raum für neues Leben zu schaffen. Als Ergebnis fühlen sich die Menschen sicherer und ihr kindliches Selbst kommt ihnen näher. Ich habe gesehen, wie sich Leute diese Art von Verständigung vorstellen, sie träumen oder zeichnen. Manche von ihnen sind einfach nur erleichtert über die Trennung und fühlen sich freier. All das öffnet das Tor zur Seelenheilung.

Wenn Raphael und Michael den verstorbenen Täter weggebracht haben, hat das Opfer häufig einen Traum über sein kindliches Selbst oder hat das Gefühl, als wäre sein jüngeres Selbst auf eine neue Weise präsent. Eine Frau erzählte mir, dass sie sich auf dem Heimweg einen Lutscher kaufte und das Verlangen verspürte, die bunten Farben zu tragen, die sie als Kind so geliebt hat. Sie hat sich sogar einen neuen Schal in vielen Farben gekauft! Ein Mann, der als Kind begeisterter Baseballfan war und nach dem Missbrauch jedes Interesse an Baseball verloren hatte, kaufte für sich und seine Familie Karten für ein Baseballspiel. Während des Spiels hatte er das Gefühl, sein Selbst als kleiner Junge, der gern Spaß hatte, zurückzubekommen. Dies gibt den Leuten die Kraft für weitere Heilprozesse, die sie womöglich anstreben müssen.

Raphael und Michael führen auch einen verstorbenen Täter in den Raum und halten ihn dort fest, damit das Opfer an einem sicheren Ort und in Gegenwart eines Zeugen die ungefilterte Wahrheit aussprechen kann. Hier kann das Opfer über erfolgte Verletzungen reden und sich seine Geschichte, sein Leben und seine Würde – also einen Aspekt seines tatsächlichen Lebens – vom Täter zurückholen. Manchmal spricht es auch ein letztes Lebewohl aus und manchmal ein letztes »Auf Nimmerwiedersehen«. Dann führen Raphael und Michael den Täter aus dem Raum hinaus. Dies ist häufig eine starke Heilerfahrung für das überlebende Opfer, das sich so sein Leben zurückholt. Es kann auch Teil eines Heilprozesses für den verstorbenen Täter sein, der nichts tun darf, außer mit Raphael und Michael in den Fesseln, die das Opfer für notwendig hält, den Raum zu betreten. Der Geist des Täters muss stillhalten und zuhören. Ich sehe es als Wiedergutmachung und Heilchance für den Täter an. Über diesen Aspekt spreche ich nicht unbedingt mit dem Opfer.

Was immer uns in Träumen erscheint – selbst wenn die Träume erschreckend sind –, so wissen wir doch, dass es sich um unsere persönlichen Angelegenheiten handelt und dass die Zeit reif ist, damit umzugehen. Wie Carol entdecken wir, dass wir die Kraft und Hilfe, die wir für den Weg brauchen, bekommen, wenn wir bereit sind, uns von unseren Träumen leiten zu lassen, wo immer sie uns auch hinführen. Wie Schamanen sagen, mögen Geister diese Arbeit, und die höhere Macht gibt uns nie mehr, als wir ertragen können.

EIN SCHAMANE AM FRÜHSTÜCKSTISCH WERDEN

Wenn Sie Schamane werden wollen, dann fangen Sie am Frühstückstisch damit an, indem Sie auf die richtige Weise Träume mit Ihren Verwandten und Freunden teilen. Echte Schamanen sind vor allem Träumer, die wissen, dass Träumen Reisen bedeuten kann und dass die Seele durch unsere Träume zu uns spricht.

Wenn ich Seminare in Privathäusern leite, besteht mein Lieblingsteil meist aus den paar Stunden, die ich mit anderen Träumern am Frühstückstisch verbringe, bevor wir den Kreis für die formellen Sitzungen eröffnen. Bei einem Seelenheilungstraining, das ich in Frankreich leitete, war es spannend, die angeregte Unterhaltung der Träumer zu hören, deren Träume so frisch waren wie das Morgenbaguette zum Kaffee und Tee.

Wir führten meine Blitz-Traumarbeit durch. Dabei wird jedem Träumer der Raum gegeben, den er braucht, um seine Geschichte klar und simpel zu erzählen, ohne unterbrochen zu werden. Dann stellt derjenige, der die Rolle des Traumleiters übernommen hat, einige wesentliche Fragen. Die erste Frage lautet immer: »Wie hast du dich beim Aufwachen gefühlt?« Als Nächstes geben alle in der Gruppe Feedback, das mit der Einleitung »Wenn es mein Traum wäre ...« anfängt. Auf diese Weise wird deutlich, dass sie nicht versuchen, dem Träumer zu sagen, was sein Traum bedeutet, sondern ihm stattdessen ihre persönlichen Gedanken und Assoziationen vermitteln, die ihm bei seiner eigenen Deutung helfen können.

Der letzte Schritt im Prozess ist jeweils, den Träumer bei der Entwicklung eines Handlungsplans zu unterstützen, eine Art, die Energie und Führung des Traums zu verankern. Der Plan kann bedeuten, eine bestimmte Farbe zu tragen, Tante Google zu konsultieren, den Traum in ein Theaterstück zu verwandeln oder ihn als Tor zu einem hellwachen schamanischen Traumabenteuer zu nutzen.

Als wir unsere Träume im Frühstücksraum miteinander teilten, hatten wir die letztere Möglichkeit im Sinn. Ich trug der gesamten Gruppe auf, jeden Tag einen Traum oder ein persönliches Traumbild mitzubringen, der oder das als Portal für schamanische Reisen zur Seelenheilung dienen könnte.

Viele Seelentore öffneten sich, als wir am langen Tisch unsere Träume mit der Gruppe teilten. Ich erzählte ihnen einen Traum von einem leuchtenden blauen Vogel, der mein Zimmer in dem alten Haus, in das ich mich einquartiert hatte, mit Licht füllte. Eine Frau erzählte von ihrem Ritt auf einem Drachen. Eine andere war an einen Ort aus ihrer Kindheit zurückgekehrt, zu einer Tür in einem Baum, durch die sie gerne noch einmal hindurchgehen würde. Ein Therapeut in der Gruppe erzählte davon, wie er in einem goldenen Meer tief getaucht war und einer Schildkröte begegnet war, die ein Geheimnis barg. Eine andere Träumerin beschrieb, wie sie in einem Flügel ihres Hauses, den es in der Realität nicht gibt, vom Boden abhob und wie glücklich sie darüber war, das Chaos des Alltags hinter sich zu lassen und sicher über eine stürmische See an einen neuen Horizont zu segeln.

»Mir wurden über Nacht drei große Briefsäcke zugestellt«, erzählte uns eine Frau aufgeregt. Sie glaubte, die Säcke enthielten Geschenke, die kostbarer waren als alle Wertsachen, und konnte es gar nicht erwarten, wieder in diesen Traum zurückzukehren und sie zu öffnen.

Wir nahmen diese Träume mit in unsere Morgensitzung. Bei unserer Eröffnungszeremonie holten wir die Drachenkräfte aus den Feuern tief in der Erde und ehrten auf diese Weise den Traum vom Drachen. Wir teilten uns in mehrere Grüppchen auf, die sich jeweils auf einen Träumer konzentrierten, der den Zugang zu einem geteilten schamanischen Traumabenteuer gewährte – um der Schildkröte zu begegnen, um durch die Tür im Baum zu gehen, um

die Postsäcke zu öffnen, um auf dem Flügel des Hauses zu fliegen und um dem Licht des blauen Vogels zu folgen.

Alle Reisen waren erfolgreich, denn wenn unsere Träume uns eine Einladung schicken, wissen wir, dass sie als unser authentisches Material zu uns gehört und dass jetzt der richtige Zeitpunkt ist. Der Mann, der der Schildkröte begegnet war, schwamm erneut im goldenen Meer. Andere Träumer, die er eingeladen hatte, begleiteten ihn dabei. Er nahm bei einem Lehrer der Tiefe Unterricht. Die Frau, die die geheimnisvollen Postsäcke zugestellt bekommen hatte, wurde von ihren Begleitern auf der Traumreise beim Öffnen der Säcke und beim Erkennen der Geschenke unterstützt. Die Kostbarkeiten bestanden aus drei Aspekten ihrer selbst. Ich folgte meinem blauen Vogel in eine strahlende Welt und fand dort eine Gottheit aus sich ständig verändernden Formen vor, die blaues Licht – wie die vielen Arme der hinduistischen Götter – über die Menschen strahlte und sie so mit dem höheren Bewusstsein verband.

An diesem Tisch tanzte die Seele. Nun müssen wir herausfinden, warum die Seele sich manchmal so weit vom Tanz entfernt.

3. Seelenverlust verstehen

Halte deine Träume fest. Denn wenn Träume sterben, wird das Leben ein Vogel mit gebrochenen Flügeln, die nicht fliegen können.

– Langston Hughes, »Träume«

Der Geist ist perfekt. Wir können ihn nicht verlieren, auch wenn wir den Kontakt zu ihm verlieren. Wir können sogar vergessen, dass wir unter unserer Haut Geist sind. Die Seele ist eine andere Sache. Sie ist unsere lebensnotwendige Essenz und sie steckt in einem Körper, um Abenteuer zu erleben und zu wachsen. Der Geist entwickelt sich nicht weiter, aber die Seele tut es ganz sicher. Auch kann man nicht erwarten, dass die Seele an einem Ort bleibt. Wenn wir ein Trauma, eine bittere Enttäuschung oder einen schlimmen Schock erleiden, kann die Seele den Körper verlassen, um dem Zustand zu entfliehen. Dann geschieht das Phänomen, das Psychologen Dissoziation und Schamanen partiellen Seelenverlust nennen.

Plutarch, ein Erschaffer des Mysteriums und Priester Apollos, der wusste, wovon er sprach, schrieb, die Seele sei eine Mischung und ein Zwischending, so wie der Mond als Mischung und Verschmelzung der Dinge oben und unten erschaffen wurde.[1]

»Meine Seele ist etwas, das dauernd versucht wegzugehen«, sagte eine junge Frau in einem meiner Workshops. Sie klang traurig – bis sie das Geschenk der Seelenheilung erhielt und das Licht in ihre Augen und ihr Leben zurückkehrte.

In unserer modernen Gesellschaft steht uns kein allgemeingültiges Vokabular zur Verfügung, das die Anteile unserer Energie und Identität beschreibt, die durch partiellen Seelenverlust verschüttgehen und durch Seelenheilung zurückgewonnen werden können.

Es ist daher hilfreich, auf das griechische Wort *Psyche* zurückzugreifen, das »Seele« sowie »Schmetterling« bedeutet. Auch wenn das Konzept der Psyche sich über die Jahrhunderte in der griechischen Literatur weiterentwickelt hat, ist seine Bedeutung im Verständnis und der Anwendung der griechischen Initiatoren klar:

1. Die Psyche kann in und aus dem Körper schlüpfen, so wie sie es beispielsweise beim Träumen tut.
2. Sie schwebt auf dem Atem, so wie ein Schmetterling auf einer Brise segelt.
3. Sie hat »höhere« und »tiefere« Aspekte, die mit verschiedenen Organen und Energiezentren im Körper zusammenhängen.
4. Ihre Energie ist teilbar.
5. Sie ist ein »gemischtes« Wesen, das nicht mit dem Körper (sarkon) oder dem höheren Bewusstsein (nous) zu verwechseln ist.
6. Wenn wir der Psyche oder einem Teil von ihr außerhalb des Körpers begegnen – vor oder nach dem Tod –, ähnelt ihre Erscheinung der des Körpers, den sie in einem gewissen Alter bewohnt hat.

Manche Menschen, die nach der dualistischen Kirchendoktrin »Körper und Seele« erzogen wurden, beunruhigt oder verwirrt die Vorstellung, dass Seelenanteile verloren gehen könnten. Egal welche Sprache wir verwenden, wir müssen – wie die griechischen Initiatoren und echten Schamanen aller Traditionen – die Psyche oder Seele vom nous, dem höheren »Verstand« oder Bewusstsein (für das »unsterblicher Geist« zwar eine unbefriedigende, doch möglicherweise hilfreiche Übersetzung ist) unterscheiden.

Der Geist des höheren Bewusstseins, den die alten Griechen *nous* nannten (und der für die Mohawks *o'nikonhra* und die Hawaiianer *aumakua* ist), ist unser göttlicher Funke und unsere Verbindung zu unserem tiefen Lebenszweck, und er ist auch unser Selbst auf einer höheren Ebene der Realität. Diesen höheren oder unsterblichen Geist können wir nicht »verlieren«, doch wir können unsere Verbindung zu ihm verlieren und dadurch auch unseren Lebenssinn. Wenn die Seelenanteile verloren gehen, verlieren wir nicht nur Energie, sondern auch Erinnerungen, Identität, persönliche Gaben und Talente sowie die Fähigkeit, tiefe Gefühle zu empfinden und von Herzen zu entscheiden und zu handeln.

Partieller Seelenverlust ist jedoch ein Überlebensmechanismus. Wenn man keine Schmerzen mehr ertragen kann, driftet man weg, nur um zu überleben. Wenn der große Mann deinen kindlichen Körper festhält, so dass du nicht mehr atmen kannst, dann fliegt der Teil, der sterben will – und *vielleicht* auch stirbt, wenn er bleiben muss –, wie eine Motte oder Fliege weg an einen glücklicheren Ort, an dem keiner jemals gemein zu einem ist. Wenn Ihnen das Herz gebrochen worden ist und die Tränen nicht mehr versiegen wollen, dann flieht ein Teil von Ihnen an einen schmerzfreien Ort oder hält an dem Ort fest, den Sie verloren haben. Wenn Sie bloßgestellt worden sind, versteckt sich vielleicht ein Teil von Ihnen irgendwo hinter dem Vorhang der Welt. Wenn ein geliebter Mensch stirbt, könnte ein Teil von Ihnen versuchen, ihm ins Reich der Toten zu folgen. Und wenn die geliebte Person einsam und verzweifelt stirbt, vielleicht durch Selbstmord, könnte sie Sie in ihrer noch tieferen Verzweiflung im Jenseits zu sich rufen.

Wenn Ihr Körper auf dem Operationstisch liegt, schwebt Ihre Seele, durch die Narkose aus dem Körper gedrängt, vielleicht schon oben an der Decke. Der Anästhesist hat gesagt, er würde Sie in Schlaf versetzen. Was er verschwieg, ist, welche Träume dieser künstliche Schlaf mit sich bringt. Ihre Seele wurde nicht in Schlaf versetzt, sondern aus dem Körper katapultiert. Nun will sie sich weiter vom Körper entfernen, weil auf dem Operationstisch Unangenehmes geschieht und Ihre Seele den Schnitt und das Blut und die Flüssigkeiten, die in den Schläuchen blubbern, lieber nicht sehen möchte und auch nicht die Witze und das Geschwätz des medizinischen Personals beim Aufschneiden Ihres Körper hören. Daher wandert Ihre Seele aus dem Operationssaal in eine Version des Krankenhauses, die weitaus seltsamer ist, als Sie sich vorstellen können. Es ist voller Geister, die sich nicht so richtig daran erinnern können, was mit ihren Körpern geschehen ist, und die sich möglicherweise nach einem neuen Körper umschauen. Ihre Seele will nicht dort bleiben und begibt sich daher zum nächsten Ausgang. Sie sehnen sich nach einem sicheren Platz, einem Zufluchtsort. Vielleicht finden Sie ihn unter einem Baum, am Strand oder in einem geliebten Garten. Dort können Sie verweilen und ein Nickerchen machen. Sie dösen ein und wachen in einer anderen Welt auf. Schon bald vergessen Sie, dass Sie Ihren Körper im OP-Saal zurückgelassen haben – und wer will schon an diesen lausigen Ort zurückkehren, wenn ganz neue Abenteuer winken?

Partieller Seelenverlust findet statt, wenn wir so tief verletzt oder erschreckt werden, dass ein Teil von uns den Körper verlässt und nicht mehr zurückkommt, weil er dieselben Schmerzen oder dasselbe Trauma nicht noch einmal erleben will. Ein missbrauchtes Kind, eine Überlebende, die um ihren verstorbenen Partner trauert, ein betrogener und verlassener Liebhaber, ein traumatisierter Kriegsveteran und das Opfer eines schweren Unfalls – sie alle haben vermutlich viele Anteile ihrer Seele verloren.

Ein Teil von uns könnte sich aufgrund von Trauer oder einem gebrochenen Herzen verabschieden. Wir trennen uns von einem Partner, doch ein Teil von uns versucht, bei dieser Person zu bleiben. Ein geliebter Mensch stirbt, und ein Teil von uns versucht, mit ihm auf die andere Seite zu gehen. Der holländische Jazzsänger Cees Buddingh drückt eine solche seelenzerreißende Trauer in diesen wehmütigen Zeilen aus:

Natürlich ist alles beim Alten:
Ich esse, schlafe, manchmal vergehen Wochen,
in denen ich deinen Namen nicht einmal erwähne;
aber es gibt immer noch Zeiten,
in denen ich unerwartet mitten auf der Straße
drei, vier Noten höre, vielleicht: Delilah, oder etwas
Zärtliches.
Und für diesen kurzen Augenblick,
vielleicht für eine dreiviertel Sekunde,
drifte ich ab in dein durchsichtiges Universum
und entdecke so dort ein hübsches Mädchen weniger,

als ich entdeckt hätte,
wenn du uns nicht verlassen hättest.[2]

Partieller Seelenverlust kann auch durch selbstzerstörerische Gewohnheiten verursacht werden. Alkohol- oder Drogensucht kann einen wichtigen Anteil der Seele buchstäblich aus dem Körper vertreiben, und es mag schwierig sein, ihn wieder zurückzuholen. Partieller Seelenverlust – zumindest zeitweilig – kann außerdem durch Vollnarkose im Krankenhaus ausgelöst werden. Auch entsteht er durch Entscheidungen in unserem Leben. Wir beenden eine Beziehung, ziehen weg, kündigen unseren Job, verlassen ein Land, ändern unseren Lebensstil – und ein Teil von uns sträubt sich gegen diese Entscheidung. Manchmal geschieht das auf so drastische Weise, dass er sich abtrennt und seine Energie aus unserem Leben abzieht.

Wir verlieren Seelenanteile, wenn wir die Entscheidung treffen, unsere großen Träume aufzugeben, wenn wir uns weigern, den kreativen Vertrauenssprung zu machen oder an die Liebe zu glauben. Wenn wir uns vor den wichtigen Dingen im Leben drücken, kann ein Teil unserer Seele seine Energie und Magie abziehen, weil er wütend auf uns ist. Wie die Irokesen sagen, wird sich die Seele von uns distanzieren und uns Krankheiten und Pech ausliefern – uns auf die Straße der umherirrenden Toten schicken – wenn wir »die Wünsche der Seele« (im Gegensatz zu den Plänen des Ichs) nicht respektieren.

»Jedes Mal im Leben, wenn du lieber tot wärst, schickst du ein Stück von dir ins Land der Toten«, sagt ein Baummann in Sandra Ingermans Roman *A Fall to Grace*. Und er fügt hinzu: »Die Menschen schicken oft Stücke ihrer Seele weg.«[3]

In einem meiner Workshops bat ich die Teilnehmer, sich auf ein ganz besonderes Karussell zu setzen. Es war ein Karussell der Seelen. Ich schlug vor, sie könnten ihr Tier selber aussuchen, wie man es auf einem gewöhnlichen Karussell auch tut. Der Unterschied war nur, dass die Pferde, Vögel und anderen Tiere oder Fahrzeuge unseres Karussells möglicherweise ein Eigenleben hatten. Es ging nicht nur darum, die Karussellfahrt zu genießen, sondern auch, auf andere Gestalten zu achten, die womöglich während der Fahrt auftauchten. Diese anderen Gestalten könnten andere Aspekte des Selbst und der Seele sein, die vom Karussellfahrer abgetrennt wurden. Vielleicht waren sie seit einem Trauma abwesend oder hatten sich aufgrund von getroffenen Entscheidungen verabschiedet.

Caroline suchte sich einen lustigen, bunt bemalten Sportwagen aus. Während sich das Karussell drehte, erblickte sie erstaunt ein Mädchen im Teenageralter, das sie als jüngeres Selbst erkannte. Sie streckte die Arme nach ihrem jüngeren Selbst aus, das grau und müde und verwahrlost wirkte. »Wo hast du nur gesteckt?«, fragte sie. »Ich war im Land der Toten«, antwortete das jüngere Selbst. In diesem Moment erinnerte sich Caroline an eine Zeit, in der ihr Leben bei Pflegeeltern so trist und freudlos war, dass sie am liebsten tot gewesen wäre. Sie spürte, dass das jüngere Selbst von dem Spaß und Gelächter unserer Gruppe und der Karussellfahrt angezogen worden war. Caroline forderte es auf, sich zu ihr in den Sportflitzer zu setzen. Schon bald darauf war das Mädchen-Selbst wie verwandelt. Nun trug es kurze Jeans, zog seine Sandalen aus und legte die sonnengebräunten Füße auf die Konsole. Caroline bestätigte ihm: »Ich würde mich sehr freuen, wenn du bleibst.«

Im Alter von achtzehn Jahren wurde Vickie entführt, mit Drogen betäubt und nach fünf Tagen Horror regelrecht »weggeworfen«. Nachdem die Polizei sie gefunden und nach Hause zurückgebracht hatte, zeigten sich ihre Eltern und Freunde nicht allzu mitfühlend. Sie wurde gefragt: »Was hast du getan, um sie dazu zu bringen, so was zu tun?« Sie ertappte sich dabei zu denken und sagte es oft: *Ich wünschte, ich wäre tot*. Vierzig Jahre später hat Vickie das Gefühl, den Teil von ihr, der ins Land der Toten gehen wollte, endlich ins Leben zurückgeholt zu haben. Doch wie sie hinzufügt, findet sie sich in Träumen häufig im Jenseits wieder, wo sie sich unter den Verstorbenen total heimisch fühlt.

Partieller Seelenverlust kann entstehen, wenn man unter die bewusste Kontrolle eines anderen gerät. Die Gehirnwäsche, die in Sekten vollzogen wird, und die aktiven Bemühungen mancher Organisationen, eine konforme Gruppenethik aufzubauen und zu erzwingen, kann in starkem Seelenverlust resultieren. Denn der

Teil eines Individuums, der denken kann und einen eigenen Willen hat, wird hierbei entweder vertrieben oder eingesperrt. Es wird davon ausgegangen, dass Medizinmänner mancher Naturvölker oft versuchen, Seelenaspekte der Lebenden und der Toten zu entführen und zu beherrschen. Auf eine nicht so eindeutige Weise ist der *Energiediebstahl* – bei dem die lebendige Seele ausgesaugt wird – ein alltägliches Phänomen.

Die Seele geht weg, wenn wir ihre Wünsche und Forderungen ignorieren. Irgendwo zwischen hier und dem Land der Elfen stieß Lord Dunsany, der (anglo-)irische Meister der Fantasy, auf einen unglücklichen Körper, der einen schmerzhaften Dialog mit seiner Seele führte. The Unhappy Body (der unglückliche Körper – Titel der Geschichte) ist müde und will nur noch schlafen. Die Seele will ihn nicht ruhen lassen, da sie für den Körper eine dringende Aufgabe hat. Wie die Seele ihm offenbart,

wandern die Träume der Menschen überall umher. Sie kommen an den Meeren und Bergen der Feen vorbei, sie gehen auf den verschlungenen Wegen, die ihre Seelen gelegt haben. Sie erreichen goldene Tempel mit tausend klingenden Glocken und steigen steile, mit Papierlaternen beleuchtete Gassen mit kleinen grünen Haustüren hinauf. Sie kennen den Weg zu Hexenkammern und verwunschenen Schlössern; sie kennen den Zauberspruch, der sie zum Pfad entlang des Elfenbeingebirges führt – auf der einen Seite des Abgrunds erblicken sie die Felder ihrer Jugend und auf der anderen Seite die leuchtenden Ebenen ihrer Zukunft.[4]

Aber die Menschen vergessen ihre Träume. Wenn sie aus einem Traum erwachen, fallen sie wieder in ihren Schlaf zurück und vergessen die Welten der Magie und Verzauberung und den Pfad, von dem aus sie in die Vergangenheit und die Zukunft sehen können. Die drängende Aufgabe, die die Seele dem Körper aufträgt, ist: »Erhebe dich und schreibe auf, was die Menschen träumen.«

Der Körper fragt, welche Belohnung er dafür erhält. Als er hört, dass es keine Belohnung gibt, erklärt er: »Dann schlafe ich lieber.« Doch die Seele weckt den Körper mit einem Lied, und der Körper nimmt müde einen Stift in die Hand und beginnt aufzuschreiben, was die Seele dadurch festhalten möchte: eine Vision, in der Träumer den Lärm und die Ablenkungen der Großstadt überwinden und zu einem schimmernden Berg gehen, wo sie in die »Galeonen der Träume« einsteigen und in die von ihnen gewünschten Richtungen davonsegeln. Die Seele erzählt die Träume all dieser Reisenden. Doch der erschöpfte Körper muckt auf und ruft nach Schlaf.

»Du wirst noch Jahrhunderte an Schlaf bekommen«, sagt die Seele zu ihm, »aber jetzt darfst du nicht schlafen, denn ich sehe saftige Wiesen mit lila Blumen, die sich fremdartig und stolz im leuchtenden Gras erheben, und Herden aus strahlend weißen Einhörnern ... Ich werde dir das Lied vorsingen, und du wirst es aufschreiben.«

Der Körper protestiert: »Gib mir wenigstens eine Nacht Ruhe!«

»Dann geh und ruh dich aus«, sagt die Seele schließlich angewidert. »Ich habe dich satt. Ich bin schon weg.«

Die Seele fliegt davon. Der Bestatter kommt und begräbt den Körper in der Erde. Die Geister der Toten erscheinen um Mitternacht und gratulieren dem toten Körper zu seinem glücklichen Zustand. »Jetzt kann ich endlich ruhen«, sagt er.5

Genauso geht auch die Seele weg.

DIE SYMPTOME VON PARTIELLEM SEELENVERLUST

Die meisten von uns wissen, wie es sich anfühlt, wenn ein Teil von uns fehlt oder wenn wir jemandem begegnen, der »nicht bei sich ist«. In unserer Alltagssprache spiegelt sich das wieder. Dann sagen wir: »Ich war neben der Kappe« oder »Der ist nicht ganz dicht«. Wenn uns Lebensenergie fehlt, fällt es uns schwer, morgens aufzustehen. Dann verblassen die Farben unseres Alltags und wir geraten leicht in jenen Zustand der Nachlässigkeit oder Gleichgültigkeit, der in der Kirche des Altertums der »Mittagsdämon« genannt wurde.

Hier ist eine Checkliste der Hauptsymptome für partiellen Seelenverlust. Falls Sie drei oder mehr solcher Merkmale aufweisen, ist das ein deutlicher Hinweis darauf, dass Sie unter einem Mangel an Lebensessenz leiden und dass es an der Zeit ist, nach den Werkzeugen für die Seelenheilung zu greifen, die Sie in den folgenden Kapiteln finden werden.

1. Wenig Energie, chronische Müdigkeit
2. Gefühlstaubheit
3. Chronische Depression
4. Geistesabwesenheit; die Neigung, Lebenssituationen zu entfliehen
5. Suchtverhalten
6. Geringes Selbstbewusstsein
7. Die Unfähigkeit, Situationen in der Vergangenheit oder Menschen, die nicht mehr in Ihrem Leben sind, loszulassen
8. Dissoziation und multiple Persönlichkeitsstörung
9. Übergewicht oder unerklärliche Gewichtszunahme
10. Missbrauch anderer oder Gewalt gegenüber anderen
11. Keine Erinnerung an Träume
12. Sich wiederholende Träume von Orten und Plätzen aus Ihrem früheren Leben oder einem Selbst, das von Ihrem heutigen Selbst getrennt ist.

Wie weit verbreitet ist partieller Seelenverlust? Ich bin noch keinem einzigen Menschen begegnet, der keinerlei Seelenverlust erlitten hat. Unter dem psychiatrischen Begriff »Dissoziation« wird er als eine Störung erkannt, die viele Leute betrifft. Wie eine Studie über dissoziative Störungen in den Vereinigten Staaten enthüllt hat, weisen 14 Prozent der generellen Bevölkerung »deutliche« Symptome für Dissoziation auf, während der Großteil der Bevölkerung leichtere dissoziative Symptome entwickelt, wenn die Störung durch Situationen ausgelöst wird, die an vergangene Traumata erinnern.6 Falls sexueller Missbrauch von Kindern so häufig vorkommt, wie neuere Studien andeuten, dann brauchen wir nicht lange nach einem Hauptgrund für partiellen Seelenverlust zu suchen. Es wird davon ausgegangen, dass die Hälfte aller erwachsenen Amerikaner in ihrer Kindheit sexuell missbraucht worden sind.7 (In Deutschland 2011 laut Statista fast 15.000 Kinder.)

Unsere Wunden enthalten immer auch Gaben, wenn wir in der

Lage sind, sie anzunehmen. Eine Gabe der Dissoziation ist diese: Wenn es uns gelingt, unsere Seelenanteile wieder zusammenzufügen, stellen wir vielleicht fest, dass sie alle sich auf verschiedenen Wegen unterschiedliche Sichtweisen und Fähigkeiten angeeignet haben, die jetzt zu etwas viel Stärkerem als zuvor zusammengefügt werden können.

Ein Freund von mir, der Seelenverlust und Seelenheilung erfahren hat, beschreibt die Annäherung des Schamanen an diese Themen folgendermaßen: »Der Schamane sagt nicht: ›Du bist ein Häufchen Elend. Ich werde dich reparieren und wieder zu dem machen, der du vorher warst.‹ Vielmehr sagt er: ›Du bist ein Häufchen Elend, eine Palette voller komischer, chaotischer Farbtupfer, die aus ihren Tuben verschüttet wurden. Lass uns herausfinden, wie wir diese Farben in Kunst verwandeln können, statt zu versuchen, sie wieder fein säuberlich in ihre Tuben hineinzudrücken.‹«

WOHIN GEHEN UNSERE VERLORENEN JUNGEN UND MÄDCHEN

In *Peter Pan* könnte der Ort der verlorenen Jungen auch ein Ort der verlorenen Seelen oder Aspekte der Seele sein. Wie wir in spontanen Träumen und auch in Reisen zur Seelenheilung lernen, können Aspekte unserer Energie und Identität, die über die Jahre verloren gegangen sind, in anderen Realitäten weiterleben. Manchmal ähneln solche anderen Realitäten Stätten aus unserer Vergangenheit, womöglich Orte, an denen wir mitten im größten Trubel Geborgenheit oder Freude fanden. In einer solchen Umgebung können die Seelenanteile, die damals verloren gegangen sind, unserem jüngeren Selbst gleichen – wie beispielsweise dem Fünfjährigen, der sich immer noch in Omas Häuschen versteckt, oder der anmutigen jungen Frau im rosa Kleid, die im Mondlicht einer Großstadt tanzt, die Paris Anfang der 1980er sein könnte.

Die Orte unserer verlorenen Jungen und Mädchen können reichhaltige und komplexe »Blasenwelten« sein, die Fantasie und Sehnsüchte erschaffen haben. Ich bin einmal mit einer Sängerin auf Reisen gegangen, die durch ein Trauma ein Stück ihres Selbst verloren hatte. Wir fanden eine liebliche jüngere Version von ihr in kostbare Seide gekleidet in einem Glitzerpalast, der sich in einem Bezirk der Gandharvas befand, den himmlischen Sängern im hinduistischen Fantasiereich, die häufig halb als Pferd dargestellt werden. Da die Sängerin nicht nur Musik, sondern auch Pferde liebt, überrascht es wohl kaum, dass der Teil von ihr, der sich aus ihrem Körper verabschiedet hatte, an diesen Ort geflüchtet war. Erstaunlich war vielmehr, dass ihr »verlorenes Mädchen« anscheinend zwei Jahrzehnte glücklich und zufrieden dort verbracht hatte.

Womöglich finden wir Aspekte von uns wieder, die in einer anderen Realität ein vollständiges Parallelleben führen. Diese Realität kann unserer vertrauten Wirklichkeit gleichen – außer dass wir andere Entscheidungen getroffen haben und beispielsweise mit einem anderen Partner an einem anderen Ort leben.

Eine verlorene Seite von uns könnte an einem früheren Zuhause oder Partner »hängen geblieben« sein, so wie Verstorbene manchmal an ihrer früheren Umgebung festhalten. Wenn wir sehr um einen geliebten Menschen trauern, der gestorben ist, ist es nicht ungewöhnlich, dass ein Teil von uns mit lebenswichtiger Seelenenergie dem Verstorbenen ins Jenseits folgt. In den überlieferten Schamanengeschichten über Seelenheilung muss der Schamane meist in Totenreiche hinuntersteigen, um eine verlorene Seele zurückzuholen.

Vielleicht finden wir heraus, dass ein Anteil unserer Seele von einer anderen lebenden oder verstorbenen Person – absichtlich oder unbeabsichtigt – festgehalten wird.

Weitaus harmloser ist es, wenn wir feststellen, dass Teile unserer selbst nur in den Seitenflügeln warten, weil sie mit unserer jetzigen Richtung nicht einverstanden sind oder einfach ein bisschen Zeit brauchen, um uns einzuholen, da wir schneller weitergekommen sind als sie. Das ist ähnlich wie beim Jetlag.

ÜBUNG

Wo ist der Rest von mir?

Vielleicht möchten Sie sich jetzt selber prüfen, um ein Gefühl dafür zu bekommen, wie viel von Ihnen anwesend ist und wo Sie suchen könnten, um weitere Teile von sich zurückzuholen.

Fragen Sie sich: Wo ist der Rest von mir? Stellen Sie sich dann die Frage erneut mit unterschiedlicher Betonung:

Wo ist der Rest von mir?

Wo ist der Rest von mir?

Wo ist der Rest von mir?

Wo ist der Rest von mir?

Schließen Sie die Augen und lassen Sie die Erinnerungen und Bilder kommen. Falls Sie buchstäblich ein Kind haben, das von zu Hause weg ist, haben Sie sicher gemerkt, dass ein Teil von ihm bei Ihnen geblieben ist. Das ist ein natürliches Beispiel für einen zeitlich begrenzten abgesonderten Seelenanteil und kein Grund zur Sorge. Wenn Sie gerne schwimmen, aber zu selten dazu kommen (was häufig mein Problem ist), dann spüren Sie vielleicht einen Teil von sich, der auf einem See oder der Brandung an einem fernen Strand verweilt. Vielleicht sehen Sie sich in einem anderen Alter oder Dinge tun, die Sie früher gern getan haben. Möglicherweise entdecken Sie einen Teil von sich, der sich wegen eines früheren Traumas oder des Verlusts eines geliebten Menschen von Ihnen abgesondert hat. Sie könnten auch einen abgespaltenen Teil Ihres Selbst wiederfinden, der Ihre alte Heimat, Ihren ehemaligen Partner oder früheren Job nicht losgelassen hat.

Womöglich sehen Sie auch einen größeren Aspekt von sich, der stärker und strahlender ist, als Sie es sich bisher je erlaubt haben.

Diese Entdeckungen bieten Ihnen reichhaltige Ressourcen für Seelenheilung und den Anfang eines reicheren und lebendigeren Lebens.

Machen Sie eine Liste von allen Teilen Ihres Selbst, die Sie erkennen konnten. Fragen Sie sich nun, was Sie tun können, um jeden dieser Teile von sich zu feiern und in Ihr jetziges Leben zu integrieren. Sie sollten für jeden Aspekt einen Aktionsplan entwerfen. Der Schwimmer muss bald ins Wasser kommen. Das kleine Kind will Bonbons und im Park spielen. Der hübsche Teeny möchte sich schick anziehen und tanzen gehen. Für die Schriftstellerin oder Malerin in Ihnen, die Sie am Straßenrand des Alltags zurückgelassen haben, ist es vielleicht wichtig, dass Sie das Gedicht schreiben oder das Bild malen – und zum Teufel mit den Urteilen anderer!

WIE SIE IHR ZUHAUSE AUF MEHR TEILE VON IHNEN VORBEREITEN

Der wichtigste erste Schritt der Seelenheilung ist, Raum für mehr von sich zu schaffen, indem Sie in sich und in Ihrer Umgebung Platz machen. Im Folgenden wollen wir uns drei einfache Methoden der spirituellen Reinigung näher ansehen.

Reinigung mit Salzwasser

Ich reinige einen Raum oder die Haut gerne mit Wasser, das ich mit Meersalz vermischt habe. Zur Reinigung eines Zimmers öffne ich die Türen und Fenster und bewege mich dann von der Mitte aus in einem größer werdenden Kreis gegen den Uhrzeigersinn (der Richtung der Zerstreuung), wobei ich das Salzwasser versprühe.

Man kann Salzwasser verwenden, um ein Schutzsiegel oder einen Segen über einem Schlüsselpunkt im Körper anzubringen. Dies wäre zum Beispiel der Nacken, der von manchen Schamanen »das Tor zur Seele« genannt wird, da an dieser Stelle häufig Energien kommen und gehen. Salz und Wasser absorbieren beide schwere Energien auf natürliche Weise. Sie funktionieren am besten, wenn Sie die Elemente mit der Absicht der Reinigung im Dienst der Liebe und des Lichts vermischen. Sie können die Hände mit den Handflächen nach unten über die Mischung halten, während Sie diese Absicht bestätigen.

Reinigung mit Bio-Eiern

Eine ganz einfache und wirksame Methode, mit der man ein persönliches Energiefeld reinigen kann, ist mithilfe eines Bio-Eis von freilaufenden Hühnern. Sie können dies selbst tun, doch es ist noch besser, wenn ein guter Freund Ihnen dabei hilft. Der Gedanke dabei ist, dass das Ei schwere oder tote Energie – die Art von Energie, die die Peruaner hoocha nennen – aus Ihrem Energiekörper herauszieht und als Behälter dient, in dem Sie die Energie an einen Ort bringen, an dem Sie sie gefahrlos entsorgen können. Dafür halten Sie oder Ihr Freund das Ei an verschiedene Stellen Ihres Körpers, während Sie bewusst das, was nicht länger zu Ihnen gehört, loslassen und in das Ei fließen lassen. Der untere Teil des Nackens bietet sich als erste Stelle an. Das Ei kann über viele verschiedene Körperstellen vorne und hinten gerollt werden und eine Zeitlang auf Problemzonen gehalten werden, die Symptome wie Schmerzen oder Verkrampfungen aufweisen oder die Sie oder Ihr Partner intuitiv als solche spüren. Sie können erkennen, wann Sie mit dem Reinigungsprozess fertig sind, wenn sich die Schwere des Eis deutlich geändert hat und sich dies nicht nur damit erklären lässt, dass Ihre Hände müde sind, sondern möglicherweise auch durch eine Änderung in der Temperatur der Schale, die nicht nur auf Ihre warme Handfläche zurückzuführen ist.

Ihre Aufgabe ist nun, das Ei zu nehmen und es an einem geeigneten Ort loszulassen, zu entsorgen. Falls ein Wald in der Nähe ist, können Sie es zwischen die Bäume werfen. Es macht nichts, wenn ein Vogel oder ein wildes Tier es frisst, da es unschädlich ist. Wenn Sie Zugang zum Meer oder einem Fluss haben, der ins Meer fließt, können Sie das Ei auch ins Wasser werfen. Die Energie wird zwar nicht zerstört, doch sie kann sich umwandeln. Indem Sie die Energie freisetzen, kann das, was bisher eine Last für Sie war, zu neutraler Energie werden, die der Umwelt hilft.

Loslassen durch Feuer

Bei vielen der Traumseminare, die ich anbiete, leite ich eine Zeremonie, bei der die Energie durch Feuer losgelassen wird. Nach meiner Erfahrung ist sie wunderbar heilsam und reinigend. Hier ist ein einfacher Plan, den Sie selbst umsetzen können, obwohl er am besten mit einem Kreis aus Helfern durchgeführt wird.

Fangen Sie an, indem Sie die Dinge nennen, die Sie bisher blockiert haben und die Sie jetzt bereit sind loszulassen. Angst oder Abhängigkeit, Selbstzweifel oder Aufschub, Ihre Bindung an jemanden oder etwas, der oder das aus Ihrem Leben verschwunden ist.

Machen Sie sich dann ein Bild von jedem Ding, das Sie aus Ihrem Leben entfernen wollen. Seien Sie beim Aufmalen oder Basteln der Bilder so kreativ wie nur möglich.

Machen Sie an einem sicheren Ort ein Feuer. Sie können dem Feuer für die Dinge danken, die es Ihnen abnehmen und auf seinem Rauch davontragen wird. Wenn Sie möchten, können Sie nach Art der Indianer auch Tabak für das Feuer und für die Ahnen der Erde beifügen.

Benennen Sie nun das, was Sie loslassen, und legen Sie die betreffenden Bilder oder Gegenstände ins Feuer. Vergewissern Sie sich, dass jedes Objekt von den Flammen angenommen wird. Manchmal möchte das, was wir loslassen wollen, nicht gehen und fällt heraus oder wird zurückgeblasen.

Blasen Sie jedes Mal, wenn Sie einen Gegenstand ins Feuer legen, in die Flammen. In gewisser Weise ist dies das Wichtigste am ganzen Ritual. Mit Ihrem Atem lassen Sie die ungewollte Energie aus Ihrem Körper heraus.

Wenn Sie fertig sind, verlassen Sie das Feuer und füllen Ihre Lungen tief mit der sauberen Luft der Natur. Fühlen Sie den Raum, den Sie in Ihrem Inneren freigesetzt haben und der nun bereit ist, mit Geist und Seele gefüllt zu werden.

***

Wenn wir viele Seelenanteile verloren haben, ist es nicht ungewöhnlich, dass Energien, die nicht zu uns gehören, sich wie Hausbesetzer in diesem leeren Raum niederlassen. In Kapitel 11 untersuchen wir im Zusammenhang mit der Heilung der Ahnen noch einige andere Methoden, wie man mit diesem Problem umgehen kann, da der Geist der Toten häufig daran beteiligt ist.

Vergessen Sie bei den Vorbereitungen für die Seelenheilung nicht, dass spirituelle Hilfe immer zur Verfügung steht. Wenn Sie eine gute Verbindung zu den Tiergeistern aufgebaut haben, können Sie sie anrufen. Sie sind oft extrem gute Helfer. Sie können um jede Form der spirituellen Hilfe und in jedem Namen um Schutz bitten, an die Sie glauben, so wie Carol Raphael und Michael gerufen hat. Auch bietet es sich immer an, im Namen der Liebe und des Lichts um Hilfe zu bitten.

ANMERKUNGEN UND WARNUNGEN
ZUR SCHAMANISCHEN SEELENHEILUNG

Die Seelenheilung ist eine schamanische Anwendung, bei der sich der schamanische Heiler im Namen seines Klienten auf eine Reise begibt, um verlorene Seelenanteile zu finden, zurückzubringen und dem Körper wieder einzuverleiben. Häufig tut er das, indem er sie in Energiezentren, wie beispielsweise in das Herz und den Scheitel des Kopfes einbläst.

Die schamanische Seelenheilung, so wie ich sie lehre und ausübe, enthält folgende Elemente:

1. *Die diagnostische Sitzung*: Der schamanische Heiler lotet die Wurzel des Problems aus und sucht nach Zugangspunkten für seine Reise – zum Beispiel Erinnerungen des Klienten an ein Trauma.

2. *Enthüllung und Erlaubnis*: Der Heiler beschreibt den vermutlichen Ablauf des Vorgangs und bittet um die Erlaubnis des Klienten. Diese sollte auch die Genehmigung des geringen Körperkontakts, der für die Seelenübertragung über den Atem notwendig ist, enthalten.

3. *Anruf der Geister*: Der schamanische Heiler ruft Tiergeister und spirituelle Geister herbei, darunter auch die Geister des Klienten (die dem Klienten nicht unbedingt schon bekannt sein müssen).

4. *Die Reise*: Die Reise des Schamanen wird durch Trommeln oder Gesang oder durch beides angetrieben. Im Idealfall wird der Heiler durch einen gekonnten Trommler unterstützt, der nicht nur die Hinreise anfeu-

ert, sondern dem Schamanen auch hilft zurückzukommen, wenn die Reise sehr tief verlaufen ist.

5. *Verhandlungen mit den Seelenanteilen*: Sehr oft muss der schamanische Heiler nach der Auffindung verlorener Seelenanteile mit ihnen verhandeln, damit sie freiwillig zurückkehren. Das »verlorene Mädchen« könnte beispielsweise die Zusicherung verlangen, nie mehr verletzt zu werden, und sich das Versprechen auf seine Lieblingsspeisen und Spaß sichern.

6. *Seelenfänger*: Viele schamanische Heiler benutzen Gegenstände, um wiedergefundene Seelenanteile bis zur Rückkehr zum Klienten festzuhalten. Die Gegenstände reichen von den geschnitzten Seelenfängern des Nordwestens der Pazifikseite oder den kleinen Kürbissen der frühen Irokesen bis hin zu Quarzsteinen, Zitrinen oder anderen Steinen und Kristallen.

7. *Die Übertragung*: Der Schamane bläst oder fächelt die Seelenanteile an geeigneten Energiezentren in den Körper seines Klienten. Es wird davon ausgegangen (und es ist tatsächlich so), dass Seelenenergie über den Atem strömt.

8. *Versiegelung*: Die Übertragung der Seelenanteile wird versiegelt. Meist geschieht dies, indem eine Rassel um das Energiefeld des Klienten herum geschüttelt wird.

9. *Der Dialog*: Der Schamane berichtet über seine Reise, beschreibt die zurückgebrachten Seelenanteile und nennt die Gründe, warum sie weggegangen sind, sowie die Bedingungen, unter denen sie bereit waren, nach Hause zurückzukommen. Dies bietet dem Klienten eine Orientierung für seinen Aktionsplan, mit dem er die Seelenheilung anerkennt. Während des Dialogs überprüft der Heiler die Tiefe der Übertragung. Wenn sie wirklich erfolgt ist, zeigt sich das in den leuchtenden Augen des Klienten.

10. *Die Willkommensfeier*: Es ist gut, die zurückgekehrten Seelenanteile sofort zu feiern. Dies könnte in Form einer »Geburtstagsparty« oder einer anderen Handlung erfolgen, bei der Versprechen an die jüngeren Teile des

Selbst eingelöst werden – zum Beispiel das Versprechen an das kleine Mädchen, das »echtes Essen auf dem Rummel« haben will.

Zweifellos kann die Seelenheilung auf diese Weise zu einem tiefschürfenden Heilerlebnis werden. Sie erreicht Bereiche, an die die westliche Psychologie oft nicht herankommt, und kann in Fällen notwendig sein, in denen den Leuten so viel ihrer selbst abhanden gekommen ist, dass sie sich ohne eine Intervention von außen nicht mehr selbst heilen können.

Die Grenzen dieser Methode bestehen darin, dass fast alles von der Persönlichkeit und Fähigkeit des schamanischen Heilers abhängt, davon, ob er tatsächlich die Verbindung zu spirituellen Helfern aufbauen kann, und von der Qualität und Motivation dieser Helfer.

Der Prozess der Seelenheilung, bei dem wir dem Suchenden den Weg ebnen, um seine Familie aus den Teilen seines Selbst zu heilen und Schamane seiner selbst zu werden, ist weitaus sauberer, reiner und stärkender. Hier hängt der Nutzen nicht vom schamanischen Heiler und dem Zustand seines Energiefelds und seiner spirituellen Verbindungen ab. Der Nutznießer wird unterstützt, geführt und gestärkt, während er sich das zurückholt, was zu ihm gehört.

Doch woher sollen wir wissen, wann der richtige Zeitpunkt gekommen ist, mit der Wiederherstellung unserer Seele zu beginnen? Nun, unsere Träume sagen es uns.

4. Traumwege zur Ganzheit

Oh Herr, möge mir die Kinderseele zurückgegeben werden,
die ich einst hatte, reif an Geschichten, in seiner Federkappe
mit dem hölzernen Schwert.

– Federico Garcia Lorca, »Ballad of the Little Plaza«

In unseren Träumen begegnen wir vielen Aspekten unseres Selbst. Manche sind weit entfernt von dem, was Yeats den trivialen alltäglichen Geist nannte. Wir begegnen dem Wunderkind, dem dunklen oder hellen Schatten, den verlorenen Jungen und Mädchen, dem Kellermonster und – wenn wir Glück haben und wach genug sind, um es zu erkennen und uns zu erinnern – auch dem Höheren Selbst. In Träumen begegnen wir Aspekten des Selbst, deren Leben scheinbar anders gelebt wird als unser eigenes, so als ob sie Wege gehen, auf denen unsere bewusste Persönlichkeit in der physischen Welt nicht wandelt.

»Jeder von uns ist ein Flickenteppich«, sagt Montaigne, »und so formlos und verschieden in seiner Zusammenstellung, dass jeder Teil, jeder Moment, sein eigenes Spiel spielt. Und daher unterscheiden wir uns von unseren verschiedenen Selbsten genauso stark wie von anderen Menschen.«[1]

Ein Flickenteppich setzt sich aus vielen Einzelteilen zusammen. Dafür werden viele Flicken zusammengenäht. Bei manchen ist das ein echtes Stück Arbeit.

Eine der schönen Künste der persönlichen Weiterentwicklung, die für die Selbstheilung unabdingbar ist, ist die Kunst, zu einem klareren Verständnis der vielen Teile unseres Selbst zu gelangen und hilfreiche Brücken zwischen ihnen zu bauen. So können wir die Fähigkeiten, Energie und Erfahrung aller Aspekte nutzen. Letztendlich vereinen wir die vielen Teile unseres Selbst nur dann dauerhaft, wenn wir sie unter der Obhut des Größeren Selbst zusammenbringen, das uns ständig in unseren Träumen sucht.

Träume offenbaren Ebenen und Aspekte der Psyche, die entweder schlummern oder im wachen Bewusstsein fehlen. Auch bieten sie uns Karten, die wir nutzen können, um an Orte zu reisen, wo Teile unserer vitalen Essenz gefunden und zurückgebracht werden können. In diesem Kapitel untersuchen wir mehrere Arten von Träumen näher, die höchstwahrscheinlich Einladungen zur Seelenheilung enthalten.

TIERTRÄUME

Wie die Jungianerin und Psychotherapeutin Barbara Platek sagt, enthalten Träume von Tieren Kraft und Macht, die aus der Göttlichkeit stammen. Wenn ihre Klienten und Gruppen über Tierträume sprechen, sagt sie, dann sprechen sie so, als wären sie den Tieren wirklich begegnet. Wie Barbara Platek ausführt, scheinen Tierträume etwas aus den uralten Überresten unserer Funktion auf Erden mitzuteilen. Gegen die schiere Schwingkraft und Stärke unseres eigenen Tieres fällt alles Kopfwissen der Welt ab.[2]

In meinen eigenen Gruppen bemerke ich das Gleiche. In den Eröffnungssitzungen stellen sich die Teilnehmer vor und nennen den Titel – nur den Titel – eines Traums oder einer Synchronizität. Wenn die Berichte Tiere enthalten, fühlen wir uns alle sofort *lebendig*. Worte fließen in die Körpersprache ein. Die Frau, die von einem Panther geträumt hat, ist auf der Jagd, der Mann, der von einer Schlange geträumt hat, windet sich, der Bärenmann wird so groß und stark wie ein Berg, und die Federn des Adlerträumers rascheln, bereit zum Abflug.

Manchmal rennen wir im Traum vor Tieren weg, verstecken uns hinter verschlossenen Türen oder rufen die Polizei. Es liegt im Wesen des kleinen Verstands, vor dem zu fliehen, was größer und weiser ist als man selbst.

Im Wesen und Zustand unserer Traumtiere erkennen wir den Zustand unserer eigenen Lebensenergie. Doch das geht über die persönliche Psychologie hinaus. Traumtiere erscheinen, um uns zu holen – als Mächte der tieferen Welt, die von unseren Ahnen verehrt und bewohnt wurde und in den tiefen Höhlen alten Wissens immer noch lebendig und vital ist. Wir alle haben Zugang zu ihr, wenn wir bereit sind, unter die Oberfläche des Bewusstseins herabzusteigen.

Wir müssen nicht weit gehen, um unsere Tiergeister zu finden, da sie uns in unseren Träumen aufsuchen. Ein hübscher Volksglaube der modernen Griechen ist, dass der, der die Träume schickt, auch die Mutter der Tiere ist. Wenn sie uns erreichen will, verkleidet sie sich als Traumbotschaft in einem Tierfell oder Vogelfedern oder Schlangenschuppen. Wenn wir die Botschaft ignorieren, nimmt sie sie aus einer Form heraus und kleidet sie in ein anderes Kostüm.

Der Zustand von Tieren in Ihren Träumen spiegelt häufig Ihre eigene Situation im Alltag wieder. Sie sehen einen Adler in einem Vogelkäfig, der seine Flügel nicht ausbreiten kann, und sollten danach fragen, wo in Ihrem wachen Selbst Sie Freiraum für das Fliegen schaffen müssen. Wenn Sie einen Löwen auf Ihrer Terrasse erblicken, könnten Sie sich fragen, was Sie tun müssen, um die Löwenkraft in Ihrer Seele zu erwecken und sich den Mut und die Stimme des Löwen anzueignen. Und falls Sie ein Bärenjunges in Ihrem Keller vorfinden, sollten Sie darüber nachdenken, wie Sie die medizinische Kraft des Bären in Ihrem Leben nähren und stärken lassen können.

Wie unsere Ahnen glaubten, werden wir mit einer Verbindung zu einem bestimmten Totemtier geboren. Das war das Fundament des Clansystems. Manche australische Aborigines glauben noch heute, dass bei der Geburt eines Menschen seine »Buschseele« in Tier- oder Vogelgestalt geboren wird. Wir fühlen möglicherweise eine lebenslange Verbundenheit zu einer bestimmten Tier- oder Vogelart. Und andere beobachten dies womöglich an unserer Körperform, unserem Lebensstil oder der Art, wie wir mit Herausforderungen umgehen.

Doch wir können in unserem Leben viele Verbindungen zu Tieren aufbauen. Manche stammen vielleicht von unserem Bezug zu den Tieren, die unser Zuhause und unsere Umgebung mit uns teilen, von unseren Haustieren bis hin zu den wilden Tieren, denen wir draußen in der Natur und auf unseren Reisen begegnen. Tiere, die wir in der physischen Welt erlebt haben, können in unseren Träumen als Verbündete und Helfer zurückkehren.

Nachdem mein geliebter schwarzer Hund überfahren worden war, kehrte er immer wieder als Beschützer der Familie zurück. Seine Gegenwart nahm eine Zeitlang fast physische Ausmaße an. Ich bin überzeugt, dass ich im Jahr nach seinem Tod vom individuellen Geist des Hundes umgeben war, den ich so geliebt hatte. Wie ich glaube, ist die Gestalt meines geliebten Hundes später mit einer größeren überpersönlichen Führungsquelle verschmolzen.

Auf dem Land, auf dem ich mit meinem schwarzen Hund lebte, hatte ich auch eine Reihe von physischen Begegnungen mit einem weiblichen Rotschwanzhabicht. Das Weibchen sprach so zu mir, dass ich das Gefühl hatte, es verstehen zu können – wenn ich nur die Habichtsprache sprechen könnte! Das Habichtweibchen ist über die Jahre immer wiedergekommen, um durch sein Flugmuster über die Wege des täglichen Lebens eine Bestätigung oder Warnung zu geben und mir in Träumen und Visionen Flügel zu verleihen.

Die Traumtiere sind persönlich und zugleich überpersönlich. Wenn wir unsere Beziehung zu ihnen vertiefen und mit ihnen zusammenarbeiten, lernen wir, was das bedeutet. Das umfasst weit mehr, als nur in einem Buch die Bedeutung eines Tiersymbols nachzuschauen. Wir sollten der Spur unseres Traumtiers auf mindestens dreierlei Weise folgen: indem wir seine natürlichen Gewohnheiten und Eigenschaften untersuchen, indem wir seiner Spur in Überlieferungen und Mythen nachgehen und indem wir seine Energie durch die Art, wie wir uns fortbewegen und unsere Körpersinne anwenden, nähren und verkörpern – indem wir uns beispielsweise die scharfen Augen des Habichts oder die Ohren des Fuchses oder den Geruchssinn des Wolfs ausleihen.

In Tierträumen kann es auch um andere Menschen gehen. Sie bieten Einblicke in den Charakter und das Verhalten anderer Leute aus unserem Umfeld. In *Der goldene Kompass,* dem ersten Band in *Die Pullman Trilogie* von Philip Pullman sind die Leute ganz anders, als sie in unserer gewöhnlichen Realität erscheinen, da sie äußere Seelen haben. Diese Seelen werden Dämonen genannt und erscheinen in Tierform. Die Dämonen sind bis zur Pubertät austauschbar. Dann nehmen sie feste Gestalt an – wie zum Beispiel in Form des goldenen Affen der Mrs. Coulter oder Lord Asriels Schneeleopard. In unseren Träumen können wir die tierischen »Dämonen« anderer auf ähnliche Weise sehen.

Wenn es sich um Allegorien für das Verhalten anderer handelt, wollen Tierträume uns womöglich für den Umgang mit diesen Menschen trainieren. Eine Frau träumte davon, im Büro ihres Projektmanagers zu sein, als ein Piranha-Fisch im Aquarium auftauchte und einen größeren Fisch angriff und verschluckte. Der Projektmanager versuchte, den Piranha aus dem Aquarium zu fischen, bevor er noch mehr Fische attackieren konnte, doch er bekam ihn nicht zu fassen. Mein Rat war, dass es sich womöglich um die Vorbereitung auf eine zukünftige Situation im Büro handelte, bei der ein Kollege sich wie der Piranha verhalten könnte. Die Träumerin wollte auf diese Möglichkeit achten. Ihr Traum setzte sich innerhalb von wenigen Tagen um, als ein leitender Angestellter, der alle Vorbereitungsgespräche und E-Mails ignoriert hatte, in ein Meeting platzte und versuchte, es an sich zu reißen. Er kanzelte andere Mitarbeiter ab und beanspruchte die gesamte Zeit, so dass der Träumerin nur ein paar Minuten der halben Stunde blieben, die ihr für ihre eigene Präsentation zugeteilt worden war. Sie schwor sich, in zukünftigen Träumen ganz besonders auf den Zustand im Aquarium zu achten.

Der Begriff *Totem* wird oft, aber ziemlich generell auf ein Tier angewendet, zu dem jemand eine besondere Beziehung hat. Ich bemühe mich, den Begriff zu vermeiden, außer in Bezug auf Ahnen oder Naturvölker, deren Clans Totem haben. In diesen Gesellschaften wird man mit einem Bezug zu einem bestimmten Tier geboren, wenn man in seinen Clan hineingeboren wird. Dann ist der Clantotem Teil der eigenen Identität. Außer diesem Clantier kann man auch noch von frühauf eine lebenslange Verbindung zu einem Krafttier haben, was man als ein Lebenstotem bezeichnen kann.

Aktive Träumer – vor allem, wenn sie sich in schamanischer Arbeit engagieren – entwickeln häufig Arbeitsbeziehungen zu vielen Tiergeistern. Verschiedene Tiere bringen unterschiedliche Gaben mit, unterschiedliche Herausforderungen bringen verschiedene Verbündete mit sich, verschiedene Landschaften und Abstammungen enthalten unterschiedliche Tierträume.

Eine starke Beziehung zu einem Traumtier aufzubauen bedeutet schon Seelenheilung, die Wiederherstellung von Lebenskraft und Freisetzung des natürlichen Weges dieser Energie. Das Traumtier kann ein Krafttier, ein Führer und Beschützer für andere Formen der Seelenheilung für uns oder für andere sein. Wie Holly es erlebt hat, wird manchmal mithilfe der tierischen Führer in einem einzigen Traum ein Prozess der Seelenheilung abgeschlossen.

»Ein Hund und ein Fuchs haben mir geholfen, meine verlorenen Mädchenanteile zurückzuholen«, erinnert sich Holly. »Die beiden Tiere zogen alle vier Mädchen in einem Schlitten aus einem unterirdischen Gang heraus an einen heilenden blauen See. Nach dem Aufwachen fiel mir ein Gedicht ein, das mich als Kind fasziniert hatte. Es heißt ›Vier kleine Füchse‹. Ich suchte den Gedichtband heraus, den mir meine Eltern 1958 geschenkt hatten, las das Gedicht noch einmal und musste weinen. Im Gedicht geriet die Fuchsmutter in eine Falle. Die Fuchskinder waren auf sich allein gestellt und erhielten Hilfe von der Natur.«

Halten Sie sich den Fuchs vor Augen. Allein die Erwähnung einer Begegnung mit einem Fuchs weckt die Aufmerksamkeit. Die Leute werden erregt und nervös. Sie wissen, dass etwas Ungewöhnliches zugange ist. »Ein Fuchs bringt das Blut in Wallung«, bestätigt Patty, eine aktive Träumerin aus Arkansas. Die Atmosphäre heizt sich mit sexueller Energie auf und plötzlich liegt etwas in der Luft. Der Fuchs ist ein unruhiges Schwellentier. Im gewöhnlichen Leben beobachten wir ihn häufig bei Morgengrauen oder in der Abenddämmerung an Waldrändern und anderen wilden Orten.

Eine Energie der ausgefuchsten Trickserei kommt ins Spiel, wenn der Fuchs erscheint. Als ich einmal in einem Workshopkreis im Big House in Esalen über den Fuchs redete, tauchte plötzlich ein Fuchs im Fenster hinter mir auf, deutlich sichtbar für die Gruppe. Als die Teilnehmer anfingen zu lachen und auf das Fenster zu zeigen, drehte ich mich um. Prompt verschwand der Fuchs. Diese Szene wiederholte sich mehrmals. Offensichtlich hatte der Fuchs Spaß daran, vor der Gruppe mit mir Verstecken zu spielen. In dieser Woche achtete ich sorgfältig auf die Energieveränderungen innerhalb der Gruppe.

Es gibt einundzwanzig Fuchsarten und noch viel mehr Traditionen des Fuchs-Schamanismus auf der Welt. Unter den ältesten Nachweisen von Schamanismus in Europa befinden sich die Überreste einer mächtigen Frau, die in einer Gruft aus Mammutknochen in den bewaldeten Pavlov-Hügeln der heutigen Tschechischen Republik beerdigt wurde. Sie wurde vor dreißigtausend Jahren begraben. Ihr Körper wurde rot angemalt und ein Fuchskörper, der anscheinend ihr geistiger Verbündeter gewesen war, wurde ihr in die Hände gelegt.[3] Ähnliche Hinweise auf die wichtige Bedeutung des Fuchses für die frühe Magie kommen aus anderen Teilen Europas. Der Leichnam des Druidenprinzes, der aus dem Moor Lindow Moss im Norden Englands ausgegraben wurde und der durch die chemischen Verbindungen des Moors erhalten geblieben ist, trug einen roten Fuchsfellkragen.[4]

Als Krafttier bringt der Fuchs viele Eigenschaften wie Geschicklichkeit, Schläue und die Fähigkeit, sich zu tarnen, mit. Der Fuchs weiß, wann er sich verstecken und wann er jagen muss und wie er unsichtbar auf die richtige Gelegenheit warten muss. Unter den Tieren ist er eindeutig ein Verwandlungskünstler und Zauberer, ein Hund, der sich wie eine Katze bewegt und jagt und auch die elliptischen, vertikalen Schlitzaugen einer Katze hat.

Die Sprache gibt Hinweise auf die Eigenschaften, die dem Fuchs zugeordnet werden. »Ausgefuchst« zu sein bedeutet, es faustdick hinter den Ohren zu haben. Ein alter Fuchs ist demnach jemand, der mit allen Wassern gewaschen ist. *Shenanigan* – eine Art Schelmenstreich – leitet sich von dem altirischen Wort *sionnachuighim* ab, das »den Fuchs spielen« bedeutet. Auf dem Trickbetrügercharakter des Fuchses basieren unzählige Volksmärchen, Fabeln und Kindergeschichten.

Ostasiatische Kulturen stehen dem Fuchs und vor allem attraktiven Frauen mit Fuchscharakter skeptisch gegenüber. In der traditionellen japanischen und chinesischen Kultur werden viele Probleme, vor allem mit Frauen, auf die Besessenheit durch einen Fuchsgeist zurückgeführt. In überlieferten Erzählungen gibt es Frauen, die Füchse in Menschengestalt sind, um Männer zu verführen.

Hier ein paar Verse eines langen Gedichts, das ich nach hundert Begegnungen mit dem Rotfuchs auf den Wegen beider Welten geschrieben habe:

> Du lebst am Rande meines Lebens auf der Kante zwischen
> dem zahmen und dem wilden Land, und deine Erscheinungs-
> form hat für mich immer zwei Seiten.
> Du weißt, wann du dich verstecken musst und wann jagen.
> Die Menschen jagen dich zu Pferd, mit Hunden, doch wenn
> du unerwartet auftauchst, werden sie zu Angsthasen.
> Du bist trickreich. Ich bezweifle, dass ich mich in deiner
> Nähe je wohl fühlen werde.
> Doch du bist ein entschlossener Bote
> und eine notwendige Verbindung zu den alten und heiligen
> Dingen.
> Du rufst Frauen, die mir etwas bedeuten, um verlorene Seele
> zurückzuholen und ausgefuchste Mädchen zu werden, die
> gegen Glasdächer immun sind,
> die ihre eigenen Grenzen setzen, die ein grenzenloses Leben
> leben.

Wenn der Fuchs in Träumen oder im Leben auftaucht, sollten wir bereit sein, uns zu bewegen. Versuchen Sie nicht, an rigiden Plänen festzuhalten oder im dünnen Schutz einer starren Identität und alter Gewohnheiten zu verharren. Der Fuchs bringt die Bewegung ins Spiel. Nutzen Sie sie, dann wird die Seele antworten.

Welches Tier Sie auch immer in Ihren Träumen verfolgen mag – es gibt ein paar Dinge, die Sie gleich tun können, um seine Bedeutung für Ihr Leben aufzudecken und umzusetzen. Als Erstes sollten Sie die natürliche Umgebung und Eigenschaften Ihres Traumtiers näher untersuchen. Ist es ein Tier des Tages oder ein Nachttier? Was frisst es? Ist es ein Einzelgänger oder ein Gruppentier? Nimmt es sich einen lebenslangen Partner oder hat es viele Sexualpartner? Wie jagt es und wie tarnt es sich? Während Sie über diese Fragen nachdenken, könnten Sie feststellen, dass Ihre Träume Ihnen ausgezeichnete Hinweise darüber geben, wie Sie den natürlichen Weg Ihrer eigenen Energien am besten gehen.

Erforschen Sie als Zweites Ihr Traumtier über die Mythologie und Volksmärchen, vor allem die Legenden des Landes, auf dem Sie leben und des Landes Ihrer Ahnen. Es gibt nützliche Bücher über Tiersymbole, aber geben Sie sich nicht damit zufrieden, nur ein oder zwei zu Rate zu ziehen. Gehen Sie weiter.

Überlegen Sie als Drittes, wie Sie die Energie Ihres Traumtiers in Ihrem physischen Körper füttern und nähren können. Üben Sie, sich so zu bewegen und Ihre Sinne so anzuwenden, wie Ihr Traumtier es tut. Essen Sie etwas, das es gerne mag oder zumindest tolerieren würde.

Und als Letztes sollten Sie lernen, wie Sie wieder in einen Tiertraum zurückkehren und sich mit der vorhandenen Kraft verbinden können. Dafür müssen Sie vielleicht den Mut aufbringen, sich etwas zu stellen, das Ihnen Angst macht. Wie man das tut, erörtern wir in Kapitel 5.

TRAUMHÄUSER

Träumen Sie von einem Haus mit Zimmern, die Sie in Ihrem normalen Leben noch nie gesehen haben? Oder vielleicht sogar mit ganzen unbekannten Stockwerken? Träume dieser Art können wichtige Aufforderungen sein, mehr Anteile unseres Selbst und unser Potenzial zu finden. Möglicherweise fällt es Ihnen schwer, im Traum Treppen hinunterzugehen, die kaputt sind oder mitten im Nichts enden. Der Traum könnte ein Hinweis sein, den Weg zu verschütteten Erinnerungen und versteckten Teilen des Selbst zu finden, darunter auch Beziehungen zu Ahnen, die im Gewölbekeller Ihres Lebenshauses verborgen sind.

Jungs Leben und Werk erweiterten und vertieften sich durch einen seiner Träume von einem Haus mit vielen Stockwerken. Das Traumhaus wirkte anfangs wie ein ganz gewöhnliches Gebäude, das im gutbürgerlichen Schweizer Stil eingerichtet war – vielleicht sogar ein bisschen eintönig. Dann merkte Jung, dass sich unter der Ebene, auf der er lebte, noch ein Stockwerk befand, das er noch nie gesehen hatte. Er stieg hinunter und entdeckte eine dunkle Halle mit Möbeln aus dem Mittelalter. Nun fand er heraus, dass sich unter dieser Ebene eine weitere unbekannte Ebene des Hauses verbarg. Er ging hinunter und kam in einen schönen römischen Gewölbekeller. Auf dem Kellerboden entdeckte er eine Steinplatte mit einem Eisenring. Als er die Platte hochhob, öffnete sich ein Tunnel zu einer altertümlichen Höhle voller Knochen, Totenköpfe und zerbrochener Töpfe. Wie Jung äußerte, führte ihn dieser Traum vom Haus mit den vielen Stockwerken zum ersten Mal zu seinem Konzept des kollektiven Unbewussten (und zu seinem Bruch mit Freud). Es brachte ihm den Zugang zum »strukturellen Diagramm der menschlichen Psyche« im Traum nahe.[5]

Wie Jung herausfand, befinden sich im Traumhaus viele Häuser – Extrageschichten und verborgene Zimmer, Keller und Gebäudeflügel voller Möglichkeiten.

Der Zustand eines Traumhauses kann den Zustand des Körpers oder der Seele spiegeln.

Wenn Ihr Traumhaus reparaturbedürftig ist oder es ein Problem mit den Rohren oder der Heizung gibt, sollten Sie sich überlegen, ob sich darin ein Hinweis auf Ihren Gesundheitszustand verbirgt. Verschiedene Räume können auf mehr als einer Ebene verschiedene Funktionen symbolisieren. Möglicherweise verrät Ihre Traumküche Ihnen, was mit Ihrem Verdauungssystem los ist oder wie Sie sich ernähren sollten. Oder aber sie spiegelt den Zustand Ihrer Familie (da die Küche oft das Zentrum des Familienlebens ist). Vielleicht zeigt sie Ihnen auch, wo Sie in Bezug auf ein kreatives

Projekt stehen (denn die Küche ist der Ort, an dem wir etwas zusammenbrauen).

Ich liebe dieses Gefühl erweiterter Lebensmöglichkeiten, die sich ergeben, wenn ich in einem verschachtelten Traumhaus mit Ebenen oder Räumen bin, die sich in keinem mir bekannten realen Haus finden. Wenn ich im Traum in einer Wohnung lebe (was ich in der Realität seit dreißig Jahren nicht mehr getan habe), dann frage ich mich: »Wovon bin ich ein Teil oder von was bin ich abgetrennt?« Es fasziniert mich, wie meine Lebenserinnerungen zu den Grundrissen meiner Traumhäuser beisteuern, die sich manchmal aus mehreren realen früheren Wohnstätten zusammensetzen.

Wenn Sie von einem Umzug träumen, sollten Sie sich nicht nur fragen, ob dies eine Übung für einen tatsächlichen Umzug bedeutet, sondern auch, ob Sie im übertragenen Sinn vor einem großen Lebensschritt stehen.

In unseren Träumen finden wir uns häufig an einen alten Ort zurückversetzt, in das Elternhaus oder ein Zuhause, das wir mit einem früheren Partner bewohnt haben. Wieder an den alten Ort zurückzukehren könnte eine Zeitreise in die Vergangenheit oder in eine Parallelwirklichkeit bedeuten, in der ein paralleles Selbst von uns die alte Situation nie losgelassen hat. Es könnte zudem auch eine Einladung sein, uns wichtige Seelenenergie und Anteile unserer Identität wiederzuholen, die wir bei einer großen Veränderung in unserem Leben zurückgelassen haben.

Es gibt Traumhäuser, die nicht von dieser Welt sind, sondern Orte des Lernens, der Abenteuer und der Einweihung auf der imaginären Ebene.[6] Sie können Orte der Begegnung mit einem zweiten Selbst, einem Aspekt unseres vieldimensionalen Selbst sein. Viele Jahre reiste ich im Traum zu einem alten Haus auf einem Kanal in Europa. Es ist das Heim eines exzentrischen Akademikers, der etwas von einem Magier hat und über eine außergewöhnliche Bibliothek und Sammlung an Hilfsmitteln der Magie verfügt. Erst nach mehreren Besuchen erkannte ich das Traumhaus als etwas, das zu mir gehört.

Viele Leute machen die folgende Erfahrung: Immer wieder träumt man, man wäre an einem vertrauten Ort – zurück im Haus, das man mit dem Expartner geteilt hat, oder dem Büro, in dem man früher gearbeitet hat, oder in Omas Häuschen oder auf dem Schulhof. Vielleicht sollten Sie sich dann fragen: Habe ich einen Teil von mir dagelassen, als ich dieser alten Situation den Rücken zukehrte?

Die Träume eines Australiers sind ein typisches Beispiel dafür: »In meinen Träumen wohne ich jedes Mal wieder in dem furchtbaren Haus, in dem ich aufgewachsen bin. Gleichzeitig weiß ich im Traum, dass ich ein anderes Leben führe und woanders wohne. Meine Eltern und Geschwister sagen mir im Traum immer wieder: *Nein, du wohnst nirgendwo anders.* Ich versuche, zu meinem neuen Zuhause zu gelangen und sie zu überzeugen, dass ich dort wohne.«

Eine Frau aus Ohio berichtete, wie sie in Träumen immer wieder an einen Ort ging, den sie Versammlungsstätte nannte. »Seit Jahren kehre ich in meinen Träumen an den Ort zurück, an dem ich aufgewachsen bin. Es ist ein schlichtes Haus in einer Arbeitersiedlung mit zwei Tannen im Vorgarten und zwei hinten im Garten und einer Holzveranda, auf der man Squaredance veranstalten kann. Ich bin dort meinem Vater begegnet, nachdem er gestorben war. Ich bin dort anderen wichtigen Menschen begegnet, nachdem die Beziehungen in die Brüche gegangen waren – vor allem Expartnern. Manchmal machen diese Träume mir Angst. Aber ich freue mich jedes Mal, wenn ich den Zwergschnauzer sehe, den ich geliebt habe. Es ist merkwürdig, dass ich all diesen Leuten am selben Ort wieder begegne – dem letzten Ort, an dem ich mich noch geborgen fühlte. Ich bin mit siebzehn von zu Hause weggegangen.«

Ich sagte ihr, wenn es meine Träume wären, würde ich sie als eine wundervolle Einladung betrachten, unerledigte Angelegenheiten zu verarbeiten, alte Bindungen zu lösen und mir vielleicht wichtige Energie an einem »sicheren Ort« wiederzuholen. Um das zu tun, könnte sie auf einer bewussten Wiedereinstiegsreise zurück in den Traum gehen. Die Methode dazu wird im nächsten Kapitel erläutert.

Valerie, eine Künstlerin und aktive Träumerin, berichtete von einer interessanten Variante dieses Themas. Sie hatte schon oft von einem Haus geträumt, in dem sie in ihrer Kindheit gelebt hatte. Als sie, unterstützt von einer Gruppe aktiver Träumer, die sie als Spurensucher in die Traumlandschaft begleiteten, mit der besagten Methode bewusst dahin zurückkehrte, konnte sie Verbindung zur Energie und den Begabungen eines jüngeren Selbst aufnehmen und sie zurückholen. Es war ein bewegendes Beispiel für eine Seelenheilung. Wie sie mir erzählte, träumte sie Jahre später von einem Haus, das irgendwo in der Nähe des alten Hauses stand, das sie in der Realität jedoch nicht kannte. In Folgeträumen schaute sie aus dem Vorderfenster des Hauses auf die Straße. Etwas war anders. Manchmal stand das Traumhaus oben auf einem Hügel und dann sah sie hinunter auf die Straße. Zu anderen Zeiten befand sich das Haus unten am Fuß des Hügels, so dass sie nun nach oben blickte. Sie hatte das Gefühl, als hätte sie einen Ort mit perfekter Aussicht, von dem aus sie ihren Lebensweg betrachten konnte und der sie daran erinnerte, dass sie die Freiheit hatte, ihren Blickwinkel jederzeit zu ändern.

Oft ist ein Traumhaus das ideale Portal für eine Reise mithilfe der Methode, bei der man bewusst in einen Traum wieder einsteigen kann (und auf die ich im nächsten Kapitel näher eingehen werde). Wenn Sie – egal in welcher Realität – in einem bestimmten Haus gewesen sind, dann werden Sie den Standort wahrscheinlich wiederfinden und wieder hingehen können, um eine verschlossene Tür zu öffnen oder um eine Tür, die besser nicht geöffnet worden wäre, zu verschließen. Oder um die geheimnisvollen Räume, deren größter Schatz ein Teil von Ihnen sein könnte, zu erkunden.

TRÄUME VON EINEM JÜNGEREN SELBST ALS EIGENSTÄNDIGE PERSON

Sie träumen von einem Begleiter oder einer Begleiterin Ihres Geschlechts, der oder die deutlich jünger ist als Ihr jetziges Selbst. Möglicherweise erkennen Sie die Person nicht auf Anhieb oder verwechseln sie mit einem jüngeren Familienmitglied – beispielsweise einem Kind oder einer Kusine, einem Bruder oder einer Schwester. Sehen Sie noch einmal hin, um zu prüfen, ob die jüngere Traumgestalt in Wahrheit ein Aspekt Ihres Selbst ist, der als eigenständiges Wesen erscheint, weil er oder sie gegenwärtig kein Teil Ihres Lebens ist, nachdem sich der Aspekt während einer wichtigen Lebensphase von Ihnen abgespalten hat.

In Megs Traum erkannte sie die niedliche Dreijährige, die sich in Großmutters Garten versteckte – und ihr wurde im Traum bewusst, dass es an der Zeit war, ihr verlorenes Kind aus dem früheren vertrauten Ort herauszuholen:

Ich bin in einem verwilderten Garten, der zum Haus meiner Großmutter zu gehören scheint. Eine Holzleiter liegt im Gras und ein hoher Gartenzaun grenzt den Garten ein.

Ich sehe ein kleines Mädchen, das ungefähr drei Jahre alt ist. Sofort wird mir klar, dass es sich um mein dreijähriges Selbst handelt. Es ist ein süßes Kind in einem hübschen Kleid mit einem Unterrock, glänzenden schwarzen Lacklederschuhen und weißen Spitzensöckchen. Aber es fürchtet sich und ist einsam.

Ich will der Kleinen zeigen, was auf der anderen Seite des Zauns ist. Daher sage ich ihr, dass wir die Leiter benutzen können, aber sie hat Angst. Ich verspreche ihr, dass ich sie gut festhalten werde und ihr nichts geschehen wird. Ich nehme sie in die Arme und sie klammert sich an mir fest, während wir die Leiter hinaufsteigen. Wir erreichen sicher die oberste Sprosse. Hinter dem Zaun liegen leuchtend grüne Hügel, Berge und ein strahlend blauer Himmel. Doch meine Dreijährige kann das größere Bild noch nicht erkennen. Sie ist noch nicht bereit, über den Zaun zu steigen.

Als Meg in einem meiner Seminare diesen Traum erzählte, waren wir alle überzeugt, dass er eine Einladung bedeutete, zurück in die Traumlandschaft zu gehen und noch einmal zu versuchen, Megs verlorenes Mädchen zurückzuholen. Während einer Trommelreise und unter der aktiven Unterstützung und Ermutigung der Gruppe konnte Meg ihr dreijähriges Selbst nach Hause holen. Hier ist ein Teil ihres bewegenden Berichts:

Sobald das Trommeln begann, befand ich mich wieder in Großmutters Garten. Zuerst zeigte sich mein kleines Mädchen nicht. Als ich sie schließlich fand, war sie zögerlich und sehr schüchtern. Plötzlich fiel mir ein, dass mir gesagt wurde, ich hätte als Kind Löwen gemocht. Also hielt ich dem kleinen Mädchen einen süßen Stofflöwen hin und ermutigte sie erneut, mit mir zu gehen. Diesmal kam sie mit. Ich setzte mich auf den Boden und sie ließ sich auf meinem Schoß nieder. Ich genoss ihre weiche Haut und den lieblichen Duft ihres Haars.

Sie wurde allmählich zutraulicher und erzählte mir auf erstaunlich erwachsene Weise einiges. Dann tauchte meine Mutter auf und sah aus wie damals. Sie nahm mein kleines Mädchen in die Arme. Sie war sehr liebevoll und kämmte mit den Fingern zärtlich durch meine Kinderlocken. Wir machten zusammen ein Picknick. Mein erwachsenes Selbst, mein kindliches Selbst und meine Mutter spielten Ringelreihen. Wir lachten und genossen es, wieder Kinder zu sein. Dann sangen wir: »Fang sie ein und bring sie heim, bring sie heim, bring sie heim ...«

Als das Trommeln aufhörte, kehrte ich nur ungern nach Hause zurück, weil es mir so gutgetan hatte, die Stimme meiner Mutter nach vielen Jahren wiederzuhören und sie so vital zu erleben. Doch wie ich auch wusste, brachte ich meine Dreijährige mit nach Hause zurück.

TRÄUME VON SCHUHEN UND SOHLEN

Der Zustand unseres Schuhwerks deutet in Träumen häufig den Zustand unserer Seele an. Man hört den Widerhall der englischen soul (Seele) in sole (Sohle). Ein Traum von verlorenen Schuhen will uns womöglich auffordern, uns Gedanken darüber zu machen, wo auf unserem Lebensweg wir Seelenanteile verloren oder liegengelassen haben könnten. Manchmal kann man in den Traum zurückgehen, um sich nach verlorenen Schuhen umzuschauen. Diese Suche könnte Sie an einen Ort in Ihrem Leben führen, an dem Sie etwas Wichtiges – vitale Energie und Identität – verloren haben, das Sie jetzt zurückholen können.

Schuhe haben jedoch nicht nur Sohlen, sondern auch Schnürsenkel. Der Zustand Ihrer Schnürsenkel oder Riemen im Traum kann etwas über – alte oder neue – Bindungen verraten. Eine Frau träumte kurz vor ihrem Klassentreffen in Manhattan, sie würde dringend Schuhe suchen, die bequem zum Laufen und gleichzeitig schick genug für ihren Geschmack waren. Eine Verkäuferin bei Bloomingdale's riet ihr zum Kauf von Turnschuhen mit Schnürsenkeln aus echtem flexiblem Gold. Sie musste über die Vorstellung lächeln, dass nach all den Jahren seit dem Schulabschluss ihre Bindungen zu ihren Klassenkameraden »golden« waren und dass sie sich unter ihnen in der Großstadt locker und behaglich fühlen würde.

Eine Bekannte von mir, die Freudianerin und Psychiaterin ist, träumte, ihre Schuhe wären viel zu eng. Sie drückten so sehr, dass sie kaum darin laufen konnte. Als sie darüber nachdachte, wurde ihr bewusst, dass die Richtung der Freudianer ihre Fähigkeit, ihren Beruf auszuüben, einengte. Daraufhin erweiterte sie ihre Studien und bezog Jung und andere Lehrmethoden über die Psyche und ihre Heilung mit ein. Danach passten ihre Traumschuhe wie angegossen.

Manchmal tragen wir in unseren Träumen Schuhe, die im normalen Alltag äußerst ungewöhnlich wären – und die höchstens zu einer Kostümparty passen würden. Dann verkleiden wir uns offensichtlich oder tragen das Schuhwerk einer anderen historischen Zeitperiode, oder aber wir laufen barfuß durch eine prähistorische Landschaft. Wenn wir uns in dieser Art von Träumen unseren Körper näher ansehen, stellen wir manchmal fest, dass unser Traumselbst in die Lebensumstände eines anderen an einem anderen Ort oder in einer anderen Zeit geschlüpft ist. Der Zustand unserer Schuhe (und anderer Details) in solchen Träumen kann ein Hinweis auf Bindungen innerhalb einer Seelenfamilie sein, deren Mitglieder zu verschiedenen Zeiten gelebt haben.

Es gibt einen Sandalenengel, der für die Wegarbeit und Protokolle über Astralreisen bestimmter Mysterien- und Kabbala-Orden von großer Bedeutung ist. Sein Name ist Sandalphon. Er trägt in der Gegenwart seines Schöpfers Sandalen und in der Gegenwart der weiblichen Gottheit Shekinah lederne Schuhe. Manche Leute sagen, er sei früher der Prophet Elias gewesen. Sandalphon herrscht über den Astralkörper und die Seelenreisen, die wir in diesem Gefährt antreten. Manche glauben, dass er über die großen

Reisen vor der Geburt und nach dem Tod wacht, wofür »Kleider« wie auch weiche Schuhe an- und ausgezogen werden.[7]

Wenn Sie träumen, Ihre Schuhe würden Ihnen nicht passen, dann fragen Sie sich, an welcher Stelle Ihre Lebensumstände die Bedürfnisse Ihrer Seele und Ihres kreativen Geists nicht länger erfüllen.

TRÄUME VOM UNERWARTETEN GAST

Der Überraschungsgast, der in Ihren Träumen an der Haustür klingelt, könnte ein Bote sein, den Sie anhören müssen. Vielleicht wollen Sie den Besucher nicht hereinlassen und versuchen, die Tür zu verriegeln. Es ist wichtig, den Charakter des Gasts zu erkennen und sicherzustellen, dass Sie keinen Eindringling hereinlassen. Was immer versucht, in Ihr Haus zu kommen, könnte etwas sein, was Sie fernhalten müssen. Ihr Traum könnte eine buchstäbliche Warnung vor einem zukünftigen Einbruch oder einem Betrüger sein, einem Krankheitserreger, der sich Zugang zu Ihrem Körper verschaffen will, oder einem psychischen Übergriff. Möglicherweise ist er auch der Besuch eines Freunds oder geliebten Menschen, der gestorben ist. Auch ein Teil von Ihnen, der nach langen Irrwegen nach Hause kommt, könnte auf Ihrer Türschwelle stehen. Es könnte sogar ein Gesandter Ihres eigenen Höheren Selbst sein.

Aber woran erkennen Sie, wer oder was vor Ihrer Tür steht? Ihre Gefühle sind ein erster Indikator. Anschließend können Sie in Ihren Traum zurückkehren (wie das geht, lernen Sie im nächsten Kapitel), um Ihrem Gast von Angesicht zu Angesicht zu begegnen und direkte Informationen zu erfahren.

Sie sollten nicht vergessen: Das kleine Selbst, das Ich, hat immer schreckliche Angst, vom größeren Selbst überwältigt zu werden. Um eine Beziehung zu den höheren Mächten aufzubauen, brauchen wir daher Mut. D. H. Lawrences »Song of a Man Who Has Come Through« drückt das so aus:

Was ist das für ein Klopfen?
Was klopft da des Nachts an der Tür?
Es ist jemand, der uns schaden will.

Nein, nein, es sind die drei fremden Engel.
Lasst sie rein, lasst sie rein.[8]

Einmal wurde ich nachts gegen drei Uhr von einem Klopfen an meiner Tür geweckt. Als ich die Tür öffnete, stand ein Mann draußen, der strahlend verkündete: »Ich komme aus dem Haus meines Vaters.« Er wirkte harmlos, wenn auch ein bisschen einfältig. Ich hoffte, er war nicht gekommen, um mir seine Religion anzudrehen. Dann fragte er mich leise: »Wie sieht dein Vertrag mit Gott aus?« Diese Frage schnitt mir wie ein Dolch in einer Samtscheide durchs Herz. Erst als ich aufwachte und seine unbeantwortete Frage mich immer noch quälte, merkte ich, dass ich geträumt hatte. Wenn er mich nach meinem Vertrag mit Gott fragte, dann hatte ich ja vielleicht einen! Und wenn ja – wie hatte ich das nur vergessen können? Solche Gedanken säten die Art von »göttlicher Unzufriedenheit« in mir, die uns aus der Gleichgültigkeit wachrüttelt. Sie schickte mich auf die Suche nach meinem heiligen Vertrag, nach den Bedingungen, denen ich vor meiner Geburt in dieses Leben zugestimmt hatte. Wenn Sie sich beim Lesen dieser Zeilen ähnlich rastlos fühlen, werden Sie in Kapitel 12 eine Anleitung finden, wohin Sie gehen können, um Ihren eigenen heiligen Vertrag einzusehen.

Falls der ungebetene Gast Sie erschreckt oder beunruhigt, sollten Sie noch einmal näher hinsehen, indem Sie bewusst in den Traum zurückgehen und ihn fragen: Wer bist du?

TRÄUME ZUR SEELENHEILUNG

Wir können um einen nächtlichen Traum bitten, der uns in die Richtung der Ganzheit führt. Dafür brauchen Sie beispielsweise nur eine Absicht oder eine Frage für die Nacht aufschreiben. Eine beliebte Frage lautet: Wo ist der Rest von mir?

Als Lynette diese Frage stellte, wurde sie im Traum zu einer glücklichen Zeit in ihrer Kindheit zurückversetzt. Sie ging wieder in die fünfte oder sechste Klasse, trug beigefarbene Knickerbocker und eine karierte bunte Bluse mit kurzen Ärmeln. Sie wirbelte ihren Stock, so wie sie es als Drum Majorette (Teil einer Art amerikanischer Schulgarde) in der Highschool getan hatte. Sie fand es toll, die Straße entlangzugehen und den Stock so hoch wie nur möglich zu werfen und ihn aufzufangen, zwischen den Fingern, hinter dem Rücken, erst unter einem Bein und dann unter dem anderen zu wirbeln. Sie fühlte sich so sorgenfrei, dass sie wie der Stock hätte fliegen können – und warum eigentlich nicht?

Nach diesem Traum wurde ihr bewusst, wie sehr sie dieses Gefühl der Freiheit als Erwachsene vermisste. Daher kaufte sie sich ein Kinderstöckchen aus Plastik, und als der Frühling kam, wirbelte sie mit dem Stöckchen im Park herum, überzeugt, die junge Trommelwirblerin in ihrer Seele würde mitspielen.

Sie erinnerte sich daran, dass sie das Wirbeln des Stocks aufgegeben hatte, als sie gebeten wurde, mit Feuer herumzuwirbeln. Sie hatte Angst gehabt, sich zu verbrennen. Jetzt fragte sie sich, ob sie etwas von dieser Angst vielleicht auf ihren weiteren Lebensweg mitgenommen hatte. Daher stieg sie noch einmal in den Traum ein. Nun fügte sie das Element der wirbelnden Flammen hinzu, wobei sie den brennenden Stock mit vollendetem Können und Anmut auffing. Sie kehrte von ihrer Traumreise mit dem Gefühl zurück, dass die Trommlerin Drum Majorette für immer in ihrer Seele bleiben würde und dass sie nun genug Selbstvertrauen hatte, alles aufzufangen zu können, was es in ihrem Leben womöglich aufzufangen gab.

Spontane Seelenheilung im Traum

Unabhängig davon, ob der Träumer eine Absicht hat, kann eine vollständige Seelenheilung während der Nacht erfolgen. Janice beschreibt ihr Erlebnis als »eine spontane Seelenheilung« im Traum. Sie träumte, sie würde in einer flüssigen Blase im Weltall schweben. Plötzlich tauchte ein warmes, helles Licht hinter ihr auf. Als es näher kam, spürte sie, wie sich seine Wärme und Helligkeit um ein Zehnfaches verstärkte. Eine Gruppe von Wesen umkreise sie und rief dabei laut, doch in ermutigendem Ton: Atme, atme.

Sofort stieg ein Gefühl der Angst und Dringlichkeit in ihr hoch. Atme, riefen die Wesen weiter. Die Wärme und das Licht wurden immer stärker. Sie (öffnete ihre Lunge und) atmete tief ein. Sie wachte mit einem Gefühl auf, als wäre sie von Licht und Barmherzigkeit erfüllt.

GELOBT SEIEN DIE TRAUMFRAGMENTE

Was ist, wenn Sie gar keine Träume haben? Wie wir gesehen haben, ist eine Traumdürre ein weit verbreitetes Symptom für partiellen Seelenverlust. Das bedeutet, der Träumer in uns – vielleicht ein kindliches Selbst – ist verschüttgegangen. Heutzutage leiden viele Menschen unter diesem Symptom.

Aber wenn ich jemanden sagen höre: »Ich träume nie«, weigere ich mich aufzugeben. Stattdessen erinnere ich ihn daran, dass er in Wirklichkeit sagt: »Ich erinnere mich nicht an meine Träume.« Wenn er darauf besteht, keine Träume zu haben, sage ich ihm, er solle gut darüber nachdenken, ob das wirklich stimmt. Vielleicht erinnert er sich noch an einen Traum, der schon viele Jahre her ist, zum Beispiel aus seiner frühen Kindheit. So ein Traum kann ein erstaunliches Portal für die Erinnerung an und Wiederherstellung von Seelenanteilen sein, wie wir sehen werden.

Bevor Sie die verbindliche Aussage treffen, dass Sie sich nicht an Ihre Träume erinnern können, sollten Sie sorgfältig darüber nachdenken, ob Sie sich und anderen die Wahrheit sagen. Selbst der beharrlichste Nichtträumer unter uns behält oft irgendetwas aus der Nacht zurück – einen Hauch, ein Fragment, ein Wort, eine Farbe, einen Liedfetzen. Wie ich festgestellt habe, kann es außerordentlich produktiv sein, mit den kleinsten Überresten eines ansonsten verlorenen Banketts spielerisch umzugehen. Es kann sogar eine Traumdürre beenden.

Der Fall des roten Flecks ist ein Beispiel dafür. Eine Frau, die an einem meiner Wochenseminare teilnahm, das mit dem morgendlichen Austausch von Träumen, kreativem Schreiben und Traumgeschichten begann, wurde während der Woche immer frustrierter. Sie befand sich in einer äußerst schwierigen Lebensphase: Sie hatte vor kurzem ihren Job verloren und noch eine Menge anderer Probleme. Hier war sie nun in einem Traumseminar, in dem alle anderen Spaß an ihren Träumen hatten – nur sie hatte keinen Traum, den sie mit uns teilen konnte. Sie litt seit langem unter einer hartnäckigen Traumdürre, wie sie uns sagte. Auch am dritten Tag hatte sie immer noch keinen Traum vorzuweisen, obwohl sie meine Spaßaufgaben zur Traum-Absicht (um Träume bitten) ausprobiert hatte.

»Bist du sicher?«, fragte ich sie. »Ich wette, wenn du darüber nachdenkst, fällt dir irgendwas von letzter Nacht ein.«

Sie schüttelte den Kopf.

Ich ermutigte sie, weiter nachzudenken. »Also gut«, spuckte sie schließlich aus, »ich habe einen Fleck. Es ist bloß ein Fleck. Na, wie gefällt dir das?«

»Einen Fleck? Das klingt interessant. Welche Farbe hatte er?«

»Rot.«

»Wie ein roter Farbfleck? So wie Wandfarbe?«

»Wie Ölfarbe.«

»Was fällt dir ein, wenn du an einen Fleck aus roter Ölfarbe denkst?«

»Die Farbpalette meiner Mutter.« Ihre Erinnerungen fingen an zu fließen. Plötzlich befand sie sich wieder mitten in einer Szene aus ihrer Kindheit. Ihre Mutter war eine professionelle Künstlerin gewesen. Die Träumerin (die sie nun wurde) war damals ungefähr neun Jahre alt. Etwas Schreckliches war passiert und sie suchte verzweifelt die Liebe und Aufmerksamkeit ihrer Mutter. Doch als sie weinend ins Atelierzimmer der Mutter platzte, schrie die Mutter sie an, sie solle auf der Stelle verschwinden. Sie erinnerte das Mädchen daran, dass es die Mutter unter keinen Umständen bei der Arbeit stören durfte.

Wir befanden uns an einem Ort der tiefen Emotionen und potenziellen Tiefenheilung. Aus der vagen Erinnerung an einen Farbfleck waren wir an die Stelle gekommen, an der die Seele der Träumerin und die Energie und Fantasie eines kleinen Mädchens zurückgeholt werden konnten, und an der eine eingeschüchterte

Neunjährige in der Not psychologisch unterstützt werden konnte. Denn als aktive Träumer können wir in eine andere Zeit gehen.

***

Ganz egal, ob Ihr Traum ein Hauch oder eine epische Erzählung ist, ob Sie ihn letzte Nacht träumten oder vor dreißig Jahren – er kann ein Portal der tiefgreifenden Seelenheilung sein. Der Königsweg zur Seelenheilung ist ein Traum, der zu einem Tor für eine persönliche Reise wird. Wir sind bereit, diesen Weg zu gehen.

5. Der Königsweg zur Seelenheilung

»Ma tu perche vai?«
Per torna altra volta
La dov' io son, fo lo questo viaggio.
»Warum reist du?«
Ich reise, um dahin zurückzukehren,
wo ich bin.

– Dante, »Purgatorio«

Ein Traum ist eine Reise und er ist auch ein Ort. Im Traum sind Sie irgendwohin gegangen, nahe oder weit weg von den Gefilden Ihres realen Lebens. Da Sie im Traum schon einmal an diesem Ort waren, finden Sie auch wieder hin.

Der Wiedereinstieg in einen Traum ist die wichtigste Technik des aktiven Träumens zur Seelenheilung. Seine Elemente sind simpel, auch wenn die Übung eine tiefschürfende Methode ist.

DIE DREI DINGE FÜR DEN WIEDEREINSTIEG IN EINEN TRAUM

Um einen Traum als Portal für eine Seelenheilungsreise zu nutzen, brauchen Sie nur drei Dinge: ein Tor, ein Vorhaben und Treibstoff für die Reise.

Das Tor

Ein Traum wird Ihr Tor sein. Das kann ein Traum sein, den Sie vor Jahren, Jahrzehnten oder letzte Nacht geträumt haben. Wichtig ist nur, dass der Traum Ihnen etwas Energie und Widerstand bietet, dass die Erinnerung an den Traum starke Gefühle in Ihnen weckt. Das vorherrschende Gefühl könnte Liebe oder Angst, Neugier oder Wut, Trauer oder Sehnsucht sein. Die Art der Emotion ist weniger bedeutend als ihre Stärke; die rohe Macht des Gefühls kann Sie motivieren und Ihnen Kraft für die Reise geben.

Wenn Sie einen Traum haben, den Sie nutzen wollen, dann halten Sie ihn in Ihren Gedanken fest und lassen Sie die Szene auf Ihrem inneren Bildschirm Gestalt annehmen. Bitten Sie all Ihre inneren Sinne, dazu beizutragen. Was riechen Sie, wenn die Szene lebendig wird? Wie fühlt sich die Luft auf Ihrer Haut an? Hören Sie Geräusche? Lassen Sie beim Durchlaufen der Szene die Farben noch leuchtender – oder den Nebel noch dichter – werden.

Erinnern Sie sich an die einzelnen Phasen und Elemente des Traums. Sehen Sie sich alle beteiligten Figuren, einschließlich Ihres Traumselbst, noch einmal sorgfältig an. Aber verlieren Sie sich nicht im Detail. Eine simple Szene aus einem Traum offenbart Ihnen womöglich alles, was Sie brauchen. Die Szene, in der unbekannte Eindringlinge versucht haben, die Haustür Ihres Elternhauses aufzubrechen, und Sie waren zu schwach, um sich gegen sie zur Wehr zu setzen. Das Zugabteil, in dem Sie Ihre roten Schuhe liegengelassen haben. Der Keller, in dem Sie sich mit Klebeband gefesselt und geknebelt sahen. Der herrliche Garten auf der anderen Seite des Monds, wo niemand verletzt oder Schaden zugefügt wird, ein Ort, an dem ein Teil von Ihnen jetzt leben könnte.

Der Traum, den Sie auswählen, ist Ihr Tor zu einem Ort. Im Traum befanden Sie sich an einem bestimmten Ort und Sie können dorthin zurückkehren – genauso wie Sie im normalen Leben einen Ort wieder aufsuchen können, an dem Sie schon einmal waren, einen See im Wald oder das Haus Ihrer Großmutter, die Pyramiden in Ägypten oder das Café um die Ecke.

Auf Ihrer Reise zurück in den Traum werden Sie vielleicht feststellen, dass der Traumort noch viel größer und tiefer als in Ihrer Erinnerung ist. Wie detailliert und komplex unsere Traumschilderungen auch sein mögen, sie entsprechen nie dem gesamten Erlebnis des Originaltraums, in dem wir durch viele Traumebenen gereist sind. Bei der Rückkehr in Ihren Traum suchen Sie das weitere Umfeld dieser Traumerfahrung auf. Und das beschränkt sich nicht unbedingt auf den Inhalt des Originalfelds. Hinter dem ersten Raum, in den sich das Traumtor öffnet, liegen noch größere Räume, in denen die ersehnte Heilung und Seelenheilung zu finden sein könnten.

Absicht

Sobald Sie den Traum ausgewählt haben, den Sie zu Ihrem Portal machen wollen, sollten Sie sich zwei Schlüsselfragen stellen. Erstens: Was will ich unbedingt herausfinden? Es gibt vielleicht Geheimnisse, die Sie lüften müssen: zum Beispiel, wer hinter dem Vorhang steht oder was sich im Safe befindet.

Die zweite Frage lautet: was habe ich vor, wenn ich wieder im Traum bin? Diese Frage könnte Sie veranlassen, über Ihren Reiseplan nachzudenken. Werden Sie in den Zug steigen oder in den Gewölbekeller hinabsteigen, werden Sie durch den Nebel oder bis ans Ende des Tunnels gehen? Möglicherweise wollen Sie sich einen Reiseführer oder Verbündeten sichern, der im Originaltraum erschienen ist. Oder Sie möchten sich vielleicht im Traum mit einer verwundbaren Person – die Ihr eigenes jüngeres Selbst sein könnte – anfreunden und sie beschützen.

Über diese Fragen nachzudenken dient als Orientierungshilfe für Ihre bevorstehende Reise. Nun wollen Sie den Kompass einstellen. Wenn Ihr Grundanliegen darin besteht, Lebensenergie zurückzuholen und heil zu werden, dann sollten Sie einfach und unwiderruflich affirmieren: *Ich will das Mädchen mit dem Puppenhaus – oder den Jungen mit der Federkappe und dem Holzschwert – zurückbringen. Ich will mehr sein. Ich will mehr von mir. Ich will ganz sein.*

Der Treibstoff

Sie bereiten sich darauf vor, sich in einen Zustand des hellwachen, absichtlichen, plastischen Träumens zu versetzen. Dafür müssen Sie sicherstellen, dass Sie nicht gestört werden. Sie müssen das Telefon leise stellen und dafür sorgen, dass niemand zur Tür hereinkommt. Wie Sie feststellen werden, ist es einfacher, mit dem inneren Licht zu reisen, wenn man das äußere Licht ausschaltet. Ziehen Sie also die Vorhänge zu. Ich empfehle, die Augen zu verbinden oder sich eine Schlafbrille aufzusetzen.

Bringen Sie Ihren Körper in eine bequeme, entspannte Sitz- oder Liegeposition, was immer Sie bevorzugen. Doch falls Sie dazu neigen, bei geschlossenen Augen einzudösen, sollten Sie es sich nicht zu bequem machen. Bei dieser Reise geht es nicht darum einzuschlafen, sondern aufzuwachen. Sorgen Sie auch für eine angenehme Raumtemperatur.

Ein bisschen Atemarbeit kann hilfreich sein, um sich zu entspannen und sich auf den Traumraum zu konzentrieren. Eine einfache Übung funktioniert am besten. Zählen Sie beim Einatmen bis fünf, halten Sie den Atem an, während Sie wieder bis fünf zählen, und zählen Sie dann beim Ausatmen bis fünf. Und achten Sie darauf, alles herauszulassen. Die Wörter für Geist und Seele sind in vielen Sprachen mit den Begriffen für Atem oder Wind verwandt. Wenn Sie daher ein bisschen Zeit für bewusstes Atmen aufbringen, lassen sich Körper und Seele auf das Abenteuer der Seelenheilung vorbereiten.

Sie beabsichtigen, durch das Tor eines Traums zu gehen und so lange auf der anderen Seite zu bleiben, bis Sie Ihre Absichten umgesetzt haben. Dazu brauchen Sie Treibstoff und einen Fokus. Schamanen wenden für die Reise oft Klänge an – ein regelmäßiges Trommeln. Ich empfehle Ihnen, es auszuprobieren, wenn Sie zu Hause bewusst in Ihren Traum (zum Zweck der Seelenheilung) zurückkehren möchten. Bemerkenswerterweise hilft schamanisches Trommeln, den normalen kognitiven, rational geschulten westlichen Verstand, sich innerhalb von wenigen Minuten in eine andere Realität zu versetzen. Wie Wissenschaftler der Hirnforschung herausgefunden haben, wirkt sich schamanisches Trommeln in Form eines »Antriebs durch Klang« auf das Bewusstsein aus. Hierbei wird die Gehirnwellenfrequenz auf das Thetaband zu getrieben, das mit starken visuellen Bildern und dem hypnagogischen Zustand in Verbindung gebracht wird. Das ist eine interessante Information für den Skeptiker in Ihrer linken Hirnhälfte. Aber die Hauptsache ist: Schamanisches Trommeln funktioniert, wenn Sie das richtige Tor und die richtige Absicht haben.

Ich habe eine eigene CD mit schamanischen Trommelklängen produziert, die spezifisch für den bewussten Wiedereinstieg in den Traum aufgenommen wurde (siehe »Quellenverzeichnis« am Ende des Buchs). Sie schenkt Ihnen nicht nur Kraft für die Reise, sondern bringt Sie auch sicher zurück. Bei Reisen, die uns in die Tiefe gehen lassen, brauchen wir ein deutliches Rückrufsignal und etwas Extratrommeln, das es uns erleichtert, umzukehren, und anschließend ein stärkeres Rückrufsignal für eine sichere Rückkehr nach Hause.

An dieser Stelle muss ich gestehen, dass das Trommeln nur meine zweite Wahl an Treibstoff für die Reise ist. Mein Lieblingstreibstoff für den Traumflug ist ein Lied. Es ist die Art von Lied, die Schamanen ein Flügellied nennen. Am besten geeignet ist ein Lied, das Ihnen neu und unverbraucht zufliegt – vielleicht in einem Traum. Ich habe Lieder, die aus mir herausflossen, während ich mit der Inselfrau und den Ahnen träumte. Häufig summe ich sie oder singe die Silben (während ich die Wörter des Lieds meistens denke), wenn ich mich mit oder ohne Trommel auf die Traumreise begebe.

Auf dem Weg zu Ihren eigenen Liedern können Sie sich einen Song leihen, der die richtigen Erinnerungen in Ihnen weckt. Das kann ein Lied sein, das Sie an eine bestimmte Zeit in Ihrem Leben erinnert. Es kann auch ein Lied sein, das vom Reisen handelt – so wie beispielsweise »Fly Me to the Moon« – oder von einer Heimkehr.

SEELENHEILUNG DURCH DEN WIEDEREINSTIEG IN EINEN TRAUM

Wir wollen uns nun ein paar Geschichten ansehen, die davon handeln, wie die Seelenheilung durch die Rückkehr in den Traum erfolgte.

Der Großvater im Gewächshaus

Suzanne träumte, wieder in ihrem Elternhaus zu sein. Sie machte das Gartentor auf und ging zum Gewächshaus. Das Gewächshaus war von einem strahlenden Licht durchströmt. Sie schaute durch ein Fenster und sah ihren Großvater, der seit ihrer Kindheit tot war. Sie hatte ihren Opa sehr geliebt. Durch die Glasscheibe konnte sie sehen, dass ihr Großvater ein kleines Mädchen auf dem Arm hielt. Beide waren Lichtgestalten. Suzanne sehnte sich danach, bei ihnen zu sein, doch sie blieb nur eine Beobachterin, die sich die Nase an der Scheibe platt drückte.

Suzanne erwachte voller Freude – und dem Verlangen, mehr zu erfahren und zu tun. Sie vermutete, dass das kleine Mädchen auf Opas Arm sie selbst im Alter von sieben Jahren war. Sie war sieben, als ihr Großvater gestorben war, und hatte im späteren Leben oft das Gefühl, ihr würde ein Teil ihres kindlichen Selbst fehlen.

In einem meiner Workshops machte sie es sich zur Absicht, zurück zum Gewächshaus zu reisen und durch die Tür zu gehen. Sie wollte versuchen, mit ihrem Opa zu reden. Und vor allem wollte sie versuchen, die wundervolle Lichtenergie ihres siebenjährigen Selbst zurückzubringen.

Ihre Traumreise war höchst erfolgreich und sie fand dabei etwas Unerwartetes heraus. Ihr siebenjähriges Selbst war im Gewächshaus geblieben, weil es den Tod des geliebten Opas nicht verkraftet hatte und ihn nicht gehen lassen wollte. Anscheinend hatte der Großvater sich verpflichtet gefühlt, dazubleiben und sich um die kindliche Seele zu kümmern, bis ihr erwachsenes Selbst zurückkehrte, um sie zu holen. Mit leuchtenden Augen, die voller Liebe waren, beschrieb Suzanne das beglückende Gefühl, als ihr Opa sie bei ihrer Rückkehr in ihren Traum an den Händen nahm und ihre Hände dann um die kleinen Händchen ihres kindlichen Selbst legte. Sie umarmte den Großvater und konnte ihn endlich loslassen.

Sie spürte, wie das Licht ihrer zurückkehrenden Seele ihr ganzes Wesen durchströmte. Als sie von der Traumreise zurückkam, wollte das kleine Mädchen in ihr nach draußen laufen und spielen. Also gingen sie gemeinsam in den Garten, das Kind und die Erwachsene, in einem Körper vereint.

Licht und Nahrung für den Jungen auf der Insel

Matt träumte von einem Jungen, der sich auf einer einsamen Insel in einer Höhle versteckte. Der Junge hatte zwar eine alte Taschenlampe, doch die Batterie war leer. Die einzige Nahrung, die er noch übrig hatte, war verschimmeltes Obst, das er besser vergraben hätte. Der Junge glich einem Skelett aus Haut und Haaren. Er wollte nicht, dass ihm irgendeiner zu nahe kam.

Matt war als Junge von einem Onkel mehrere Jahre lang sexuell missbraucht worden. Früher hatte er sich immer tot gestellt, wenn sein Onkel in sein Zimmer gekommen war, um ihn zu missbrauchen. Er hatte sich tot gewünscht. Matt glaubte jetzt, dass ein Teil von ihm gestorben sei.

Nach einer Debatte über den Traum beschloss Matt, wieder in den Traum zurückzugehen, seinem jüngeren Selbst Vorräte und Proviant mitzubringen und sich mit ihm anzufreunden. Von Trommelklängen begleitet, stieg er wieder in den Traum ein und brachte frische Batterien für die Taschenlampe, eine warme Decke und ein paar der Lieblingsessen seiner Kindheit mit, um den Jungen aufzupäppeln. Er schob seine Geschenke durch die Höhlenöffnung und entfernte sich wieder. Er blieb vor der Höhle sitzen und wartete. Dann sah er, wie der Junge die Mitbringsel in die Höhle zog. Für den ersten Besuch reichte das.

Matt entschied sich nun, öfter frischen Proviant zur Höhle zu bringen. Er beschloss als zusätzlichen Aktionsplan, ein paar der Dinge, die er als Junge am liebsten gegessen hatte, in seinem regulären Leben zu essen. Eines Nachts träumte er, dass der Junge aus der Höhle kam und sich neben ihn auf den Boden setzte. Sein jüngeres Selbst wirkte jetzt gesund und kräftig. Ein riesengroßer prächtiger Vogel mit schillernd bunten Federn ließ sich vor ihnen nieder und nahm sie auf einen Flug mit.

Die schwarze Stute zurückholen

Ruth wuchs mit Pferden auf und hatte eine Heidenangst vor ihnen. Die Zuchtstuten auf der Pferdefarm ihrer Eltern hatten auf das kleine Kind wie bedrohliche Riesen gewirkt. Sie liefen ihrem kleinen Hund hinterher, der bei Ruth Schutz suchte, und sie hatte

Angst, von den Pferden niedergetrampelt zu werden. Sie wurde mehrmals von ihnen getreten und gebissen. Im späteren Leben behielt sie ihre Angst vor Pferden bei und hielt sich von ihnen fern.

Dann kam die Nacht, in der sie sich um eine rassige große schwarze Stute kümmern sollte – in einem Traum. Die Stute war mit königlichen Wappen auf der Seidendecke fürs Rennen oder etwas noch Größeres ausgestattet. Ruth ging links neben der Stute her und führte sie an einem Seil durch ein großes, lautes Einkaufszentrum. Das Pferd bekam Angst und scheute vor der Eingangstür zurück. Beim Versuch, das starke Tier unter Kontrolle zu halten, zerrte Ruth hart an der Kandare und zog es zu Boden. Jetzt war ihr elend zumute; sie hatte dem Pferd nicht wehtun wollen. Doch die Stute hatte so viel Kraft und war so nervös, dass Ruth nicht wusste, wie sie das Tier kontrollieren könnte.

Sie rief eine Freundin um Hilfe. Die Freundin kam und erklärte Ruth: »Sie hat Angst. Sie muss dir vertrauen können – sie muss wissen, dass du sie lieb hast und ihr helfen willst. Sie muss wissen, dass du aufpassen wirst, damit ihr nichts passiert.«

Nun tat Ruth alles in ihrer Macht stehende, um ihre Liebe auf das Pferd zu übertragen. Sie schmiegte ihren Kopf an den Pferdehals, und die Stute entspannte und beruhigte sich allmählich. Das Tier beugte den Kopf herunter, um gestreichelt zu werden, und stupste Ruth zärtlich mit der Nase an. *Ich kann also zu ihr vordringen, ohne ihr wehzutun,* dachte Ruth.

Sie wachte aufgewühlt und verwirrt aus dem Traum auf. Was hatte ihre Verantwortung für ein Pferd zu bedeuten? Ihr fiel ein früherer Traum ein, in dem sie erfahren hatte, dass ihr ein schwarzes Pferd gehörte, was sie jedoch in der Obhut anderer gelassen hatte. Was hatte nun *dieses* Pferd und die herrschaftlichen Abzeichen auf seiner Decke zu bedeuten?

Ruth beschloss, mit den folgenden Fragen wieder in den Traum einzusteigen. Es fiel ihr nicht schwer, zur Traumszene zurückzukehren, und sie fühlte sich dem Pferd sogar noch näher als vorher. Die Stute war riesig und hatte glänzendes Fell. Ruth umarmte ihren Hals und spürte ihren eigenen Herzschlag und den der Stute. Sie weinte vor Freude. Sie ritt auf dem Pferd, und schon bald hoben beide vom Boden ab und galoppierten über den Himmel.

Ruth betrachtete die geflochtene Mähne der Stute und ihre seidene Pferdedecke, die in großen bestickten Rechtecken über die Seiten hing. Es überraschte sie zu sehen, dass die Farben und Muster auf beiden Seiten verschieden waren. Auf der linken Hälfte war der Stoff ein dunkles Türkisblau. Darauf war ein grasgrünes Kreuz mit vier gleichen Längen in einem Kreis eingestickt. Der Stoff auf der rechten Seite war weiß und mit einer Schildkröte in einem roten Kreis bestickt.

Nun veränderte sich die Stute und wurde zu einer Frau mit einer glänzenden schwarzen Haarmähne und einer blauen Seidenrobe. Sie war von sehr großer und kerzengerader Statur. Die Frau reagierte nicht auf Ruths Fragen. Ruth erkannte die Hohe Priesterin in ihr und begriff in dem Augenblick, in dem sich beide musterten, dass sie innerlich nach weiteren Antworten suchen musste.

Auch nach ihrer Rückkehr von diesem Traum spürte Ruth die Kraftwirkung der Reise. Sie war sicher, sich einen Teil ihres Windpferds, ihrer Lebensenergie, wiedergeholt zu haben. Sie hatte einen freien Tag und dachte bei der Arbeit im Haushalt über den reichhaltigen und vielschichtigen Symbolismus des Traums nach, der durch den Wiedereinstieg noch verstärkt worden war. Die Zwillingsmuster auf der Seidendecke der Stute erinnerten an ihre »grasgrüne« keltische Ahnenschaft und den »roten Pfad« des Landes, auf dem sie lebte. Die schwarze Farbe deutete Geheimnisvolles, Leere, alle Möglichkeiten an. Wie Ruth sagte, hatte sie das Gefühl, sich nun besser zu kennen als eine »in einer langen Linie von Ahnen in der Vergangenheit und in der Zukunft, deren Gabe im Überschreiten der Ebenen der Mysterien liegt«.

Sie fuhr zum Kindergarten, um ihren kleinen Sohn abzuholen. Während sie auf ihn wartete, steckte sie die Hand in eine Kiste und entdeckte Pferde – und zwar keine gewöhnlichen Spielzeugpferde, sondern Pferde mit Flügeln und solche mit prächtigen Decken. Es war sozusagen ein bestätigendes Wiehern aus dem Universum.

Das Kind mit dem blauen Band nach Hause bringen

Marilyn träumte von einem schönen dreijährigen Mädchen, das sie ins Haus holen wollte. Das Kind hörte sie zwar rufen, doch es konnte nicht darauf reagieren, da es von einem blauen Band festgehalten wurde, das bis tief in die Erde reichte. Ohne es sehen zu können, wusste die Träumerin, dass am anderen Ende des Bands ein starker Mann war, der das Mädchen gegen seinen Willen festhielt.

Beim Aufwachen war Marilyn erst verwirrt, wer das Kind sein könnte. Es könnte sich zwar um ihre Tochter handeln, doch die Tochter war schon erwachsen. Beim Reflektieren wurde ihr bewusst, dass sie von ihrem eigenen kindlichen Selbst geträumt hatte. Diese Erkenntnis führte zu dem Entschluss, ihr verlorenes Kind nach Hause zu holen.

Nachdem Marilyn den Traum in einem meiner Workshops besprochen und von der Wiedereinstiegsmethode erfahren hatte, entschied sie sich, durch das Tor des erinnerten Traums zu reisen – um herauszufinden, was geschehen war, und um ihr dreijähriges Selbst nach Hause in ihren Körper und ihr jetziges Leben zu holen.

Sie hatte zwar ein bisschen Angst davor, doch die Tatsache, dass ihre Freunde in der Gruppe mitreisen würden – während ich trommelte – und ihre eigene spirituelle Führung und guten Absichten mitbringen würden, gab ihr Sicherheit.

Am Ende der Reise glänzten Marilyns Augen und ihr liefen Tränen über die Wangen. Wie sie uns berichtete, hatte sie das kleine Mädchen gefunden und es geschafft, das Kind aus seinen Fesseln zu lösen. Beim Versuch zu erkennen, was das Mädchen festgehalten hatte, sah sie Fotos von ihrem Großvater. Er war sehr streng gewesen und hatte darauf gepocht, dass Frauen in ihre Schranken verwiesen werden müssten. Während ich trommelte, hielt sie ihr kindliches Selbst fest und schaukelte es sanft. Sie versprach ihm, dass es in Sicherheit sei und das Leben Spaß machen würde, wenn es mit ihr in ihr Erwachsenenleben mitkäme. Als ich das Rückrufsignal trommelte, spürte sie, wie sie mit ihrem kindlichen Selbst auf den Schultern zurück zu ihrem Körper flog.

Ihr erster Schritt würde sein, die Dreijährige mit Dingen zu verwöhnen, die ihr gefallen würden – einem Stück Schokoladenkuchen und Erdbeeren, später etwas Zeit auf der Schaukel, der Rutschbahn und dem Klettergerüst des Spielplatzes in der Nähe. Außerdem schwor sie sich, nicht länger den Mund zu halten und von jetzt an Männern in Machtpositionen ihre Meinung zu sagen.

Mir sagte sie: »Ich habe das Gefühl, als wäre die Sonne in mein Herz zurückgekehrt.«

SPURENSUCHE

Wir müssen die Wege unserer Träume nicht allein beschreiten, und wenn wichtige Dinge passieren – so wie die Rückführung von Seelenanteilen und die Überwindung von Monstern und inneren Dämonen –, ist es gut, einen Freund und Helfer mitzunehmen.

Es erstaunt mich immer wieder, auch wenn es mich nicht länger überrascht, wie einfach es bei guter Zielsetzung und klarer Vorgehensweise für Partner ist, den Traumraum des anderen hellwach und bewusst zu betreten. In meinen Workshops fordere ich die Teilnehmer auf, sich mit einem oder mehreren Partnern zusammenzutun und sich mit einer ganz einfachen Vorgabe auf das geteilte Abenteuer vorzubereiten.

Als Erstes erzählt der Träumer seinen Traum so klar und einfach wie möglich mit dem Bewusstsein, dass er seine Helfer schon während des Berichts in seinen Traumraum hineinholt.

Als Nächstes stellt der Partner (ich bleibe jetzt beim Singular) Fragen, um die Traumszene abzuklären. Dies sind keine analytischen Fragen, sondern die Fragen eines Reisenden, wie zum Beispiel: Wie ist das Wetter? Was für eine Farbe hat das Haus?

Dann stellt der Partner dem Träumer drei wichtige Grundfragen als Vorbereitung auf die gemeinsame Reise. Die ersten beiden Fragen sind Ihnen schon bekannt:

- Was willst du herausfinden?
- Was hast du vor zu tun, sobald du dich wieder im Traumraum befindest?

Die dritte Frage lautet:

- Gestattest du mir, deinen Traumraum zu betreten und was soll ich für dich tun, wenn ich drinnen bin?

Um auf die dritte Frage näher einzugehen: Dem Fährtensucher (der Partner erhält jetzt einen Namen) kann beispielsweise aufgetragen werden, Eindrücke und Informationen aus seiner Perspektive mitzubringen oder einfach da zu sein. Doch möglicherweise möchte der Träumer, dass der Fährtensucher eine aktivere Rolle übernimmt, dass er zum Beispiel seine eigenen Krafttiere und spirituellen Verbündeten mitbringt.

Während der Reise an sich gehen Träumer und Fährtensucher durch das Portal des Traums als Start des vereinbarten Reiseplans. Am Ende der Reise sprechen sie über ihre Erfahrungen. An diesem Punkt besteht die Rolle des Fährtensuchers darin, dem Träumer zu helfen, seine Erlebnisse zu festigen und zu integrieren. Wenn eine Seelenheilung stattgefunden hat, kann das bedeuten, Kekse zu servieren oder Seifenblasen zu blasen oder mit dem Träumer einen Spaziergang in der Sonne zu machen. Wie bei jeder Übung des aktiven Träumens ist der Vorgang erst dann vollendet, wenn der Träumer einem Aktionsplan zugestimmt hat, den er realistisch in naher Zukunft umsetzen kann.

Ich stellte diese Methode des Wiedereinstiegs in einen Traum und der Fährtensuche einem internationalen Publikum vor, als ich 1994 als Workshopleiter zur Konferenz der Association for the Study of Dreams (Verband der Traumstudien) an der Universität von Leiden in Holland eingeladen wurde, die sich mit Traumstudien befasst. An die dreihundert Psychologen, Akademiker, Traumforscher und Traumbegeisterte drängten sich in einen Hörsaal, um zwei Stunden lang Traumerfahrungen der schamanischen Art zu machen. Ich erklärte ihnen, dass sie sich gegenseitig ihre Träume erzählen würden, Absichten setzen und in zwei Runden mit Trommeln gemeinsam in ihre Träume reisen würden. Die Sitzung schien erfolgreich zu verlaufen. Gleich anschließend kamen zwei Mitarbeiter des Sigmund-Freud-Instituts in Frankfurt auf dem Unigelände angerannt.

»*Schamane, Schamane!*«, riefen sie mir hinterher. »Sie müssen uns unbedingt sagen, wie Sie das gemacht haben!«

»Was denn?«

»Sie haben uns an denselben Ort versetzt. Er hat mir Einzelheiten aus meinem Traum erzählt, die ich ihm nicht verraten hatte«, erzählte der eine. »Und dann sind wir gemeinsam über den Traum hinausgegangen. Wir waren zusammen da.«

Ich erklärte ihnen freundlich, dass ich nichts getan hatte, außer ihnen zu sagen, dass ein gemeinsames bewusstes Traumerlebnis möglich ist, und außer ihnen eine einfache Vorgabe mit klaren Richtlinien zu geben – und natürlich mit der Zaubertechnik der schamanischen Trommel.

Wenn im Körper ein Krieg wütet

Hier ist ein Beispiel dafür, wie der Träumer und der Fährtensucher zusammenarbeiten können, wenn sie gemeinsam in einen Traum gehen. In diesem Fall war es, um Informationen für die körperliche Heilung zu sammeln. In einem meiner Workshops teilte eine Frau, die ich Lois nenne, einen Traum mit uns. Sie nannte ihn »Krieg«. Sie erzählte ihn aufgeregt und stark beunruhigt.

Ich schiebe mit sechs Frauen in grüner Uniform Patrouille. Wir alle fahren Motorrad. Die Sterne am Himmel wirken ganz nahe. Ich will sie nicht ansehen. Anfangs weiß ich nicht, wo wir sind. Dann wird mir klar, dass wir uns in der Nähe meiner Heimatstadt befinden. Feindliche Raketen nähern sich uns. Unsere Leute schießen Raketen ab, um sie aufzuhalten, doch sie zielen dauernd daneben. Immer wieder schreie ich, um sie zu warnen, dass sie die Ziele verfehlen, aber sie können oder wollen mich nicht hören. Eine feindliche Rakete schlägt direkt in meinen Geburtsort ein, und ich weiß, dass er ausgelöscht worden ist.

Lois verband diesen Traum mit einer Serie von »Ende-der-Welt-Träumen«, die sie geträumt hatte, doch dieser Traum machte ihr am meisten Angst. Was sie uns nicht sagte war, dass sie Medikamente einnahm und sich wegen der ärztlichen Behandlung Sorgen machte. Das kam erst am Ende des Prozesses heraus, und wir fragten sie nicht nach Einzelheiten.

Nach einigem Zögern erklärte sich Lois bereit, mit der Unterstützung durch schamanisches Trommeln noch einmal in ihren Traum einzusteigen und die ganze Gruppe einzuladen, sie als Spurensucher und Beschützer in ihren Traumraum zu begleiten. Sie beabsichtigte, den »Traum zu heilen«, indem sie die feindlichen Raketen von ihrem Ziel abhalten wollte. Dies schaffte sie zwar nicht, doch sie machte mehrere interessante Beobachtungen: Sie entdeckte Traumstädte voller »rosa Häuser«, die sie vorher übersehen hatte oder an die sie sich nicht mehr erinnern konnte. Wieder waren die Sterne bedrohlich nahe und wieder wollte sie nicht hinsehen.

Ich bat im Traum um die Hilfe eines Geistführers, um herauszufinden, ob es im Traum ein echtes Element von Krieg oder Terrorismus gab. Wie sofort klar wurde, gab es kein solches Element. In der Traumlandschaft suchte ich die grün gekleideten Frauen und fand heraus, dass sie in der Uniform von Krankenschwestern gekleidet waren – es waren Spezialisten der alternativen Medizin, die helfen konnten, den herkömmlichen medizinischen Ansatz zu mildern. Später erschien der Bär und hüllte Lois in Heilenergie ein.

Wie mir klar wurde, war die gesamte Traumlandschaft der Körper der Träumerin; der ganze Traum spielte sich in ihrem Körper ab. Die unheimlichen Sterne waren Krebszellen, die drohten, Metastasen zu bilden. Die »rosa Häuser«, die sie sah, waren ihre Körperzellen. Die abgefeuerten Abwehrraketen waren die Versuche ihrer Ärzte, ihre Krankheit mit der richtigen Mischung an Chemikalien zu behandeln. Die verfehlten Ziele spiegelten die Gefahr wieder, dass die ärztliche Behandlung ihr Ziel verfehlen könnte.

Ich versuchte den »Traum zu heilen«, indem ich Schutzwälle errichtete. Ich sorgte dafür, dass die Rakete, die auf ihren Geburtsort abgeschossen worden war, umgeleitet wurde und stattdessen im Fluss landete, von wo aus sie ins Meer hinausgeschwemmt wurde. Ich hatte das starke Gefühl, dass Lois mit ihren Traumbildern auf eine Heilung hinwirken könnte, ja, dass es sogar möglich sein könnte, das Muster der Sterne umzuformen.

Ich teilte ihr meine Erkenntnisse vorsichtig mit, um keine negativen Bilder oder Szenarien zu projizieren. Meine Kommentare begann ich mit der Bemerkung »In meinem Traum von deinem Traum«. Lois nahm das, was ich ihr brachte, rasch und dankbar an. Wie sie uns auf Anhieb bestätigte, bestand die reale Gefahr, dass das, was ihre Ärzte taten – oder versuchen könnten –, sein Ziel verfehlen würde. Sie beschloss, die Warnung des Traums als Ratschlag anzunehmen und sich Hilfe bei den »Kriegerkrankenschwestern« zu holen.

Diese Übung zum Wiedereinstieg in den Traum und die Spurensuche zeigte deutlich die Notwendigkeit herauszufinden, ob das Schlachtfeld in unseren Träumen in der Außenwelt oder der Innenwelt ist – vielleicht in der Welt unseres Körpers. Denn Träume sprechen auf vielen Ebenen zu uns und derselbe Traum kann sich auf alle Ebenen beziehen.

***

Lassen Sie uns nun ein paar Fälle untersuchen, bei denen Spurensucher den Träumer unterstützen konnten, indem sie seinen Traum noch einmal aufgesucht haben.

Fertig mit dem alten Ort, sobald die Sechsjährige gerettet ist

Wilma, eine bedrückt wirkende ältere Frau, kam in einen meiner Workshops. Als ich die Gruppe anwies, während einer Trommelsitzung die Gefühle – und Erinnerungen und inneren Bilder – im Körper, Kopf und Herzen näher zu untersuchen, fand Wilma »alte Melodien« im Kopf und eine beängstigende »wirbelnde Dunkelheit« mitten im Herzen.

Ich bat sie, uns einen Traum zu erzählen. Sie berichtete von einem Traum, den sie immer wieder gehabt hatte. Im Traum befand sie sich wieder in dem Haus auf dem Land, in dem sie aufgewachsen war. Mit jedem Mal, wenn sie wieder an diesen Ort zurückkehrte, wirkte er heruntergekommener als vorher. Der Garten hatte sich in einen Dschungel verwandelt, die Farbe blätterte ab, das

Innere des Hauses war schäbig und roch moderig. Der einzige schöne Anblick war die riesengroße Eiche vor dem Haus. In jedem Traum fiel ihr an einem bestimmten Punkt ein, dass das Elternhaus vor langer Zeit verkauft worden war. Der Ort wirkte verlassen. Jedes Mal, wenn sie aus einem dieser Träume aufwachte, fühlte sie sich »ausgelaugt«. Sie wollte unbedingt, dass die Traumserie aufhörte; sie wollte nie mehr an diesen traurigen und immer schäbigeren Ort zurückkehren müssen.

Ich fragte sie, ob sie das Gefühl habe, als würde sich ein Kind an diesem Ort aufhalten und vielleicht sogar verstecken.

Das traf einen Nerv.

Ich sagte ihr, wenn es mein Traum wäre, würde ich gern noch einmal zurückkehren, um zu sehen, ob sich ein Kind dort versteckte, ein Teil von mir, der nach Hause in meinen Körper geholt werden sollte. Ich erwähnte, dass – auch wenn die zerfallende Umgebung vieles bedeuten könnte (darunter auch den tatsächlichen jetzigen Zustand des Grundstücks oder ein Sinnbild für einen alternden Körper) – ich das starke Gefühl hatte, als würde es sich hierbei um ein zerfallendes seelisches Umfeld handeln, um einen Ort, an dem sich ein Teil der Träumerin womöglich schon lange aufgehalten hatte, der jedoch unbewohnbar geworden war. Ich erwähnte den Film *Tiefe der Sehnsucht,* in dem die von Demi Moore gespielte Protagonistin in zwei Realitäten gleichzeitig lebt und herausfindet, dass eine von ihnen weniger »real« ist, als die Realität anfängt zu zerbröckeln. Wilma nickte eifrig. Sie kannte den Film und schien genau zu wissen, was ich meinte.

Wir beschlossen, dass sie mit meiner aktiven Hilfe und der Unterstützung einer kleinen Familie an Träumern noch einmal in den Traum zurückkehren und dort nach einem kindlichen Selbst suchen würde.

Ich sah ihr sechsjähriges Selbst, das sich vor ihr versteckte. Es traute ihrem erwachsenen Selbst nicht über den Weg und wollte auch nicht mit Wilma mitgehen. Ich zeigte dem kleinen Mädchen ein klaffendes Loch an der Stelle, an der das Elternhaus eingestürzt war. Dann holte ich Hilfe, die der Kleinen die Sicherheit geben sollte, die sie brauchte. Als ein Hirsch mit Geweih auftauchte, der schon für die Reise gesattelt war, änderte das Kind seine Meinung. Es freute sich riesig über den Hirsch; er schien ein alter Bekannter zu sein.

Ich war nicht sicher, wie ich Wilmas vollständige Seelenheilung bewerkstelligen würde. Dann kam mir folgende Idee: Wenn Wilma ein Geweih wachsen würde, könnte ihr kindliches Selbst vielleicht neues Vertrauen in sie fassen. Daher stellte ich mir ein imaginäres Hirschgeweih auf dem Kopf der Erwachsenen vor. Von ihrem Hochsitz aus sah die Sechsjährige das Geweih als eine Wiege an, die sie willkommen hieß. Ihre Energie strömte wie flüssiges Gold durch die Kanäle des spirituellen Geweihs bis in Wilmas Herz.

Ich sah alle Gebäude des alten Hauses in die Erde stürzen. An seiner Stelle wuchs ein prächtiger Apfelgarten mit Zweigen, die sich wie Geweih verästelten.

Als Wilma von der Reise zurückkam, strahlte sie. »Es ist passiert!«, rief sie aus. »Ich habe gesehen, wie das alte Haus eingestürzt ist. Ich bin einer Mädchenversion von mir begegnet, und sie kam durch meinen Kopf bis in mein Herz hinein. Und ich trug eine Krone aus Licht.«

Ich erkannte die Wahrheit in ihren leuchtenden Augen.

Das Kind von der Zauberinsel

In ihrem ursprünglichen Traum folgte Monica einer Spur aus türkisfarbenen Pfeilspitzen; eine davon war in Silber gefasst. Die Pfeilspitzen führten sie hinter einer Reihe von Menschen und Orten, die in ihrem jetzigen Leben sind, an eine ganz andere Szene.

Sie befand sich nun auf einer bewaldeten Insel und schaute in eine Hütte, in der Eingeborene ein zehnjähriges Mädchen zur Schamanin erzogen. Staunend erkannte sie das Mädchen als ihr zehnjähriges Selbst wieder.

Die Bedeutung des Traums wurde noch unterstrichen, als Monica später in einem Schmuckladen eine in Silber gefasste türkisfarbene Pfeilspitze entdeckte. Sie erinnerte sich daran, dass ihre Mutter verschwunden war, als Monica zehn Jahre alt gewesen war. Die Vorstellung, dass die zehnjährige Monica zwanzig Jahre lang an einem anderen Ort gelebt hatte, von Traumleuten beschützt und gefördert, faszinierte sie.

Sie konnte es kaum erwarten, wieder in den Traum einzusteigen und zu versuchen, mithilfe der gelernten Magie ihr zehnjähriges Selbst zurückzuholen. Sie wünschte die aktive Unterstützung von Spurensuchern und war einverstanden, dass wir, die sie begleiteten, unsere Tiergeister mitbrachten. Bevor ich mit dem Trommeln begann, machte die Bärin mir unmissverständlich klar, dass sie beim Heilprozess eine Hauptrolle spielen möchte.

Diese Seelenheilung sollte keine einfache werden.

Das magische Kind wollte nicht am Körper und Leben der erwachsenen Träumerin teilhaben. Das Kind wollte sich nicht an den Schmerz und die Scham in der Vergangenheit erinnern, die einsetzten, als die Mutter der Träumerin sie als Zehnjährige verlassen hatte.

Es war die mütterliche und heilende Präsenz der Bärin – in diesem Fall eine große weiße Bärenmutter –, die die Seelenheilung möglich machte. Während der Seelenheilungsreise griff Mutter Bär ein. Sie behielt die erwachsene Träumerin und die Zehnjährige so lange auf ihrem Schoß, bis sich die beiden nicht mehr voneinander trennen konnten. Hinterher brauchte die Träumerin die Fürsorge der Gruppe, um ihr kindliches Selbst zu beruhigen und zu trösten, um die wilde Energie des Bärengeists, die jetzt in ihrem Körper steckte, zu festigen und um einen Weg der Integration zu eröffnen.

SEELENHEILUNG DURCH DAS PORTAL EINES ALTEN TRAUMS

Oft ermutige ich Menschen, die nicht zu träumen scheinen, in ihrem Gedächtnis zu kramen und mir den letzten Traum zu erzählen, an den sie sich noch erinnern können. Das kann zu hochinteressanten Ergebnissen führen.

»Ich weiß gar nicht, was ich hier eigentlich will«, erklärte Eva zu Anfang eines meiner Workshops in Frankreich. »Ich bin keine Träumerin. Ich kann mich an keinen einzigen Traum seit meinem siebten Lebensjahr erinnern.«

Ich deutete vorsichtig an, dass sich dieser Zustand inmitten der freigesetzten Energien eines Kreises aus aktiven Träumern wahrscheinlich ändern wird. Auch sagte ich ihr, dass ein »alter« Traum, der immer noch starke Emotionen auslöst, sich als Tor zu einem Erlebnis des schamanischen luziden Träumens eignet und zu sehr interessanten Ergebnissen führen kann. Ich fragte sie, ob sie uns den letzten Traum, an den sie sich noch erinnern konnte und den sie mit sieben Jahren gehabt hatte, erzählen wolle.

Sie war bereit, ihn in einer kleinen Gruppe vorzutragen, zu der ich mich beigesellte. Als Siebenjährige hatte sie von einer Hand geträumt, die hinter einem Vorhang hervorkam und ihr Schokolade anbot. Obwohl sie Schokolade liebte, machte ihr die körperlose Hand schreckliche Angst. Sie wachte schreiend auf. Ihre Eltern taten das, was Erwachsene aus reiner Unwissenheit so oft tun: Sie sagten ihr, sie solle den Traum einfach vergessen – »das hast du nur geträumt« – und weiterschlafen.

Sie konnte den Traum aber nicht vergessen. Daher betete sie (als braves katholisch erzogenes Mädchen) zu Maria und Jesus und allen Heiligen darum, nie mehr zu träumen. Offensichtlich wurden ihre Gebete erhört.

Nun erklärte sich Eva mutig dazu bereit, mit einer festen und klaren Absicht noch einmal in den »alten« Traum zurückzugehen: Sie wollte den Vorhang wegziehen und sehen, wer dahinter war. Ihre Spurensucher, darunter auch ich, würden während einer Trommelsitzung als Wegbegleiter und im Falle einer unangenehmen Begegnung auch als Bodyguards mit ihr gehen.

Unsere Dienste als Bodyguards wurden nicht gebraucht. Als das Trommeln verstummte, war Eva erstaunt und begeistert. Sie berichtete, sie sei hinter den Vorhang gegangen. Dort war sie auf ein Wesen aus strahlend hellem Licht gestoßen. Zuerst hatte sie es für einen Engel gehalten. Doch als sich ihre Augen an die Helligkeit gewöhnt hatten, stellte sie fest, dass sie die Gestalt kannte. Die Person, die ihr Schokolade angeboten hatte, war ein Mann, den sie in ihrer frühen Kindheit wie einen Vater geliebt hatte. Er war ein guter Freund ihres Vaters gewesen. Doch im Gegensatz zu ihrem eigenen Vater, der nie liebevoll gewesen war und meistens auch kein Interesse an ihr gezeigt hatte, hatte der Freund der Familie ihr Geschichten erzählt. Viele dieser Geschichten drehten sich um die Figuren und Gegenstände in seinem Spielzeugladen.

Er entschuldigte sich bei ihr dafür, sie in dem Traum vor vielen Jahren so erschreckt zu haben. Kurz vor dem Traum war er bei einem Autounfall ums Leben gekommen. Sein Gesicht war durch den Unfall völlig entstellt worden und er hatte die kleine Eva nicht durch seinen Anblick erschrecken wollen. Deshalb hatte er sein Gesicht in den Vorhang eingehüllt.

Ich sagte zu Eva: »Jetzt bist du wieder eine Träumerin. Ich wette, du wirst heute Nacht einiges zusammenträumen.«

Am nächsten Morgen verkündete sie beim Frühstück glücklich: »Meine Träume rasten die ganze Nacht wie ein TGV.« Ein TGV ist ein *train à grande vitesse,* ein Schnellzug. »Und bei jedem Traum, der durch mich hindurchraste«, sprudelte sie, »hatte ich das Gefühl, als würde ich einen wichtigen Teil von mir zurückbekommen, etwas, das ich bisher zurückgelassen hatte.«

***

Jeder Traum – selbst wenn er schon dreißig Jahre her ist – kann den Königsweg zur Ganzheit und Seelenheilung freilegen. Und es gibt noch andere Seelentore, die im kollektiven Träumen aller unserer Ahnen bekannt sind. Jetzt werden wir lernen, wie man sie öffnet.

6. Der Seelenbaum

Baum an meinem Fenster,
Fensterbaum du.
Mein Fenster ist verschlossen, wenn es Nacht wird.
Aber ziehe den Vorhang zwischen dir und mir nie zu.

– Robert Frost, »Tree at my Window«

Wir können uns nicht verlaufen, wenn wir zur Wurzel einer Sache vordringen, zur Wurzel eines Baums. Indem Sie den richtigen Baum finden – einen Baum, den Sie kennen und der auch Sie kennt –, können Sie sich wieder mit der Seele der Natur verbinden. Dann finden Sie Bodenhaftung auf dieser Welt für die Seele und eine schamanische Leiter, um zwischen den Welten zu reisen.

Einmal zog ich wegen einem Baum aufs Land. Es war eine alte Eiche hinter dem Haus, die einen Blitzschlag überlebt hatte. Ich kannte sie als Hüterin des Landes und weise Ahnin. Wenn ich bei der Eiche saß, bekam ich Eindrücke von allen Jahreszeiten, in denen sie gelebt hatte. Wenn ich auf dem Farmweg auf sie zuging, spürte ich manchmal, wie sie mich still begrüßte. Manchmal betrachtete ich den Mond, der aus ihren Ästen heraus über die Hügel stieg. Die Eiche wurde ein Baum meiner Träume und ein Portal für die Vorfahren. Der Baum, der tief im Boden verwurzelt war, verband mich auch mit den Traditionen der Eichen-Seher meiner Blutsverwandten in der Alten Welt, »mit den grauen, mit Holz genährten Druiden mit den stillen Augen« (wie Yeats es besungen hat), der heiligen Eiche von Dodona, wo die Griechen im Knarren und Rascheln der Äste die Stimme eines Gottes hörten. Als mir die Kälte nach dem ersten Schnee in den Augen brannte, sah ich, dass die Eiche immer noch an ihren Blättern festhielt, die länger waren als die aller Laubbäume auf diesem Land. Eichen halten an Dingen fest.

Als ich an der Bucht von Riga in Lettland einen Workshop gab, hatten wir eine wunderbare Folkloresängerin in unserem Kreis. Sie kannte viele *dainas,* traditionelle Folklorelieder, die die Sonne, das Meer, Erde und Stein feiern. Ich bat sie, unsere Sitzung mit einem Lied über die Eiche zu eröffnen:

Auf einem Feld fand ich
einen hohen Eichenbaum des Geistes.
Seine Füße reichen bis in die Erde hinein,
seine Hände berühren den Himmel.

Eichenbaum, oh Eichenbaum,
wie breit du doch bist!
Die Bienen fliegen drei Tage lang
und umkreisen dich dennoch nicht.

Der große Sturm prahlte:
»Ich zerbreche die Eiche!«
Bleibe stark, oh Eichenbaum,
aber lass den Wind deine Äste schütteln.

Im letzten Vers lehrt uns das Lied von der Eiche, in einem Sturm ein bisschen nachzugeben, um nicht zu zerbrechen. Das ist eine der Lehren der Bäume.

Eine gute Zeit mit einem Baum zu verbringen, der uns willkommen heißt, ist eine großartige Methode, um unsere Verbundenheit zur Seele der Natur zu kitten und zu erneuern. Bäume haben als Individuen und als Baumarten Persönlichkeiten. Manchmal stellen wir fest, dass sie noch eine zweite Persönlichkeit haben, die ursprünglich kein Baum war, sondern ein Geist aus einer anderen artverwandten Spezies. Vor dem Farmhaus, das ich wegen der weißen Eiche kaufte, stand ein großer Ahornbaum. Das Muster seiner Rinde an der Stelle, an der sich sein dicker Stamm teilte, hatte starke Ähnlichkeit mit einem alten Indianerschamanen mit wilder grauer Mähne und hochgewachsenem, verkrüppeltem Körper. Wie ich später herausfand, gibt es in den indianischen Überlieferungen aus dem Nordosten Amerikas Legenden über Schamanen, die mit einem ihrer Seelenkörper nach dem physikalischen Tod in Bäume eingezogen sind.

Auf der Südseite der Farm stand ein alter Apfelbaum, der zwar keine Früchte mehr trug, dem aber im Frühjahr immer noch ein paar Blätter wuchsen und der ein paar Zweige abwarf, die ich im Holzofen des Wohnzimmers verbrannte. Der süße Duft von Äpfeln, Kiefer, Fichte und Hickory bot eine Art Geruchsportal, und ich glitt in ein luzides Träumen von Ahnen, für die ein Apfelzweig der Reisepass zwischen den Welten gewesen war. Und nördlich vom Haus stand noch ein großer alter Baum, ein Hickorybaum mit rauer Rinde, der seine Zweige und Blätter so großzügig abstreifte wie das Reh sein Geweih. Ich fand oft Geweihe in der Aushöhlung vor dem Hickorybaum. Die Hirsche der großen Herden, die in unseren Wäldern lebten, in denen nicht gejagt werden durfte, legten sie dort ab.

Welche Bäume rufen Sie auf Spaziergängen in der Natur oder in Träumen oder Ihrer Erinnerung? Jeder Baum kann Ihr Seelenbaum sein, und er kann auch Ihr einziger Baum sein, der Einbaum, der die drei Welten des schamanischen Kosmos miteinander verbindet und Ihre Leiter zwischen den Welten werden kann.

Zu Beginn der meisten meiner in die Tiefe gehenden Workshops leite ich eine stehende Meditation. Dabei findet jeder im Kreis das Bild eines besonderen Baums und lässt seinen Körper die Form dieses Baums annehmen, so wie er in der Erde verwurzelt ist, sich zwischen Himmel und Erde erhebt und vom Feuer der Sonne nährt. Wir schaukeln dann unseren Körper im Stehen, so wie ein Baum in einer starken Brise schaukelt und ein bisschen nachgibt, um nicht zu zerbrechen. Wir sehen, wie sich die Jahreszeiten um uns herum verändern. Wir fühlen, wie es ist, wenn ein Eichhörnchen unseren Stamm hinaufrennt oder wenn Vögel in unserem Haar ihre Nester bauen. Während die Meditation tiefer geht, spüren wir, wie unsere Wurzeln sich tief in die Erde graben und sich weit ausbreiten. Wir fühlen mit unseren inneren Sinnen, wie wir uns auf diese Weise fortbewegen können, um uns mit den tierischen Kräften und dem

Geist der Ahnen zu verbinden und um Segen und Heilung im Reich der großen Erdmutter zu erhalten.

Dann lassen wir unser Bewusstsein zu den hohen Ästen aufsteigen. Wir stellen uns vor, dass wir hoch oben wie ein Vogel auf einem Ast thronen oder wie ein glückliches Kind in einem Baumhaus hocken und von dieser hervorragenden Perspektive aus alle Himmelsrichtungen überblicken. Wir stellen uns vor, dass wir jetzt zu einem Menschen oder an einen Ort in der Ferne fliegen können, und manchmal sind wir auch so blitzschnell wie ein Gedanke dort. Wie wir feststellen, können wir von unserem Platz hoch oben in den Ästen aus nicht nur jede Entfernung im Weltall überblicken. Wir können auch die Zeit überbrücken und in die potenzielle Zukunft reisen, um zu sehen, was vor uns und anderen liegt. Darin waren Baum-Seher schon immer gut.

Jetzt klettern wir noch höher hinauf in die Welt des Baums. Wir fühlen, wie wir bis ins Dach aufsteigen, bis in den Baumwipfel und noch höher und höher, bis sich der Himmel öffnet und wir uns auf der ersten der vielen Ebenen der Oberen Welt wiederfinden. Wir sind nun auf dem Weg, die Verbindungen zu unseren echten spirituellen Meistern aufzubauen oder zu erneuern. Diese können viele Formen annehmen und »Kontakt-Bilder« verwenden, die unserer persönlichen Ebene des Verstehens angepasst sind. Hinter allen Formen der Führung auf diesen Ebenen gibt es eine, die uns nie enttäuscht und die immer darauf wartet, dass wir wieder Verbindung zu ihr aufnehmen: Die Seele der Seele (wie die Sufis es so schön ausdrücken), der Steuermann des Herzens, das Höhere oder Größere Selbst.

Ihr Seelenbaum kann Ihr Tor zu all diesen Ebenen der Abenteuer, Entdeckungen und Verbindungen sein.

ÜBUNG

Das Baumtor öffnen

Wir werden nun Ihre Verbindung zu Ihrem eigenen Seelenbaum vertiefen. Unabhängig davon, ob Sie die folgende Übung an einem

Ort in der Natur machen – vielleicht direkt unter Ihrem spezifischen Baum – oder in einer ruhigen Stunde zu Hause, werden Sie dadurch einen Kraftplatz in der Fantasie erschaffen. Hierher können Sie immer kommen, wenn Sie Ihr inneres Gleichgewicht, Ihre Wurzeln und Ihre Verbundenheit zu den Ahnen, den Tiergeistern und den Lehrmeistern (des Lebens) auf einer höheren Ebene spüren wollen. Sie können diesen Ort auch aufsuchen, um Ihre Fähigkeit weiterzuentwickeln, über Zeit und Raum hinweg zu sehen. Sie können ihn auch als Sprungbrett für Fantasiereisen an viele interessante Plätze nehmen. Es ist ein Ort, an dem Sie mehr von Ihrer Seele finden und verkörpern können.

Diese Übung eignet sich hervorragend dazu, Ihren Energielevel anzuheben. Nach dem Lesen der Anweisungen sollten Sie vielleicht aufstehen, um die Meditation zu verkörpern, möglicherweise draußen in der Natur. Wenn Sie das Glück haben, neben dem Baum zu wohnen, den Sie sich als Ihr Traumtor ausgesucht haben, können Sie die Übung unter dem Baum sitzend oder stehend machen.

Stellen Sie sich nun einen Baum vor, den Sie kennen – ein Baum, der Sie kennt. Das kann ein Baum in Ihrem Garten oder im Park sein, es kann auch ein Baum sein, an den Sie sich aus Ihrer Kindheit erinnern, oder ein Baum auf der anderen Seite der Welt. Es kann jeder Baum sein. Wichtig ist, dass es ein Baum sein sollte, den Sie deutlich vor Augen haben.

Rufen Sie den Baum in Ihrem Gedächtnis ab, und auch die Stelle, an der der Baum steht. Wenden Sie alle Sinne an, um die Szene lebendig werden zu lassen. Ist es hier warm oder kühl? Trocken oder feucht? Welche Geräusche hören Sie an dem Ort, an dem der Baum steht? Kommt Ihnen ein Geschmack in den Sinn?

Fühlen Sie, wie Sie ganz dicht am Baum stehen oder sitzen. Sehen Sie, wie seine Wurzeln in die Erde hinunterreichen. Betrachten Sie, was um die Wurzeln herum ist.

Stehen Sie nun für einen Augenblick auf. Ziehen Sie, wenn möglich, die Schuhe aus und stellen Sie sich vor, dass Sie wie Ihr Baum an der Stelle stehen, an der der Baum steht.

Fühlen Sie Ihre Wurzeln, die sich wie die Baumwurzeln tief in die Erde eingraben und dort ausbreiten. Spüren Sie die Wärme und Feuchtigkeit der Erde. Fühlen Sie beim Einatmen die Kraft der Erde, die durch Ihre Fußsohlen aufsteigt und in Ihnen fließt und wirkt. Lassen Sie die Erdkraft durch den ganzen Körper strömen, bis sie die Krone des Kopfes erreicht hat.

Spüren Sie diese Energie über Ihnen aufsteigen und sich wie die Äste und die Krone Ihres Baums verzweigen.

Sie stehen nun wie ein Baum da, in der Erde verwurzelt und zentriert, und erheben sich zwischen Himmel und Erde. Richten Sie Ihr Bewusstsein nach oben auf das Licht. Fühlen Sie, wie das Licht durch Ihre Baumkrone auf Sie hinabfließt. Ihr Baum lebt vom Sonnenlicht. Fühlen Sie, wie Sie sich vom Licht ernähren, wie Sie das Licht trinken. Lassen Sie das Licht durch Ihren Baumstamm fließen. Lassen Sie das Licht durch Ihren ganzen Körper strömen.

Entspannen Sie sich jetzt und fühlen Sie sich völlig eins mit Ihrem Baum. Lassen Sie sich in den tiefen Traum des Holzkerns fallen.

Stellen Sie sich vor, wie Sie durch die Wurzeln Ihres Baums – oder auch durch ein Tor, das sich zwischen seinen Wurzeln öffnet – hinabsteigen und tief hinunter in die Erde reisen, in eine Welt unter der Welt der Oberfläche. Vielleicht erleben Sie, dass Sie durch einen Tunnel gehen und in einer anderen Landschaft herauskommen. Dort könnte ein tierischer Freund auf Sie warten, ein Verbündeter, der Sie auf Ihrer jetzigen Reise und weiteren Lebensreisen unterstützt. Vielleicht können Sie auch in einen Raum der Heilung tief unten im freigiebigen Körper der Erde gelangen. Und womöglich finden Sie ein Portal zu den Ahnen und ihrer Weisheit.

Lassen Sie nun Ihr Bewusstsein sanft durch den Baumstamm aufsteigen, bis Sie auf den obersten Ästen schweben. Sie könnten hier oben einen Ort der Visionen finden, von dem aus Sie bis in die weite Ferne sehen können. Das kann eine einfache Spalte in den Ästen oder auch ein Vogelnest sein, eine Aussichtsplattform oder ein Baumhaus. Auch wenn Sie sich hoch oben befinden, sind Sie hier in Sicherheit. Von hier aus können Sie über Zeit und Raum hinwegblicken und Dinge sehen, die möglicherweise in der Zukunft oder jetzt in der Ferne geschehen. Sie haben den Ort des Baum-Sehers gefunden.

Schauen Sie einen Augenblick noch höher hinauf. Fühlen Sie, wie Sie sich durch das Blätterdach Ihres Baums aufschwingen wie ein Vogel. Indem Sie von Ihrem Baum aus in die Höhe steigen, können Sie vielleicht höhere Ebenen erreichen und einem höheren Geistführer Ihres Lebens begegnen.

Lassen Sie Ihren gesamten Körper die Formen des Baums einnehmen. Spreizen Sie Arme und Finger, um die Formen der Äste und Zweige nachzubilden. Spüren Sie Ihren Körper im starken Wind ein bisschen nachgeben. Fühlen Sie, wie Sie mit den Jahreszeiten gehen.

Halten Sie im Geist und im Körper am Bild Ihres Baumes fest. Wenn Sie wirklich Ihren Baum gefunden haben und sein Bild in Ihnen lebt, sind Sie schon fast zu Hause angekommen – tief unten in der Welt der altertümlichen Träumer. Sie können den Baum nutzen, um sich auf bewussten Reisen durch die drei Ebenen des schamanischen Universums zu bewegen – der Unteren Welt, der Mittleren Welt und der Oberen Welt.

Sie können an jedem beliebigen Tag zu Ihrem Seelenbaum gehen, um Ihren Energielevel anzuheben und mitten in den Dingen, die das Leben Ihnen serviert, das Gleichgewicht und die Bodenhaftung zu bewahren.

DAS MÄDCHEN AUS DEM HOLZAPFELBAUM

Sie können auch Ihren Seelenbaum aufsuchen, um andere Teile Ihrer selbst zu finden. Genau das tat Terri, als sie zu einem bescheidenen Holzapfelbäumchen geführt wurde. Terri glaubte, es würde ihr Spaß machen, vom Wipfel ihres Seelenbaums aus wegzufliegen. Sie war zwar nicht sicher, welcher Baum das sein würde, aber sie hatte eine Ahnung. Als sie sich auf die Reise machte, fand sie heraus, dass sie einen Geistführer mit ganz eigenen Vorstellungen hatte. Sie wurde von einem Pferd begrüßt. Es war ein großer Brauner, so wie das Pferd, das sie im normalen Alltag hielt und ritt.

Der Hengst senkte den Kopf und wieherte. Also stieg sie auf. Dann rannte er über eine Wiese. Das hohe Gras wurde zu einem verschwommenen grünen Streifen, während sie galoppierten und die Freiheit der Bewegung genossen.

Bald darauf galoppierten sie entlang eines Highways. Terri erkannte die Landschaft wieder. Das Pferd brachte sie zur Farm ihres Onkels. Als Kind hatte sie viel Zeit auf der Farm verbracht, doch jetzt wollte sie nicht dorthin. Aber der Hengst hörte nicht auf zu rennen und ignorierte all ihre Versuche, ihn in eine andere Richtung zu lenken.

Ich spürte, wie ich mich verkrampfte, und befürchtete herunterzufallen, während das Pferd über den Boden fetzte. Endlich blieb es stehen, und ich merkte, dass wir an der Auffahrt waren, auf der mein Bruder von einem Auto erfasst und getötet worden war. Mein Magen machte vor Schreck einen Salto.

Ich konnte mich noch deutlich an den Tag erinnern. Ich war wieder klein und aus meinem Körper herausgehoben - desorientiert und vollkommen von meinem Körper abgetrennt. Bisher war mir noch nie der Gedanke gekommen, dass seit jenem Tag etwas in meinem Leben verloren gegangen war und dass es ... ich selbst sein könnte. Wo war ich nur hingegangen?

Der Hengst schritt zum Apfelbaum. In seinem alten Stamm war eine große Narbe, die sich nicht ganz geschlossen hatte. Ich spähte hinein und erschrak, als ich ein Mädchen sah! Es war ungefähr fünf Jahre alt und trug ein Kleid und winzige Kinderschuhe. Auch wenn die Kleine uns wahrnahm, tat sie so, als würde sie uns nicht sehen. Sie aß reife Holzäpfel und summte dabei vor sich hin. Das Pferd hatte gewusst, dass sie sich im Stamm des Apfelbaums versteckte, den mein Bruder und ich an dem Tag, an dem er überfahren wurde, aufgesucht hatten.

In der Sicherheit des Bauminneren stand das Mädchen da mit den großen dunklen Augen und braunen Haaren, eingehüllt in eine schützende Decke aus Holz, die innen weich und außen rau war. Die Widrigkeiten des Lebens konnten ihm nichts anhaben. Sommergewitter wüteten über dem Kind und umzingelten den Baum mit Donner und Blitz, Winterstürme vergruben ihn unter einer Schneedecke, doch das Mädchen war vor den Naturelementen geschützt. Sie hatte einen Zufluchtsort gefunden und wollte nicht mehr herauskommen. Wie sehr ich mich auch bemühte, ich konnte sie nicht überreden.

Ich gab mich geschlagen. Doch jetzt trat das Pferd vor und stupste meine Kleine sanft mit der Samtnase an. Wie hätte ihr das Angst machen können? Der Hengst wartete ihr Zögern geduldig ab. Als sie ihm mit ihrer kleinen Hand übers Gesicht streichelte, nahm ihre Neugier überhand. Er reagierte nicht so, wie sie erwartet hatte, sondern ließ sich das Streicheln ruhig gefallen. Ihr Angstpegel nahm ab, bis der Ruhepegel erreicht war. Erleichtert musterte sie das Pferd. Dann fing der Hengst an, mit dem Mädchen, das im Baum lebte, zu sprechen.

Er erzählte der Kleinen von mir und davon, wie verloren ich ohne sie war. Er lud sie ein, mit mir mitzukommen und mit mir zusammenzuleben. Sie sagte ihm, sie würde mich nicht kennen und nicht mit Fremden mitgehen. Außerdem sei es da draußen nicht sicher und sie habe in diesem Baum alles, was sie brauche. Er beruhigte sie, dass ich keine Fremde sei. Sie sah mich noch einmal an und schien mich auf einmal zu erkennen. Da wusste ich, dass sie sich wieder erinnerte.

Das Pferd sagte ihr, dass es kein richtiges Leben sei, aus Angst in diesem Baum wohnen zu bleiben. Es war an der Zeit zu leben! Sie war sich da nicht so sicher, doch der Hengst war stark und gab ihr Sicherheit. Gemeinsam verbrachten wir eine gefühlte Ewigkeit, in der ich im hohen Gras saß und mir klar wurde, dass ich dieses kleine Kind in vielerlei Hinsicht nicht beachtet hatte. Ich fragte mich, was ich tun sollte, während sich das Pferd und das Mädchen angeregt unterhielten.

Schließlich fasste die Kleine genügend Vertrauen, um den

Apfelbaum zu bitten, sich zu öffnen und sie gehen zu lassen. Das Pferd versprach dem Baum, dafür zu sorgen, dass ich die Kleine lieben und mich um sie kümmern würde. Das Mädchen fasste genug Vertrauen, um auf seinen Rücken zu klettern. Der Hengst erhob sich behutsam und kam zu mir herüber. Das Mädchen war sich noch nicht sicher, was es von mir halten sollte. Doch es ließ mich hinter sich auf dem Pferderücken Platz nehmen, während der Hengst langsam durchs hohe Gras schritt.

Ich hatte vergessen, wie das kleine Mädchen war, und die plötzliche Erkenntnis, wie sehr ich es vermisst hatte, überwältigte mich. Unter Tränen bat ich es um Vergebung. Es wusste damit nichts anzufangen, da es in dem Baum so wenig Leben mitbekommen hatte. Während es zuhörte, wurde mir klar, wie jung es noch war. Wie verletzlich und nach Liebe hungernd. Ich hatte es vergessen. Das hatte mir das Leben einfacher gemacht. Aber das war eine andere Zeit gewesen. Jetzt war ich dem Mädchen wieder begegnet, dem Mädchen, diesem Selbst, das ich war und immer noch bin. Diesem Ich, das sein Leben in Einsamkeit verbracht hatte und der Welt nie gezeigt hatte, wer es war.

Ich dachte an den Holzapfelbaum, der diesen Flüchtling aufgenommen hatte und Geborgenheit geschenkt hatte, und ich war ihm für sein fürsorgliches Herz dankbar. Der Verlust des Baums tat mir leid. Die beiden hatten viele Jahreszeiten miteinander verbracht, der Beschützer und sein Schützling. Mir wurde die große Verantwortung bewusst, die das bedeutete. Wir ritten im Schritttempo zurück. Das Pferd hörte mein Versprechen an das Mädchen, es gut zu behandeln und Platz für die Dinge zu machen, die es brauchte, um ein Teil meines Lebens zu sein.

Wir verabschiedeten uns vom Pferd. Bei der Rückkehr von dieser Reise fühlte ich mich ganz komisch, bewusst und auch ein bisschen verwundbar. Es ist, als würde eine neue Mitbewohnerin in meinem Haus leben. Am ersten Abend war sie müde und es würde wohl eine Weile dauern, bevor wir viel unternehmen konnten, außer uns besser kennenzulernen. Es kam mir vor, als würde sie die saubere Bettwäsche und die Daunendecke genießen, in die Oma uns früher immer eingehüllt hatte.

Als Terri am nächsten Morgen in den Spiegel schaute, sah sie die Gestalt des Mädchens aus dem Apfelbaum in ihren Augen. Vielleicht würden sie zur Eisdiele gehen, Karussell fahren oder ein Picknick für Puppen und Teddys veranstalten.

7. Die Höhle und der Hochsitz

Wir sind die Tiere, die Geschichten über andere erzählen.

– Sprichwort der australischen Ureinwohner

Reisen Sie durch die Wurzeln Ihres Seelenbaums und Sie werden dort möglicherweise die Höhle der Tiere finden. Anfangs mag sie wie eine Tierhöhle, ein Fuchsbau oder eine Bärenhöhle aussehen. Sie kann ein großer, geheimnisvoller Hohlraum wie die Höhlen der schamanischen Künstler sein, die in der neolithischen Zeit ihre Meisterwerke an den Wänden von Lascaux und Altamira und der Chauvet-Grotte hinterlassen haben. Vielleicht legen Sie die Hände auf die Umrisse der Tiere, die an die Wände gemalt wurden, und spüren, wie sie lebendig werden, während die Wände dünner werden und Ihnen Zugang zu einer anderen Ebene der Realität gewähren. Ihr Tier könnte auch gleich erscheinen und Sie auf eine Reise in eine Welt hinter der Höhle schicken, um Ihnen dort Dinge zu zeigen, die Sie sehen müssen.

Gehen Sie also hinunter in die Höhle der Tiere. Dann sind Sie dabei, sich die ganze Kraft der Tiergeister zurückzuholen und (wenn Sie dazu bereit sind und es wollen) auch den Segen und die Heilung unserer großen Mutter Erde. Wie Jung feststellte, sind die Instinkte ein weitaus besserer Schutz als die Summe aller intellektueller Weisheit der Welt.[1] Deshalb brauchen wir auf den Wegen der Seele unsere Tiergeister. Sie sind schlau und wach, haben einen unfehlbaren Instinkt für Gefahren und helfen uns, unsere natürlichen Instinkte aus den modernen Fallen des Verstands zu befreien.

Irene träumte:

Ich stehe auf der Anhöhe einer berauschenden Gebirgskette mit einem atemberaubenden Blick aufs Tal. Ich habe das überwältigende Verlangen, wie eine Wilde den Hang hinunterzurennen. Der Wind bläst mir in den Rücken und meine Haare fliegen mir um den Kopf herum. Ich sehe hinunter auf meine Füße. Ich habe Sandalen an, die wie riesige Lederpfoten aussehen. Mein Rucksack ist schwer und ich weiß, dass ich ihn zurücklassen muss. Doch ich zögere.

Zu meiner Linken sehe ich einen blutroten Löwen mit goldener Mähne. Er sagt: »Lass den Sack liegen und ich werde zu dir zurückkommen. Gemeinsam werden wir übers Land streifen, Herz an Herz, so wie wir es vor langer Zeit getan haben.« Von seiner Brust strömt goldenes Licht aus. Ich lege den Rucksack ab und renne mit dem Löwen an meiner Seite den Hang hinunter. Dann höre ich ein donnerndes Gebrüll und kann den Löwen nicht mehr sehen. Doch ich spüre seine Gegenwart hinter mir. Er springt mich an. Ich empfinde Angst und gleichzeitig große Freude. Wird er mich verschlingen?

Jetzt bin ich allein. Ich renne über eine goldene Wiese. Der Löwe ist anscheinend verschwunden. Ich mache den Mund auf, um zu singen, doch stattdessen brülle ich wie ein Löwe.

Beim Aufwachen fühlte Irene sich wie ausgewechselt. Als sie uns den Traum erzählte, sagte sie, sie könne sich an keine frühere Verbundenheit zu Löwen erinnern. Ich sagte ihr, wenn es mein Traum wäre, wäre ich ganz sicher, diese Verbundenheit jetzt zu haben! Mit der Energie des Löwen – und dazu auch noch eines roten Löwen – in mir würde ich das Leben mit Löwenmut angehen und die Kraft seiner Stimme nutzen.

Irenes Traum ist ein weiteres Beispiel dafür, dass unsere Tiergeister uns suchen und uns wie Träume tief ins Traumland unserer Ahnen versetzen können. Irene lebt in einer Gegend von Südfrankreich, die viele Spuren aufweist, wie die Leute im prähistorischen Europa lebten und träumten. Die Besichtigung der Höhle von Chauvet mit ihrer erstaunlichen Felsenmalerei würde leicht einen ganzen Tag dauern, wenn gewöhnliche Sterbliche sie betreten dürften. Die Chauvet-Grotte ist eine Kalksteinhöhle im Ardèche-Tal, in der vor 32.000 Jahren schamanische Künstler ungestüme und wunderschöne Höhlenlöwen gemalt haben. Diese Tiere wirken so lebendig, dass man im flackernden Licht ihre Barthaare und ihre Muskeln unter dem Fell zucken sehen kann. Die französische Regierung hat allen außer einigen ausgewählten Wissenschaftlern den Zutritt verboten. Der Grund dafür ist der Schutz prähistorischer Stätten vor modernen Füßen und modernen Lungen, seit festgestellt wurde, dass sich an den Mauern von Lascaux durch den Atem zu vieler Besucher Schimmel bildete. Doch wir können die Höhle von Chauvet durch Werner Herzogs Videokamera in seinem bemerkenswerten Dokumentarfilm *Die Höhle der vergessenen Träume* aus dem Jahr 2010 besichtigen.

Während die Kamera die Schultern eines preschenden Bisons, die aufeinanderprallenden Hörner zweier wolliger Rhinozerosse oder die langen, schönen Gesichter von Pferden, die wie der Wind rennen, zärtlich streichelt, macht sich selbst der fantasieloseste Kopf Gedanken darüber, was die frühen Menschen dazu bewogen hat, die Tiere auf Felsgestein in den tiefen Winkeln der Erde lebendig werden zu lassen. Wir wissen, dass sie große Kunst erschufen, aber sie sahen es nicht so. Es mag zwar einige Anzeichen von Urheberstolz geben – die Hand mit dem schlaffen kleinen Finger hat an mehreren Stellen rote Abdrücke hinterlassen. Für die frühen Völker war die Kunst etwas, das einen Nutzen hatte. War es dann Jagdmagie? Vielleicht, außer der Tatsache, dass in Chauvet weder Jäger noch sonstige menschliche Formen abgebildet sind, außer einer weiblichen Scham unter einem Bison, die wie ein Minotaurus auf zwei Beinen steht. Wenn die Leute von Chauvet tatsächlich hierherkamen, um Jagdmagie zu erschaffen, dann auf eine Weise, die der moderne Verstand weder bei Tageslicht noch bei künstlichem Licht wirklich begreifen kann. Dann wären sie nämlich hergekommen, um es mit den Kräften von Jagdtieren aufzunehmen, die beinahe so gefährlich sind wie der Mensch: der Kraft des Höhlenlöwen oder des Höhlenbären.

Vor der Kamera äußerten sich Herzogs Archäologen und Wissenschaftler nur vorsichtig über die Bedeutung der Höhlenkunst.

Archäologen scheuen häufig davor zurück, über die Bedeutung ihrer Funde zu sprechen. Erst gegen Ende der Dokumentation erhalten wir ein paar Einblicke in den Höhlengeist, der die Kunst produziert hat. Die frühe Menschheit lebte anscheinend unter Bedingungen der »Flüssigkeit« und »Durchlässigkeit«. Die Grenzen zwischen Mensch, Tier und Gott waren »fließend«; die spirituelle Welt und die physikalische Welt hatten gegenseitig »durchlässige« Grenzen. Das klingt logisch. Stellen Sie sich Folgendes vor: Bei Zeremonien in der Höhle, vor dem großen Schädel eines Höhlenbärs auf einem natürlichen Altar, kamen die Tiere von den Wänden herunter und die Schamanen gingen durch sie hindurch. Mit Sicherheit war dies ein Ort der Einweihung und Transformation.

Herzog interviewte einen jungen französischen Paläontologen. Der berichtete, er habe fünf Tage in der Höhle von Chauvet verbracht und jede Nacht von Löwen geträumt. Hatte er Angst? Kein bisschen. Er spürte die Kraft der Löwen. Vor der Kamera äußerte er sich nicht dahingehend, ein Löwe geworden zu sein.

Doch wie wir aus Höhlenkunst wissen, die so alt oder sogar noch älter als die von Chauvet ist, stellten sich die prähistorischen Europäer die Verwandlung von Löwen vor. Ich erinnere an die Löwenmenschen der Schwäbischen Alb in Deutschland. Es handelt sich um zwei Figuren, aus Mammutknochen geschnitzt, die einen Löwenkopf und einen menschlichen Körper haben. Der Erste von ihnen wurde in der Stadel-Höhle in den Hohlensteiner Höhlen gefunden und zusammengesetzt. Der Zweite stammt aus der Felsenhöhle im Achtal ganz in der Nähe. Das Alter beider wird auf über 30.000 Jahre geschätzt.[2]

Beide Figuren werden »Löwenmensch« genannt, also geschlechtsneutral. Manche Paläontologen halten die Figuren für weiblich. Sich mit diesen außergewöhnlichen Gestalten zu befassen, bedeutet, sich in jenen Zustand des Seins und Bewusstseins zu versetzen, in dem Mensch, Tier und Gott nicht voneinander getrennt sind.

Dann fließen Erwachen und Träumen zusammen. Die flüssige Konsistenz des Bewusstseins entspricht der Mobilität und Verwandelbarkeit von Energiekörpern. Ein Bär kann zu einem Mann werden, eine Frau zu einer Löwin, die an zwei Orten gleichzeitig erscheint – als Tier und als Mensch.

Wir befinden uns tief unten im Reich des Schamanen, des Meisters oder der Meisterin der Tierverwandlung. In einem kürzlich erschienenen, provokativen Essay führt William Irwin Thompson aus, dass »eine der Gaben des Schamanen, die der moderne Jedermann nicht besitzt, die Fähigkeit ist, den vitalen oder auch ätherischen Körper vom physikalischen Körper zu trennen und ihn zu projizieren, um von einem Tier – einem Löwen oder einem Jaguar – Besitz zu ergreifen, so wie es in Val Lewtons Horrorklassiker *Katzenmenschen* aus dem Jahr 1942 dargestellt wird. Der moderne Jedermann hat zwar häufig schon Erfahrungen in astraler Projektion oder Reisen außerhalb des Körpers gemacht, doch diese Fähigkeit des Besitzergreifens eines Tiers ist viel seltener. Der moderne Mensch als ein von der Natur entfremdeter Idiot wird seinen ätherischen Körper weitaus eher in einen Computer oder einen Avatar in einem Computerspiel projizieren.«[3]

Es erfüllt mich nicht mit Trauer, wenn der moderne Jedermann die Fähigkeit verloren hat, in der Art der Horrorfilme »von einem Tier Besitz zu ergreifen« (das heißt, vom Körper eines Tiers Besitz zu ergreifen). Doch auf eine sanftere Weise haben wir die Fähigkeit zur Transfiguration – zur Umformung und Projektion von Energiekörpern – noch heute.

Das zeigt uns Irenes Traum vom roten Löwen, der sie anspringt und dann in ihr aufzugehen scheint. Wie ich hinzufügen möchte, träumte ich 18 Monate, bevor ich Irene kennenlernte, ich würde unter einem großen alten Baum einnicken und von einer roten Löwin aufgeweckt werden. Sie kam an und legte sich, sanft an meinen Rücken geschmiegt, neben mich. Später stand sie auf, machte den Reißverschluss ihrer Löwenhaut auf und zeigte sich als Frau mit dunkelroten Haaren. Die Frau begleitete mich zu einem Urlaubsseminar, das ich an einem herrlich rustikalen Ort mit einem riesigen Swimmingpool leitete. Diesen Traum hatte ich Irene gegenüber nicht erwähnt – und hatte ihn sogar vergessen, bis sie mir anderthalb Jahre später ihren eigenen Traum vom roten Löwen schilderte. Da wurde mir klar, dass das Leben meinen Traum von der roten Löwin auf eine andere Art umgesetzt hatte: Zu diesem Zeitpunkt leitete ich Urlaubsseminare an einem wunderbar rustikalen Ort in Südfrankreich, an dem es einen riesigen Swimmingpool gab.

ÜBUNG

Die Reise in die Höhle der Tiere

Gehen Sie in der realen Welt oder in Ihrer Fantasie zu Ihrem Seelenbaum. Fühlen Sie erneut, wie Sie wie die Baumwurzeln tief in die Erde greifen.

Gleich werden Sie durch die Wurzeln oder eine Öffnung, die sich zwischen den Baumwurzeln auftut, nach unten reisen. Die Öffnung könnte wie eine Tierhöhle, eine sich öffnende Tür oder der Eingang zu einer Höhle aussehen.

Sie steigen durch das Wurzelwerk hinunter in eine Welt unter der Welt.

Ihre erste Absicht ist, die Verbindung zu einem tierischen Schutzgeist aufzunehmen oder zu erneuern. Dieser Schutzgeist wird Ihnen in Tiergestalt erscheinen, kann sich jedoch in anderen Situationen auch in anderer Form zeigen. Wie Sie möglicherweise feststellen, wartet Ihr tierischer Helfer schon auf Sie, sobald Sie sich in den Rhythmus Ihres Atems und danach vielleicht auch in den Rhythmus des Trommelns fallen lassen und Ihr Bewusstsein in eine andere Landschaft übergehen lassen. Wenn Sie ein deutliches Gefühl der Verbundenheit empfinden, dann lassen Sie sich davon leiten.

Womöglich haben Sie noch weitere Absichten. Vielleicht möchten Sie für die Möglichkeit offen sein, im Reich der Großen Mutter geheilt, genährt und gesegnet zu werden.

Möglicherweise wollen Sie auch den Weg zu einer Tradition der Ahnen finden, deren Ruf Sie hinter der Höhle der Tiere vernehmen. Sind Sie bereit? Sie befinden sich tief in der Erde in einem Raum, der dunkel und geheimnisvoll ist, bis Ihr inneres Licht angeht und

Sie anfangen, die Tiere an den Höhlenwänden zu erkennen. Vielleicht haben Sie schon einen Tierbegleiter dabei. Wenn ja, dann nutzen Sie sowohl seine als auch Ihre Sinne, um sich in den vor Ihnen liegenden Entscheidungen lenken zu lassen.

Sie sind von der Lebendigkeit der Tiermalereien an den Felsenwänden fasziniert. Sie scheinen in Bewegung zu sein. Sie sehen, wie sich die Muskeln unter der Haut anspannen; Sie hören und fühlen die Schwingungen rennender oder trampelnder Hufe.

Sie sehen, dass schon andere Hände vor Ihnen die Wände berührt haben. Uralte Handflächen auf den Felsen gedrückt und in Farbe verewigt. Sie fangen an, die Wände sanft zu berühren. Seltsam, wie rasch die Wahrnehmungen von kühl zu warm, von feucht zu trocken wechseln.

Jetzt berühren Sie die Tiermalereien. Mit der Berührung verstärkt sich das Gefühl der Bewegung. Die Gemälde sind lebendig. Eines der Bilder ruft Sie. Sie tasten sich zu ihm vor. Als Sie die gesuchte Zeichnung gefunden haben, greifen Sie danach wie nach einer wiedergefundenen alten Liebe, mit der Hand, dem Gesicht, dem Körper. Und das Bild erhebt sich, um Sie zu begrüßen. Es ist nicht mehr an der Wand, sondern bei Ihnen im Raum.

Es will, dass Sie mehr tun. In der Tiefe der Höhle entdecken Sie nun einen großen Felsblock, der wie ein natürlicher Altar aussieht. Ist der Gegenstand auf dem Altar etwa ein Tierschädel? Er ist eine Ganzkopfmaske, die Maske des Höhlentiers, das nun bei Ihnen ist.

Sie legen die Maske an und damit übernehmen Sie die ganze Kraft des Tiers. Sie spüren, wie sich all Ihre Sinne regen und lebendig werden. Ihr ganzer Körper bewegt sich mit besseren Muskeln und noch mehr Nerven.

Sie bemerken ein Leuchten im Felsblock; aus seinem inneren Kern schimmert ein Licht. Sie sehen Gestalten, die sich im Licht bewegen, als wären sie in einem Hologramm. Sie wissen, es sind Ahnen, die Sie rufen. Wenn Sie bereit sind, ihnen zu begegnen, wird sich der Felsen wie eine Haut dehnen und öffnen, um Sie durchzulassen.

FÜR DIE VÖGEL

Wir wollen zurück zum Baum, Ihrer Seelenleiter zwischen den Welten, gehen. Stellen Sie sich vor, dass Sie hinauf in die höchsten Äste steigen und sich dort hinhocken, um das Land zu überblicken. Sie können sich auch ein Baumhaus vorstellen, in das Sie sich setzen – Ihr kindliches Selbst findet das sicher toll. Stattdessen könnten Sie auch eine Aussichtsplattform oder ein riesengroßes Vogelnest zur Verfügung haben oder sich wie ein Vogel auf einen Ast hocken.

Sie haben einen herrlichen Aussichtsplatz gefunden. Von hier aus können Sie in alle Richtungen und über weite Entfernungen bis Chino oder Tierra del Fuego sehen, wenn Sie es zulassen. Sie können andere Menschen und Orte aufsuchen, die Ihnen vertraut sind, oder bisher unbekannte Gebiete erforschen. Während Sie an diesen Gedanken festhalten und Ihre Sehkraft weiterentwickeln, werden Sie feststellen, dass Sie von hier oben auch über die Zeit hinaussehen können. Sie können in Ihre mögliche Zukunft oder die anderer sehen. Sie können eine Woche oder fünf Jahre oder ans Ende dieses Lebens oder darüber hinausgehen.

Aber warten Sie einen Augenblick. All das müssen Sie nicht allein tun. Sie können einen Freund bitten, Sie als Fährtensucher zu begleiten oder für Sie Ausschau zu halten, so wie Sie einen Fährtensucher für den bewussten Wiedereinstieg in einen Traum anheuern würden. Und es gibt noch weitere Verbündete.

Sie haben das Volk der Vögel. Sie sollten die Verbindung zu den Vogelstämmen herstellen, so wie Sie es mit den Tieren in der bemalten Höhle getan haben. Die Gaben der Vögel umfassen die Vision und Fähigkeit, Dinge aus einem höheren Blickwinkel zu sehen – aus der Luft. Sehen Sie sich den Schädel eines Rotschwanzhabichts an. Wie Sie feststellen werden, nehmen die Augen die Hälfte der Schädelhöhle ein.

Wenn Sie Ihre Fähigkeit zu sehen erweitern wollen, dann stellen Sie sich vor, Sie hätten einen oder mehrere Vogelverbündete, die bereit sind, Ihnen zu helfen. Sie sollten Ihre persönliche Beziehung zu bestimmten Vögeln ausbauen und von ihren Verhaltensweisen lernen. Der große Graureiher ist einer meiner Lieblingsvögel. Im

Flug, mit ausgestrecktem Körper, sieht er aus wie die ursprüngliche gefiederte Schlange. Er weiß, wann er warten sollte und wann er zuschlagen muss. In der Balzzeit ist sein häusliches Leben eine vorbildliche Partnerschaft: Beobachten Sie einmal, wie das Männchen dem Weibchen Zweige bringt, während das Weibchen im Nest wartet, an dem beide gerade gemeinsam bauen.

Wenn Sie Ihre gefiederten Freunde gefunden haben – oder sie Sie gefunden haben –, werden Sie merken, dass Sie höhere und mehr Visionen erhalten haben, ohne darum bitten zu müssen. Doch es ist auch gut zu bitten. Ich möchte Ihnen nun vorschlagen, die Hilfe von Vögeln anzunehmen, die unter den Ihnen schon vertrauten gefiederten Freunden sein können oder auch nicht sind.

Es sind die Raben. Im Gegensatz zur weit verbreiteten Annahme sind Raben keine Einzelgänger. Ein einsamer Rabe ist, wie Edgar Allan Poe schon beobachtete, ein Vogel des bösen Omens, denn Raben leben selten allein – wenn überhaupt. Sie suchen sich einen Partner fürs Leben. Wenn Sie sich also den Raben als Verbündeten wählen, sollten Sie zwei wählen. Odin, der Schamane war, bevor er ein Gott wurde, und der weiterhin als Schamane tätig blieb, verstand das nur zu gut. Er reiste überall mit zwei Raben namens Hugin (»Gedanke«) und Munin (»Erinnerung«) auf seinen Schultern hin. Wann immer er wissen musste, was in der Ferne geschah, flogen die Raben hin und sammelten die Informationen für ihn. Man sagt, er sei immer ein wenig nervös gewesen, solange sie weg waren, und er habe von den beiden Vögeln die „Erinnerung" am meisten geschätzt und am wenigsten verlieren wollen.

Bei der folgenden Übung werden zwei Raben an Ihrer Seite sein, die Ihnen Vision verleihen. Wie wäre es, sie Gedanke und Erinnerung zu nennen?

ÜBUNG

Zwei Raben

Entscheiden Sie sich als Erstes für etwas, das Sie in ferner Zeit oder fernem Raum sehen wollen. Sie können die Übung für sich oder für einen Freund oder eine Freundin machen. Vielleicht würden Sie gerne sehen, wo Sie heute in fünf Jahren sein werden – und ob Sie Seelenfrieden geschlossen haben oder mit Ihrem Seelengefährten zusammen sein werden –, wenn Sie in der jetzigen Richtung weitergehen. Vielleicht wollen Sie erforschen, welche wahrscheinlichen Folgen für Körper und Seele eine bestimmte Veränderung in Ihrem Leben haben wird, die Sie gerade in Erwägung ziehen.

Stellen Sie sich vor, Sie sind hoch oben in Ihrem Seelenbaum mit dem berauschenden Fernblick. Sie sind nicht allein. Sie spüren einen leichten Schmerz, als sich Vogelkrallen auf Ihrer Schulter festhalten. Und gleich darauf die samtig weichen Federn, die Ihre Wange streicheln. Während sich der zweite Vogelgefährte auf Ihre andere Schulter setzt, spüren Sie ähnliche Berührungen. Nun sind Gedanke und Erinnerung bei Ihnen. Auf der Reise werden sie mehr für Sie tun, als mit Ihnen fliegen. Sie werden feststellen, dass Sie mit den Raben nicht mithalten können, während sie in verschiedenen Richtungen ausschwärmen. Doch wie Sie am Ende Ihrer Reise merken werden, haben die Raben Ihnen viele nützliche Informationen mitgebracht.

Jetzt sind Sie bereit, Ihren Hochsitz zu verlassen. Beflügelt von Ihren Absichten (und vielleicht auch von schamanischen Trommeln) spüren Sie, wie Sie an den Ort fliegen, den Sie aufsuchen müssen, um die Informationen und Kraft zu finden, die Sie suchen. Machen Sie sich bewusst, dass Sie nicht allein sind und keine »Ergebnisse liefern« müssen. Sie haben Helfer, die Ihnen ihre scharfen Sinne leihen. Möglicherweise konzentrieren Sie sich nun auf eine bestimmte Szene, vielleicht eine Szene aus der (möglichen) Zukunft, um Einzelheiten herauszufinden.

Notieren Sie oder berichten Sie am Ende der Reise einem Freund, an was Sie sich erinnern. Tun Sie dies, ohne zu zögern oder zu analysieren. Erwarten Sie das Unerwartete. Seien Sie bereit für Wissen, das über das hinausgeht, was Sie mit der Hilfe von Gedanke und Erinnerung für möglich gehalten haben.

8. Das Windpferd

Das Flieg-Weg-Pferd zieht es in die Weit-Weg-Länder,
von denen ihr kleinen Menschen nachts träumt.

– Eugene Field, »The Fly-Away Horse«

Durch unsere Träume rennen Pferde. Wir wachen mit klopfendem Herzen auf und spüren immer noch die donnernden Hufschläge.

Unsere Traumpferde sind natürlich nicht alle gleich. Manche Leute werden von Träumen verfolgt, in denen ein schwarzes Pferd vorkommt, das wie die Verkörperung des Todes wirkt, oder ein rotes Pferd, das Krieg und Blutvergießen vorauszusagen scheint. Es kann auch ein gespenstisch bleiches Pferd sein, das ein Gefühl von Trauer und Verlust mit sich bringt. Solche Träume – und Henry Fuselis berühmtes Gemälde vom Albtraum – verstärken den Aberglauben, ein nightmare (englisches Wort für »Albtraum«) hätte etwas mit einer Mähre zu tun. In Wahrheit (wie die Etymologen sagen) leitet sich das mare in nightmare wahrscheinlich aus dem Altgermanischen *mer* ab, das »etwas Zermalmendes und Unterdrückendes« bedeutete.

Der Zustand eines Pferdes im Traum ist häufig ziemlich analog zum Zustand unseres Körpers und unserer Lebensenergie. Wenn Sie von einem verhungernden Pferd träumen, sollten Sie sich fragen: Welcher Teil von mir muss gefüttert und genährt werden? Bei einem Traum von Pferden, die gehäutet unter den Dachbalken hängen (wie eine Träumerin in einem meiner Workshops ihn hatte), sollten Sie sich die Frage stellen: Welche Teile von mir wurden im

Laufe meines Lebens gehäutet und geopfert, und wie kann ich diese Teile heilen und wieder zum Leben erwecken? Ein solcher Traum erinnert auch an uralte Rituale von Pferdeopfern, die in vielen Kulturen üblich waren. Daher könnte er eine Suche in der Vergangenheit nach ursprünglichem Wissen aus dem Reich der Vorfahren notwendig machen, das dem normalen Bewusstsein abhanden gekommen ist, doch in den Tiefen des kollektiven Gedächtnisses lebendig ist.

In der griechischen Mythologie sind Pferde das Geschenk des Poseidon. Die fließenden Mähnen in der Gischt erkennbar, steigen sie aus dem Meer. Oder sie brechen aus der dunklen Unterwelt, als der Hades auf seinem schwarzen Hengst losprescht, um Persephone mit seinem unersättlichen sexuellen Drang zu verschlingen und sie in ein Reich wilder Einweihung unter dem ihr vertrauten Reich zu entführen. Doch in Arkadien wird Persephones Mutter Demeter, die Göttin der Erde, des Korns und Biers, mit einem Pferdekopf abgebildet.

Auf den britischen Inseln finden Sie die weiße Stute, die als Pferd und Gestalt der Göttin verehrt wird. Es ist Epona. Ihre Abdrücke zeichnen noch heute das Land, egal in welcher Richtung Sie gehen, mit dem Zug oder Auto fahren oder auf einem Pony reiten. Im alten Irland wurde von einem wahren König erwartet, sich mit der weißen Stute als lebendigem Symbol der heiligen Erde zu vereinen. (Es hätte eines wahrlich männlichen Königs bedurft, um sich mit einer Stute zu vereinen. Ich vermute, eine Priesterin diente als Ersatz.)

In den heutigen Träumen überquert das weiße Pferd die Meere, so wie in einem Traum, den eine Kalifornierin irischer Abstammung mir erzählte. In ihrem Traum sah sie im Nebel ein wunderschönes weißes Pferd. Eine Stimme sprach von einer höheren Ebene zu ihr und sagte ihr: »Dieses Pferd bist du in einem anderen Leben.« Sie war erstaunt und erfreut, als ihr gesagt wurde, sie würde zu einer bestimmten Pferdeherde mit einem alten gälischen Namen gehören. Nun sah sie alle Pferde gemeinsam durch den dichten Nebel rennen. Ihr wurde gesagt, es sei ganz wichtig, sich an diese »Pferdeexistenz« und an das, was sie damals gelernt hatte, wieder zu erinnern. Dies würde ihr auch helfen, sich ihre Seelenbeziehung zu ihrem Mann, der Pferde liebte, zu erklären und sie zu vertiefen.

Wir kennen das Pferd in bestimmten lebendigen Mythen als Heiler und Lehrmeister, als Reisegefährt zu höheren Reichen und als Quelle schöpferischer Inspiration. Es sind Pegasus' Hufe, die beim Zersprengen der Felsen die Quelle Hippokrene neben dem Hain der Musen öffnet, aus denen Dichter seither getrunken haben. Es ist der Zentaur Chiron, halb Pferd, halb Mann, der der Mentor des Halbgottes Asklepios ist, der wiederum für Heilung – vor allem durch Träume – steht. In den Märchen der Gebrüder Grimm und anderer ist es oft das Pferd, das den Weg zurückfindet, wenn die Menschen sich verirrt haben.

Ich träumte davon, eine große Herde von Wildpferden zusammenzutreiben. Als ich aufgeregt und glücklich erwachte, begriff ich, dass der Traum bedeutete, Lebensenergie dorthin zurückzubringen, wo sie hingehört, und bei der Entwicklung eines Modells zu helfen, mit dem sich die Seelenheilung für Gemeinschaften und Individuen verständlich und umsetzbar machen ließ. Das Wildpferd, das durch unsere Träume galoppiert, kann das Windpferd des Geistes – oder der Lebensessenz – sein, dem freier Lauf gewährt werden muss, während es gleichzeitig für den Lebensweg und Sinn des menschlichen Lebens gezügelt werden muss.

DER WEG DER STUTE NACH COLORADO

Ein Pferdetraum half einer Frau, eine schmerzhafte Scheidung zu überwinden. Er machte ihr Mut, als alleinerziehende Mutter von zwei kleinen Kindern einen ganzen Kontinent zu überqueren und einen Neustart zu wagen. Zu ihrem neuen Leben gehören das Schreiben und die Veröffentlichung ihres ersten Romans. Sie heißt Michele Lewis und ich lasse sie ihre Geschichte selbst erzählen:

Mein Leben wäre ohne den Pferdetraum ganz anders verlaufen. Ich hatte ihn nach einer sehr schmerzhaften Scheidung. Meine beiden Kinder waren damals erst zwei und fünf Jahre alt und ich war hin- und hergerissen. Ich spürte das Verlangen, unser Zuhause in Maine zu verlassen und nach Colora-

*do zu ziehen. Ich wollte Berge, Abenteuer und einen Neu-
start. Doch mein Exmann und unsere beiden Familien lebten
in Maine. So selbstsüchtig durfte ich doch nicht sein, oder?
Nach viel Herzblut bat ich um einen Traum, der mich leiten
sollte. Ich schrieb auf: »Soll ich oder soll ich nicht nach Colorado ziehen?«*

*Im Traum war ich mit einer älteren Frau zusammen. Ich
kenne sie nur aus meinen Träumen. Wir führten zwei trächti-
ge Stuten durchs ganze Land. Unsere Reise war lang und
mühsam, wir mussten schier endlose Ebenen durchqueren.
Ich machte mir Sorgen, dass die Pferde die Reise nicht über-
stehen würden. Schließlich kamen wir an eine wunderschöne, weite Farm. Wir führten die Pferde durch den Eingang
oder Torbogen eines Zaunes und gingen die Auffahrt hinauf
auf die Gebäude zu.*

*Das Pferd, das ich geführt hatte, bekam sofort Geburts-
wehen. Ich wusste nicht, was ich tun sollte. Schließlich hatte
ich noch nie geholfen, ein Fohlen zur Welt zu bringen. Seine
Füße ragten zuerst heraus und ich dachte: »Oh nein! Eine
Steißgeburt! Soll es wirklich so herauskommen?« Ich zog
sanft die Beine heraus und unterstützte die Mutterstute, so
gut ich konnte. Schließlich glitt der ganze Körper des Foh-
lens in meine Arme. Das neugeborene Tier war warm und
klebrig und schien nicht zu atmen. Ich versuchte, seine
Atemwege freizulegen.*

*Endlich nahm das Fohlen einen langen, tiefen Atemzug, aber
es war noch mehr als das – es war, als hätte ich den ersten
Atemzug meines eigenen Lebens genommen, als hätte die
ganze Welt eingeatmet. Ich fühlte mich überglücklich und
zugleich friedlich. Mein ganzer Körper war voller Energie.
Dann sagte ich zur Mutterstute: »Häng nicht dein ganzes
Herz daran. Der Besitzer lässt es uns womöglich nicht behalten.«*

*Die ältere Frau, die mich auf der Reise begleitet hatte, führ-
te mich in einen Pferdeanhänger, der aufwändig eingerichtet
war, vermutlich für das neue Fohlen. Sie sagte: »Ich glaube*

kaum, dass wir uns wegen des Besitzers Sorgen machen müssen. Er hat viel in das Fohlen investiert.« Ich war erleichtert. Dann fiel mir ein, dass wir ja noch ein Pferd dabei hatten, das jederzeit fohlen konnte.

Als ich am nächsten Morgen aufwachte, war mir die Antwort auf meine Frage völlig klar. Der Umzug nach Colorado würde zwar eine anstrengende und schmerzhafte Herausforderung werden, doch er würde den Neuanfang meines Lebens bedeuten. Das neugeborene Fohlen hatte mehrere mögliche Bedeutungen für mich: Es war mein eigenes Selbst, meine noch ungeborenen Bücher, vielleicht auch meine Kinder, die mit auf die Reise kommen würden.

Als alleinerziehende Mutter nach Colorado zu ziehen war der größte Vertrauenssprung, den ich je gemacht habe und genauso schwierig und lohnenswert, wie der Traum es vorausgesagt hatte. Ich nannte sogar die Protagonistin meines ersten Buchs »Mare« (Stute) als Widmung an meinen Traum. Der zweite Grund war, weil die Entbindung der Jungfrau Maria, wie Joseph Campbell es dargestellt hat, auf einer Ebene die Frau war, die sich selbst oder einen neuen Teil von sich gebar.

Micheles erstes Buch, das seitdem veröffentlicht wurde, ist eine visionäre Erzählung mit dem Titel *Reaching Out from the Inside.*

DER GEIST DER PFERDESTÄRKE

Der Geist ist Atem oder Wind, und der Wind des Geistes kann ein Pferd sein. *Windpferd* ist Schamanensprache und die beste Schamanensprache, die ich kenne. Der Begriff wird in mindestens drei Sprachen Zentralasiens verwendet. Von ihnen stammt das Wort Schamane und die Trommel des Schamanen (die meist mit Pferdehaut hergestellt wird und gewöhnlich das »Pferd« des Schamanen genannt wird). Auf Burjatisch (Mongolisch) heißt das Wort für »Windpferd« *hiimori,* auf Alttürkisch ist es *Riizgar Tayi,* und auf Tibetisch heißt es *rlung ta (lung ta* ausgesprochen).

Laut Sarangerel, einem zeitgenössischen Schamanen aus Burjatien, bedeutet *hiimori* unter den Burjaten die »persönliche hellseherische Fähigkeit«. »Diese Stärke steckt in der Brust und hat einen unterschiedlichen Umfang, je nachdem, wie der Betreffende sie anwendet und ansammelt. Ein sehr starkes Windpferd lässt die Person klar und analytisch denken und Täuschungen durchschauen. Windpferd ist die Kraft, die Schamanen und anderen starken Menschen das leicht und einfach tun lässt, was getan werden muss.«

Sie erhöhen Ihre spirituelle Pferdestärke durch tägliche Anwendung und Rituale, »wie zum Beispiel, dem Himmel, der Erde und den Ahnen ein Getränk anzubieten, durch Gebet und Verehrung von Himmel und Erde, der Natur und der Geister der Ahnen. Heiliger Rauch aus Räucherstäbchen, Salbei, Thymian, Wacholder und anderen Kräutern während des feierlichen schamanischen Rituals kann das Windpferd stärken.[1]

Vielen ist das Wort Windpferd schon als Begriff für tibetische Gebetsfahnen bekannt. Doch wie Samten G. Karmay anmerkt, hat *rlung ta* noch eine tiefere Bedeutung. »Es ist ein Symbol für die Vorstellung von Glück oder Wohlbefinden. Diese Vorstellung steckt eindeutig in Ausdrücken wie *rlung rta dar ba,* dem ›Zunehmen des Windpferds‹, wenn die Dinge gut laufen, und *rlung rta rgud pa,* dem ›Abnehmen des Windpferds‹, wenn das Gegenteil der Fall ist.«[2]

Das Windpferd ist ein großartiges Sinnbild für unsere Lebensenergie, unsere spirituelle Pferdestärke, vor allem, wenn wir über das Wesen des Pferdes und den menschlichen Bezug dazu nachdenken. Das Pferd ist wie kein anderes Tier. Es hat mehr Kraft als der Mensch und lässt sich dennoch zähmen und satteln, auch wenn es seinem Reiter immer wieder Prüfungen auferlegen kann, bis es den Menschen seiner würdig erachtet. Das Pferd hat über all die Jahrhunderte vor der Erfindung der Dampfmaschine die wichtigste Form der Weiterbewegung geliefert. Ein Pferd muss richtig behandelt und gepflegt werden. In Platons Bild wird der Wagenlenker der Seele herausgefordert, die rivalisierenden Kräfte von Zwillingspferden auszugleichen. Das eine zieht es hinunter auf eine wilde, erotische und möglicherweise gefährliche Wandertour. Der bodenständige Instinkt des anderen strebt immer nach oben, um höherzusteigen. Das Wesen unserer Traumpferde fordert uns also heraus, uns unsere innere Pferdestärke wieder anzueignen und sie zu zähmen.

Die Malay reiten zwar nicht auf Pferden, doch sie verwenden ähnliche Einsichten beim Umgang mit den »inneren Winden«. In der heiligen Psychologie der malaysischen *bomoh* (des schamanischen Heilers) wird der natürliche Weg unserer Energien durch innere Winde *(angin)* bestimmt. Sie sind uns angeboren. Sie sind Teil unseres Grundcharakters und unserer Identität. Außerdem verbinden sie uns mit größeren Mächten, mit der Welt des lebendigen Mythos und der Archetypen. Unsere Stärke zu erschaffen oder zu zerstören wird von diesen inneren Winden bestimmt. Wenn sie blockiert sind, haben wir ein Problem.

Wie die Anthropologin Carol Laderman in dem bemerkenswerten Buch *Taming the Wind of Desire* ausführt, wird »bei Leuten, die ihre inneren Winde nicht ausdrücken können, ihr *angin* in ihrem Inneren gefangen, wo es sich ansammelt und *sakit berangin* produziert, was Krankheit aufgrund einer Blockierung der inneren Winde bedeutet. Wir sehen dieses Problem bei Künstlern und Schriftstellern, deren Kreativität blockiert ist oder deren Kunst unzureichend anerkannt wird, und es ist leicht zu verstehen, warum die Malay sagen, Musiker, Schauspieler und Puppenspieler werden durch das *angin* von ihren Berufen angezogen und wären ohne es nicht erfolgreich.«[3]

Die inneren Winde in produktive Kanäle zu leiten ist das Ziel dramatischer Heilrituale. Sie beziehen Trommeln, Geigen, Tanzen, Schauspiele, Schattentheater und das Rufen von guten Geistern mit ein.

In der westlichen Nosologie (der wissenschaftlichen Klassifizierung von Krankheiten) könnten wir davon profitieren, wenn wir diese schamanische Diagnostik von Krankheitsarten übernehmen würden, die durch die Blockierung der inneren Winde entstehen. Für unsere Heilmethoden können wir von der schamanischen Methode sogar noch mehr lernen. Setzen Sie die inneren Winde durch Bewegung, Drama, Tanz, Rituale, Gruppenenergie, Gelächter frei. »Ernten« Sie die inneren Winde anschließend durch kreative Handlungen, die von der Gemeinschaft unterstützt werden.

Lassen Sie uns als Erstes herausfinden, wie man mehr von der Lebensessenz in den Körper zurückholt, indem man eine Reise an einen Ort macht, an dem Windpferde zu finden sind.

ÜBUNG

Das Geisterpferd ins Haus der Geschenke lenken

Sie befinden sich auf einem Markt im Freien. Er ist schöner als jeder Markt, an den Sie sich erinnern können, reicher an Farben und Gerüchen. Sie wandern umher und werden von Gewürzen und frischem Obst und Gemüse angezogen, von kunsthandwerklichen Gegenständen und Perlen, von Edelsteinen und Stoffen. Irgendwann stehen Sie vor einem ganz besonderen Stand, an dem Ihnen alles vertraut ist. Die Objekte auf dem Tisch oder dem Teppich sind Dinge, die Sie aus einer ganz frühen Zeit in Ihrem Leben wiedererkennen, obwohl Sie sie anscheinend vergessen hatten.

Was ist das da? Eine Puppe oder ein Teddybär, ein Spielzeugsoldat, ein Pappfernglas, ein Plastik-U-Boot oder Spielzeug aus einer Schachtel Cornflakes, ein Spiel in einem zerfledderten Karton, eine Taschenlampe, eine Wasserpistole, eine Murmel, eine Trillerpfeife, eine 3-D-Brille, ein Kaleidoskop, ein Märchenbuch ... Jedem von ihnen haftet ein Zauber an, der Zauber der Verbindung zu dem Kind, das einst zu Ihnen gehörte. Einer der Gegenstände hat eine noch größere Bedeutung. Es ist ein Schlüssel. Er sieht vielleicht nicht aus wie ein Schlüssel, aber es ist einer. Es ist der Schlüssel zu was?

Sie fühlen, hören und riechen eine enorme Energie – sie schnaubt, stampft, wiehert, trampelt. Sie sehen hinter dem Markt eine hohe, stabile Holzwand, die Sie bisher gar nicht wahrgenommen haben. Dahinter sind Pferde.

Mit dem Zauber der Kindheit in der Hand haben Sie den Schlüssel schon umgedreht. Eine Tür öffnet sich in die Holzwand, wo vorher keine Tür war, und ein Pferd trottet heraus. Das Pferd kann jede Farbe haben, jede mögliche Zeichnung, auch wenn all das äußerst bedeutsam sein wird, weil dieses Pferd zu Ihnen gehört. Es ist Ihr spirituelles Pferd, Ihr Windpferd.

Jetzt eilen Sie aufeinander zu, um einander zu begegnen. Egal was Pferde Ihnen unter anderen Umständen auch bedeuten – Sie wollen diesem Pferd begegnen. Sie sehen in seine großen feuchten Augen, Sie drücken Ihr Gesicht zärtlich an seinen Hals.

Und jetzt steigen Sie mühelos auf das Pferd. Ihr Geisterpferd trägt Sie so schnell wie der Wind hinter den Markt. Seine fliegenden Hufe lassen Sie fliegen. Während Sie rasend schnell durch die Luft gleiten, blicken Sie hinunter auf eine weite Landschaft voller Orte, an die Ihre Seele Sie vielleicht schicken wird.

Dahinten in der Ferne sind die Inseln der verlorenen Jungen und Mädchen.

Dieser riesengroße Baum mit den seltsamen Früchten ist der Organ-Baum. Diejenigen, die eine Operation oder einen Eingriff hinter sich haben, kommen zu ihm, um geheilt und ganzgemacht zu werden.

Der große Pavillon auf dem saftigen grünen Rasen, dessen Zeltplanen in der Seebrise flattern und große, gedeckte Tische enthüllen – vielleicht für eine Hochzeit oder ein Familientreffen –, ist das Haus der Geschenke.

Sind Sie bereit einzutreten? Drinnen finden Sie Menschen jeden Alters und andere Wesen. Einen Säugling in einer Wiege, ein staunendes Kind, einen schüchternen Teenager, eine schöne junge Frau, eine weise Alte, einen Tiger, einen Clown, eine fröhliche Dirne, einen Engel. Als Sie sich unter all diese Leute mischen, wird Ihnen bewusst, dass jeder hier ein Teil von Ihnen ist.

Sie sind hier, um mit den Gaben vieler Teile und Aspekte des Selbst und der Seele wiedervereint zu werden, die aus Ihrem Leben verschwunden waren. Umarmen Sie jeden von ihnen. Lassen Sie sie mit Ihnen im Kreis tanzen. Nehmen Sie ihre Geschenke und Energie mit nach Hause und finden Sie Möglichkeiten, jeden von ihnen im Alltag zu ehren.

Zeichnen Sie für den Künstler in Ihnen, tanzen Sie für die Tänzerin, lieben Sie für den Geliebten, machen Sie eine Kostenanalyse für Ihren inneren Geschäftsmann, füttern Sie den Tiger, lassen Sie zu, dass Ihr göttliches Selbst bewundert wird. Der kreative Ausdruck ist immer heilsam, wie wir an einem anderen Ort feststellen werden. Sie sollten sich diesen Ort zu eigen machen: das Haus der Heilung.

9. Das Haus der Heilung

Nur mit dem Herzen kann man richtig sehen.
Das Wesentliche ist für das Auge unsichtbar.

– Antoine de Saint-Exupéry, »Der kleine Prinz«

Manche Teile unserer Seele sind womöglich schon vor sehr langer Zeit verloren gegangen – seit einem Kindheitstrauma oder im Geburtskanal oder sogar schon vor unserer Geburt in der Gebärmutter. Wir haben gesehen, dass Träume uns – wie Kindheitserinnerungen – auf die Spur dieser verlorenen Jungen und Mädchen bringen. Mitfühlende Freunde, gute Therapeuten und echte Schamanen können uns helfen, sie nach Hause zu bringen.

Ob mit oder ohne Hilfe – die Lebensenergie unserer jüngeren Selbste in unseren jetzigen Körper zu holen ist manchmal ein steiniger Weg. Nehmen wir mal an, Sie konnten Kontakt zu einem kindlichen Selbst aufnehmen, das sich vor vielen Jahren aus Ihrem Leben entfernt hat, weil die Welt so kalt und grausam schien. Um dieses jüngere Selbst dazu zu bringen, in Ihren jetzigen Körper und Ihre heutige Welt zu kommen, werden Sie es überzeugen müssen, dass Sie *sicher* und *amüsant* sind. Dafür müssen Sie ihm versprechen, dass es nie mehr Beschämung, Missbrauch oder Gewalt ausgesetzt sein wird und dass Sie Dinge unternehmen und Sachen essen, die ihm gefallen werden. Möglicherweise glaubt es Ihnen nicht, solange Ihnen keine starken Helfer zur Seite stehen. Hier können die tierischen Schutzgeister eine wesentliche Rolle spielen, denn ein kleines Kind, das Ihnen nicht vertraut, vertraut eher dem Bären oder Tiger, der Sie unterstützt.

Wenn Sie es schaffen, einen jüngeren Teil von sich zurückzuholen, kann dies frische Energie, Fantasie, Fertigkeiten mit sich bringen – und neue Lebensfreude. Doch um diesen Anteil Ihrer vitalen Seele zu halten, müssen Sie auf lange Sicht Ihre Versprechen einhalten. Es besteht immer die Gefahr, dass dieser Teil von Ihnen versuchen wird, sich erneut aus dem Staub zu machen, wenn er die Wiederholung eines alten Traumas wittert oder wenn er sich bei Ihnen ganz einfach langweilt.

Wir müssen aktiv werden, um unsere zurückkehrenden Seelenanteile willkommen zu heißen, um sie zum Bleiben zu bewegen und zu ermutigen, ihre Energie und Gaben in unseren Alltag zu bringen.

Wenn wir in meinen Workshops eine Seelenheilung bewirken, schmeißen wir oft eine spontane »Geburtstagsparty« für die wiedergekommenen Seelenanteile. Im Falle einer mexikanischen Frau, die ihr vierzehnjähriges Selbst verloren hatte, weil sie am Abend vor ihrem fünfzehnten Geburtstag – in mexikanischen Familien ein ganz wichtiger Festtag – beschmutzt und beschämt worden war, organisierten wir eine kleine *quinceañera.*

Doch die Willkommensparty ist nur der erste Teil des Heimkehrprozesses. Auf einer Reise, die Teil meines Programms war, entdeckte ein Mann »den Tag, an dem ich anfing zu sterben«. Er sah sein kindliches Selbst mit Bauklötzchen spielen. Seine Mutter kam ins Zimmer und sagte ihm, er würde als Architekt oder Bauingenieur viel Geld verdienen, wenn er einmal groß sei. Daraufhin warf er alle Bauklötzchen um. Er fühlte sich unter Druck gesetzt. Sogar in diesem zarten Alter sollte er das kreative Spiel aufgeben und nur Dinge tun, die Geld einbringen würden. Er hatte das Gefühl, als hätte er in diesem Moment seine kreative Seite ausgeschaltet und sein kindliches spielerisches Selbst verloren. In der Szene riet er seinem kindlichen Selbst, etwas nur aus Spaß zu erschaffen, egal, was Mom sagte.

Nachdem der Mann das kindliche Selbst, das nur aus Spaß mit Bauklötzchen spielte, wiedergefunden hatte, verbrachte er den Abend mit billigen Malutensilien. Die Ergebnisse beurteilte er nicht. Dann kaufte er sich einen Kasten Spielzeugbauklötzchen und legte ihn auf seinen Schreibtisch im Büro. Von nun an nahm er sich jeden Tag eine bestimmte Auszeit vom stressigen Arbeitsalltag, um aus Spaß etwas Kreatives zu tun und den jungen Künstler in seinem Leben lebendig zu halten.

Reden Sie nach der Seelenheilung regelmäßig mit den Mitgliedern Ihrer persönlichen Seelenfamilie – den kindlichen Anteilen Ihres Selbst, dem schüchternen Jugendlichen in Ihnen, dem inneren Geschäftsmann oder Dichter, Ihrem göttlichen Selbst. Fragen Sie sie, was sie brauchen, um glücklich in Ihrem Körper zu leben und das Beste ihrer Energie in Ihr Leben zu bringen. Sie können darüber Tagebuch führen. Sie können den Dialog mit Fragen beginnen, die Sie auch normalen Angehörigen stellen würden: Was würdest du heute gern essen/machen/lesen? Sie können auch fragen: Was brauchst du? Wie kann ich dich bei Laune halten oder dir zeigen, dass du mir wichtig bist?

Und natürlich handeln Sie dann. Sie tun bewusst Dinge, die die verschiedenen Anteile Ihrer Seele nähren, ehren und feiern. Sie bitten auch Ihre Lieben und Freunde, Sie dabei zu unterstützen. Wenn sie Sie nicht unterstützen oder Ihren inneren Veränderungen keinen Raum geben, sollten Sie sich diese Beziehungen näher ansehen und prüfen, ob es an der Zeit ist, Ihre (direkten oder indirekten) Verträge mit diesen Menschen neu zu überdenken. Falls Sie es nicht schon vorher wussten, werden Sie jetzt herausfinden, dass ein echter Freund jemand ist, der Sie bei Ihren Veränderungen und in Ihrer Entwicklung unterstützt.

Unsere Träume und das Spiel der Synchronizität *nach* der Seelenheilung helfen uns zu überwachen, was in unserer Familie aus Seelenanteilen passiert. Nachdem ich drei meiner »verlorenen Jungs« – Seelenanteile, die sich schon in meiner frühen Kindheit verabschiedet hatten, als ich krank und einsam war und zu selten spielen konnte – zurückgebracht hatte, träumte ich von ihnen. In meinem Traum rannten drei kleine Jungen mit Kriegswaffen umher, die mit echter Munition geladen waren, und zückten sie, als wären es Spielzeugwaffen. Wie mir bewusst wurde, musste ich äußerst vorsichtig sein, wenn ich meinen Robert-Jungs half, sich an die Welt der Erwachsenen anzupassen, während ich meinem erwachsenen Selbst zu spielen erlaubte. Jetzt sitze ich an meinem

Schreibtisch, umgeben von Modellsoldaten, Wachsmalfarben und anderen Spielsachen, die meinen jungen Roberts Spaß machen, und sorge dafür, dass sie ihre Liebe zum Spiel und ihr kindliches Staunen in mein Leben bringen.

Wenn die Seelenintegration vollständig abgeschlossen ist, könnte uns ein Traum geschenkt werden, der bestätigt, dass wir jetzt ganz sind. Dann können wir das Buch unserer persönlichen traumatischen Geschichte zumachen und das vernarbte Gewebe abstreifen.

NIMMERMEHR

Nach vielen Jahren der Heilung, die sie befähigten, anderen eine großartige Heilerin zu werden, hatte Carol einen solchen wichtigen Traum. Im Traum ging sie die Treppe zum zweiten Stockwerk ihres alten Elternhauses hinauf. Oben waren alle weiß gestrichenen Türen abgeschlossen. Das erstaunte sie, da sie sich daran erinnerte, dass diese Türen immer offen waren, vor allem, wenn jemand gerade das Badezimmer benutzte. Vor ihrem alten Kinderzimmer erblickte sie einen gewaltigen schwarzen Vogel.

»Was machst du hier?«, fragte sie den Raben.

»Du sollst wissen, dass ich hier immer für dich da bin.«

Sie wachte mit einem Gefühl von Frieden und Glückseligkeit auf. Die Worte von Edgar Allan Poes Gedicht *Der Rabe* kamen ihr in den Sinn. Nimmermehr. Sie fürchtete sich nicht vor dem Raben. Im Gegenteil – sie spürte, dass er ein verzauberter Verbündeter war.

Als sie über den Traum nachdachte, wurde ihr klar, dass die abgeschlossenen Türen der ersehnte Abschluss waren. Sie schienen schmerzhafte Kapitel in ihrer Kindheit zu symbolisieren, die nun abgeschlossen und versiegelt waren. »Ich wohne nicht mehr da und mein inneres Kind wohnt auch nicht mehr in dem Horror der Vergangenheit.« Nun konnte sie über den Missbrauch und die Gewalt, die sie als Kind erlitten hatte, aufrichtig sagen: »Nimmermehr.«

ZEITREISE ZUM JÜNGEREN SELBST

Als Träumer können wir außerhalb der Zeit reisen. Als Zeitreisender können Sie zu einem jüngeren Selbst in seiner eigenen Jetztzeit reisen. Als Stimme in seinem Kopf können Sie ihm den Mut und den Rat geben, den es in einer Zeit des unerträglichen Leids oder Schmerzes braucht. Sie können der Freund und Beschützer sein, der ihm fehlte, als die Not groß war. Daraus kann ein enormer Heilprozess für beide entstehen – für Sie in der Gegenwart und für Ihr jüngeres Selbst *in seiner eigenen Zeit.*

Wenn Sie ein jüngeres Selbst auf die Weise, die Sie hier lernen werden, besuchen, können Sie ihm auch Geschenke mitbringen und seine Energie in Ihre Gegenwart holen.

Damit die Reise ein Erfolg wird, müssen Sie es sich als Erstes zum Ziel setzen, Ihrem jüngeren Selbst mit bedingungsloser Liebe und Mitgefühl zu begegnen. Sie müssen vermeiden, sich von den Gefühlen Ihres jüngeren Selbst in seiner Jetztzeit überwältigen zu lassen. Im Angesicht früherer Schmerzen und alter Scham emotionale Distanz zu bewahren ist schwierig. Oft fällt es den Reisenden leichter, eine aktive Einstellung anzunehmen. »Ich *werde* den Rat und Schutz bieten, den mein jüngeres Selbst so dringend gebraucht hat. Ich *kann* meinem wundervollen jüngeren Selbst zusichern, dass es überleben *wird* und dass es seinen Platz und seinen Einfluss auf der Welt bekommen wird.« Oder einem abgespaltenen Seelenanteil zu sagen: »Du wirst nie wieder verletzt oder beschämt werden. Das verspreche ich dir. Wir werden miteinander Spaß haben und kreativ sein und ich werde dir Dinge geben, die du schon immer haben wolltest.«

Sind Sie bereit? Hier ist ein Weg, wie Sie sich auf die Reise zu Ihrem jüngeren Selbst begeben können:

ÜBUNG

Die Reise zum jüngeren Selbst

Sie schweben über einem Strom. Es ist der Fluss Ihres jetzigen Lebens. Während Sie dem Strom flussaufwärts folgen, sehen Sie markante Punkte und Landschaften, Gesichter und Ereignisse aus Ihrem früheren Leben. Momente des Triumphes und Momente des Leids.

Sie fangen an, über dem Fluss flussaufwärts zu schweben.

Sie dürfen jederzeit anhalten, um in einen früheren Zeitpunkt in Ihrem Leben einzutauchen.

Wenn Sie dies tun, werden Sie einem jüngeren Selbst als eigenständiges Wesen begegnen. Sie können auf der mentalen Ebene mit Ihrem jüngeren Selbst kommunizieren. Sie können Ratgeber oder Cheerleader spielen. Sie können auch den Zeitpunkt der Trauer, des Schmerzes oder einer einschneidenden Lebensentscheidung identifizieren, an dem Sie zu einem Teil von sich den Kontakt verloren haben – einen Teil, der sich abgespalten hat, weil er den Schmerz oder die Scham nicht aushielt oder weil er gegen Ihre Entscheidung war. Wenn Sie einen solchen Moment der Trennung ausfindig machen, machen Sie den Weg frei für die Verbindung zu einem Teil Ihres vitalen Selbst »da draußen« und zur sanften Rückführung nach Hause.

Um das zu erreichen, müssen Sie versprechen, dass Sie sicher und unterhaltsam sind. Das heißt, dass Sie Dinge tun werden, die es gerne tut – egal ob das bedeutet, sich im Gras zu wälzen, mit Stofftieren zu spielen oder Lakritze zu essen.

SEELENHEILUNG UND LAKRITZE

Sie war da, noch bevor ich an sie dachte – ein hübsches kleines Mädchen mit feuerrotem Haar. Sie sah ihrem erwachsenen Selbst sehr ähnlich, außer dass das Feuer der Erwachsenen nur noch müde flackerte und sich ein dickes Fleischpolster als Puffer zwischen der Frau und der Welt, die dem Kind wehgetan hatte, gebildet hatte.

Du bist Jenny, stimmt's?, sagte ich in Gedanken zu dem Kind.

– Ich heiße Jen, korrigierte sie mich. Wie das Mädchen in *Der dunkle Kristall.*

Freut mich, dich kennenzulernen, Jen. Wann bist du angekommen?

– Gerade erst. Ich wollte sehen, warum die Leute lachen. Und mir gefallen die Bilder.

Auf dem Boden des Workshop-Raums waren viele Zeichnungen ausgebreitet. Wir hatten Erwachsenen-Kindergarten gespielt und mit Buntstiften und Filzstiften Bilder aus unseren Träumen skizziert.

Malst du gern, Jen?

– Ich mag Kunst ganz arg. Aber Mom hat gesagt, dass es Zeitverschwendung ist, und er hat meine schönsten Bilder zerrissen.

Ich nahm an, dass »er« ihr Vater oder ein Bruder war. Jen schien ungefähr fünf Jahre alt zu sein.

Jetzt ist es anders, sagte ich ihr. Jetzt kannst du alle Bilder malen, die du willst. Möchtest du nicht zu uns kommen und mitmachen?

– Die ist dick. Jen zeigt auf ihr erwachsenes Selbst. Und ihre Haare sind so ... struppig. Mit der will ich nicht zusammen sein.

Ihr gehört zusammen, Jen. Es wird alles gut, ehrlich. Zusammen werdet ihr glücklich sein und euch lebendig fühlen. Du kannst malen und tanzen und alles machen, was dir Spaß macht.

Ich spürte die plötzliche Angst und den Schmerz des Kindes.

– Du musst mir aber versprechen, dass sie mich nicht bestrafen, weil ich die Teller kaputtgemacht habe.

Ich wusste zwar nicht, was das bedeutete, doch ich war mir sicher, dieses Versprechen abgeben zu können.

Ich verspreche dir, dass du in Sicherheit sein wirst, Jen. Niemand wird dir je wieder wehtun.

Ich ließ sie Tigers Gesicht sehen. Er ist oft bei mir, vor allem, wenn verloren gegangene Kinder die Bestätigung brauchen, dass es sicher ist, in die Welt zurückzukommen, in den Körper ihres erwachsenen Selbst, das Leid oder Einsamkeit oder noch Schlimmeres durchgemacht hat. Auf Erwachsene wirkt mein Tiger furchterregend, aber kleine Kinder lieben ihn und vertrauen ihm mehr als Erwachsenen. Jen legte die Arme um seinen Hals und er kitzelte sie mit seinen Barthaaren.

Ich wollte Jen einen sicheren Ort bieten, an dem sie warten konnte, bis ich ihr die erwachsene Jenny vorstellte. Also bot ich ihr einen Raum an, der mit goldenem Licht erhellt war. Er ist ein Zitrin aus meiner Zauberkiste.

– Es gibt noch andere, sagte sie mir. Ich kann dir helfen.

Die Kleine, die von Gelächter und Kreativität angezogen worden war, war ein kluges Kind und ihrem erwachsenen Selbst ganz nahe. Sie zeigte mir, an welchem Punkt ein jugendliches Selbst von Jenny erniedrigt und verraten worden war. Das hatte eine Leere in ihr hinterlassen, die sie mit Essen und Zucker zugestopft hatte. Das Mädchen zeigte mir auch die reife Künstlerin und Grafikdesignerin, die Jenny hätte werden können, wenn sie bereit gewesen wäre, ihre Kreativität auszuleben.

Am Ende der Reise (mit der Trommel) lud ich die erwachsene Jenny ein, diese Aspekte ihrer vitalen Seelenenergie und Identität, die seit Jahrzehnten verschwunden waren, in ihren Körper und ihr Leben aufzunehmen. Sie war mehr als bereit dazu.

Eine Frage war noch offen: Was hatte es mit ihrer Angst auf sich, für zerbrochene Teller bestraft zu werden?

Zuerst konnte die erwachsene Jenny nicht erklären, was ihr kindliches Selbst gemeint hatte. Dann kehrte die Erinnerung, zusammen mit Seelenanteilen, wieder zurück. Eine grauenhafte Nacht, in der ihr Vater betrunken gewesen war und mehr als nur eine Kinderzeichnung auf dem Kühlschrank zerrissen worden war.

Jenny konnte sich daran erinnern und es dann loslassen. Die Seelenheilung bedeutet viel mehr als nur die Rückkehr unterdrückter Erinnerungen. Das Licht der kleinen Jen und des hübschen Teens und der Künstlerin leuchteten jetzt in Jennys Augen.

Lakritze, sagte Jenny. Früher habe ich Lakritze geliebt. Ich hab schon lange keine mehr gegessen. Ich habe Appetit auf Lakritze.

Ich gab ihr einen Dollar Taschengeld, um für die kleine Jen Lakritze zu kaufen. Wenn wir mit dem jüngeren Selbst Vereinbarungen treffen, müssen wir sie auch einhalten.

***

Wie im Fall von Jenny und der kleinen Jen müssen wir häufig die Rolle des Verhandlers übernehmen, wenn wir dabei helfen, ein jüngeres Selbst – für uns selbst oder andere – nach Hause zu holen. Ein jüngeres Selbst, das aufgrund von Leid oder Trauma, Langeweile oder Verzweiflung dem Leben den Rücken zugekehrt hat, muss wissen: Es wird in Sicherheit sein und die Dinge tun können, die es gerne tut, wenn es bereit ist, seine Energie mit der des erwachsenen Selbst zu vereinen – ob Bilder malen, Regen trinken oder Lakritze essen.

Dafür stehen uns Helfer zur Verfügung. Der Tiger hat Jen geholfen. Der Bär ist ein weiterer perfekter Verbündeter bei der Seelenheilung, vor allem die große Mutter Bär. Sie ist bekannt dafür, ihre Jungen mit allen Mitteln zu schützen – vor allem vor männlichen Bären. Wenn ein kindliches Selbst nicht zum erwachsenen Selbst zurückkehren wollte, habe ich schon öfter erlebt, dass die Einbindung der großen Mutter Bär bei der Zusammenführung der beiden Wunder bewirkt hat.

Bei einem Treffen von aktiven Träumern in den Bergen schlug ich eine Gruppenreise vor, um mit der großen Mutter Bär zusammenzuarbeiten. Sie sind willkommen, jetzt an diesem Familientreffen teilzunehmen. Bereiten Sie sich darauf vor, Ihre jüngeren Seelenanteile in Mutter Bärs Umarmung in Empfang zu nehmen. Falls Sie eine CD mit Trommelklängen besitzen, könnten Sie die nun einlegen:

ÜBUNG

Heilung im Schoß der großen Mutter Bär

Stellen Sie sich vor, wieder unter Ihrem besonderen Baum zu stehen, in der Erde verwurzelt zu sein, sich zwischen Erde und

Himmel zu erheben und das Licht zu trinken.

Sie gehen durch die Baumwurzeln hinunter in die Höhle von Mutter Bär. Ihr Körper ist entspannt und Sie folgen Ihrem Atemfluss.

Sie treffen auf eine Familie von Bären jeden Alters. Als Sie noch tiefer gehen, begegnen Sie der großen Mutter Bär. Erlauben Sie ihr, Sie in die Arme zu schließen. Sie werden auf ihrem Schoß Segen, Heilung und Nahrung erhalten.

Wenn Sie sich bereit fühlen, drehen Sie sich auf Mutter Bärs Schoß nach außen um. Breiten Sie die Arme aus, um einen jüngeren Teil von sich – der verloren gegangen ist oder immer wieder aus Ihrem Leben verschwindet – zu umarmen.

Wenn Sie das jüngere Selbst in Ihren Armen spüren, dann lassen Sie zu, dass Mutter Bär Sie beide in die Arme schließen und einander näherbringt – so nahe, dass Sie eins werden.

Hier sind Berichte von anderen, die auf diese Weise Seelenheilung erfahren haben:

»Ich hatte das herrliche Gefühl, in Mutter Bärs Armen geschaukelt zu werden. Als ich die Arme ausstreckte, kam ein vierjähriges Selbst zu mir. Dann erlebten wir ein wunderschönes Familientreffen. Meine Lieblingsgroßmutter war gestorben, als ich vier Jahre alt war. Nun kam sie in der äußeren Erscheinung eines gleichaltrigen Mädchens. Dann gesellten sich meine beiden Töchter, auch im Alter von vier Jahren, zu uns. Ich möchte eine Geburtstagsparty für alle veranstalten.«

Wie eine andere Frau uns erzählt, hatte sie in Mutter Bärs Höhle »eine Art Goldlöckchen-Erlebnis«. Sie traf dort auf drei junge Bären, die sich in kindliche Anteile ihrer selbst verwandelten. Sie bezogen die Frau in ihre Umarmung ein und dann feierten alle eine Teeparty.

Ein anderer Träumer erlebte eine Wiedergeburt durch Mutter Bärs Körper.

Eine weitere Träumerin begegnete einem jüngeren Selbst, das sie drängte, über Mutter Bärs Höhle hinaus zu ihrem alten Elternhaus zu gehen, wo schlimme Dinge passiert waren. Die Träumerin gehorchte. Als erwachsenes Selbst griff sie dort ein. Sie verschloss die Tür zum Badezimmer, damit ihr kindliches Selbst sich sicher fühlen konnte und genügend Privatsphäre hatte. Die Frau spürte, dass die Angelegenheit nun endlich aufgelöst und abgeschlossen war. »Wenn man den Erwachsenen stärken kann, kann man auch das Kind retten«, stellte sie fest.

IM TEMPEL DER TRAUMHEILUNG

Die Menschen im Altertum wussten, warum sie, meist unter großen Mühen, Gefahren und Kosten, zu Gebetsstätten für die Heilung von Körper und Seele reisten. Sie pilgerten zu den heiligen Quellen der keltischen Göttin Sequana, die sich in der Nähe von Dijon an der Stelle befinden, an der die Seine entspringt. Dorthin brachten sie ihre todgeweihten Opfer – beliebt waren ein Ferkel oder das Bild eines Ferkels – in der Hoffnung auf Heilung in der heiligen Nacht. In Japan reisen Pilger noch heute zu Kannon, der Göttin des Mitgefühls.

Im Mittelmeerraum strömten Reisende zu den Traumtempeln von Asklepios. Sie hofften auf eine Nacht der Träume, die über gewöhnliche Träume hinausgingen und in denen sie dem Gott, seinen Töchtern oder seinen Tieren – dem Hund und der Schlange – begegnen würden, damit die Träumer vor dem Morgengrauen geheilt würden. Asklepios' Töchter Hygeia und Panakeia könnten den müden, kranken Reisenden im Traum erscheinen und sie wie Säuglinge an ihren Brüsten saugen lassen. Rubens hat Hygeia in der üppigen Gestalt einer Geliebten dargestellt, die ein lebenspendendes Elixier aus einer Schale in den offenen Mund einer Schlange tröpfeln lässt. Daraus können wir folgern (wenn wir wach sind), dass die Einflößung von Geist, von der Lebenskraft, Gift in Medizin verwandelt. Das Apothekersymbol setzt sich aus Hygeias Schale und der Schlange zusammen; hoffentlich kennen die Apotheker auch die Bedeutung des Symbols.

Vor und nach der Seelenheilung können wir zum Tempel der Traumheilung gehen. Wir können dort um einen Traum der Heilung und Integration bitten. Wir können zu einem Haus der Heilung reisen und es in unserer Fantasie so bildhaft werden lassen, dass wir es jederzeit wieder aufsuchen und andere mitnehmen können. Zudem können wir einfach offen und bereit für die Heilung sein, die uns in der Nacht – also im Traum – zur Verfügung steht. Das könnte für die Heilung von Wunden, die durch frühere Beziehungen entstanden sind, besonders wichtig sein. Der Traum der Roten Königin ist ein schönes Beispiel dafür:

Die Rote Königin und ihr Exmann führen eine gegenseitige Herzoperation durch

Ich nenne sie die Rote Königin, weil sie eine leuchtend rote Haarmähne hat und weil sie damals vor Wut und Schmerz rot sah. Sie hatte gerade einen Scheidungskrieg hinter sich und hatte die bittere Erfahrung noch kein bisschen verarbeitet. In den Träumen, an die sie sich erinnerte, war sie entweder wieder in der schrecklichen Ehe gefangen oder versuchte, ihrem Exmann zu entkommen, wehrte sich mit langen Katzenkrallen gegen ihn oder überfuhr ihn mit ihrem schwarzen Jeep. Beim Aufwachen hatte sie das Gefühl, diejenige zu sein, die mehrmals überfahren worden war. Jeder Teil von ihr fühlte sich an wie rohes Fleisch. Und sie fuhr wie eine Irre.

Dann träumte sie, sie sei wieder mit ihrem geschiedenen Mann zusammen. Doch diesmal waren die Umstände anders. Beide lagen in weißen Krankenhauskitteln auf dem Operationstisch. Sie waren erschöpft, aber glücklich, weil sie sich gerade gegenseitig am Herzen operiert hatten und beide Operationen erfolgreich waren. Die Frau wachte mit einem Gefühl der Dankbarkeit auf. Wie sie feststellte, war ein großer Teil der Wut und des Schmerzes von ihr abgefallen. Sie konnte nun das Alte hinter sich lassen.

Ich fragte die Rote Königin, ob sie glaube, dass die Heilung auch ihren Exmann erreicht habe. Sie sagte, sie könne das in nächster Zeit nicht herausfinden, da sie es noch nicht schaffe, mit ihm zu reden. Doch wir waren beide überzeugt, dass die gegenseitige Herzoperation auch bei ihm auf irgendeiner Ebene etwas bewirkt haben könnte.

Wie Jane zur Schamanin ihrer eigenen Seele wurde

In einer Nacht des Träumens, an der ich teilnahm, konnte Jane eine alte, tiefe Wunde heilen. Als ich am Samstagmorgen aufwachte, sah ich meine Bekannte Jane, die sich über mein Bett beugte. Sie hatte Neuigkeiten für mich, doch ich hatte keine Zeit für sie, da ich an diesem Morgen ein Telefoninterview mit einem Reporter vereinbart hatte. Später rief ich Jane an und fragte: »Du hast Neuigkeiten für mich?«

Das hatte sie tatsächlich. Wie sie mir erzählte, war ich ihr vor kurzem in einem ihrer Träume erschienen, wobei ich eine Kette mit einem Kristallglobus trug. Hier ist ihr Tagebucheintrag:

Es ist ein klarer Kristall, in den man hineinsehen kann. Er besteht aus zwei Welten. Die eine ist leicht zu erkennen; die andere ist verborgen. Er nimmt ihn sich vom Hals und zeigt ihn mir. Er lässt mich ins Innere sehen. Ich erkenne deutlich eine Schlösserwelt und einen kleinen Schalter zum Einschalten von Farben und Bewegungen. Die andere Welt ist nur schwer zu sehen; sie sieht aus wie ein Hologramm aus geometrischen Linien, die wie Radierungen aussehen. Ich kann nur einen kurzen, vagen Blick darauf werfen. Ich gebe Robert den Globus zurück und danke ihm. Dann wache ich glücklich und von dieser Vision fasziniert auf.

Im normalen Leben trage ich zwar keine Kette mit einem Kristallglobus, doch das Bild hatte eine wichtige Bedeutung für mich. Früher verwendete ich bei der Seelenrückführung klare Quarzkristalle. Vor kurzem habe ich in einem meiner Seelenheilungskurse die Teilnehmer gebeten, Quarzkristalle mitzubringen. Bei der Begleitung der Seelenanteile von Menschen, die durch Leid oder Trauma einen wesentlichen Teil von sich verloren haben, auf der Rückkehr einer Traumreise ist mir aufgefallen, dass ein Kristall dem jüngeren Selbst wie ein leuchtender Lichtstrahl, ein geräumiger, mit Licht gefüllter Transporter oder ein »Wartezimmer« erscheinen kann, in dem sich das jüngere Selbst bis zur Seelenintegration sicher und geborgen fühlt.

Janes schönes Traumbild eines Kristallglobus mit »zwei Welten« fand ich aufregend. Was für ein hervorragendes Portal!

»Der beste Teil kam später in derselben Nacht«, sagte Jane mir. »Ich glaube, dein Auftauchen mit dem Kristall hat mich darauf vorbereitet. Aber am Anfang des Traums wusste ich nicht, ob ich die Nacht überleben würde.«

Jane hatte den Traum von mir (und dem Kristall) aufgeschrieben und sich dann wieder schlafen gelegt. Ein paar Stunden später wachte sie mit starken Schmerzen aus einem Traum auf, der sie in das Trauma zurückgeworfen hatte, das sie mit sechzehn durchgemacht hatte.

Ich träumte, vergewaltigt zu werden, und konnte mich deutlich an die Gefühle von Erniedrigung, Chaos, Verwirrung, Missverständnissen, Trauer, Angst und Wut erinnern, die ich damals mit sechzehn durchlebt hatte. Es waren die Emotionen, die ich bisher verdrängt hatte. Im Traum war die Situation anders und ich wurde von zwei guten Männern gerettet.

Im Augenblick meiner Rettung wachte ich mit starken Schmerzen in der Brust auf, die zwanzig Minuten anhielten. Ich war nicht sicher, ob es nicht ein Herzinfarkt war. Ich fragte mich, ob ich Hilfe holen sollte, denn der stechende Schmerz in meinem Herzen fühlte sich an, als würde man mir mit einer Lanze in den Rücken stechen. Aber ich hielt ihn aus, weil ich glaubte, dass es ein heilender Schmerz war, der direkt aus dem Traum kam. Ich wusste, etwas Wichtiges passierte mit mir.

Irgendwann verging der Schmerz. Ich drehte mich auf die andere Seite und schlief weiter. Eine halbe Stunde später wachte ich voller Lebensenergie auf. Ich hatte einen Bärenhunger und war überglücklich, überhaupt noch am Leben zu sein. Der Traum hat mich verändert. Ich weiß, dass eine wesentliche Seelenheilung stattgefunden hat.

ÜBUNG

Die Reise zum Haus der Heilung

Sie können ein Haus der Heilung im Reich der Fantasie erbauen und erweitern und jederzeit dorthin zurückkehren. Fangen Sie mit einer einfachen Reise an, um Ihren individuellen Heilraum zu definieren. Ihr Ziel ist es, einen Ort der Heilung aufzusuchen, an dem Sie Werkzeug und Ressourcen finden, um sich zu helfen und die Heilung anderer zu unterstützen.

Sie können sich diesen Ort als Haus oder als eine Landzunge vorstellen, die auf drei Seiten vom Meer umspült wird. Das Geräusch und der Rhythmus der Wellen trägt Sie hin.

Wenn Sie sich Ihrem Haus der Heilung nähern, treffen Sie auf Helfer. Ihre Helfer ermutigen Sie, das Gepäck, das Sie mitführen, abzulegen. Es könnte Sie überraschen, wie viel Ballast Sie mit sich herumgeschleppt haben und wie schwer es ist.

Als Nächstes werden Sie gebadet und gereinigt. Möglicherweise durchlaufen Sie weitere Reinigungsstadien.

Dann werden Sie in ein schlichtes weißes Gewand gekleidet.

Nun sind Sie bereit, das Haus der Heilung zu betreten. Hierbei kann ein Reiseführer Sie begleiten. Sie erkunden im Haus der Heilung mehrere Räume. Jeder Raum hat besondere Werkzeuge und Ressourcen für den gesamten Heilprozess. Vielleicht finden Sie sich in einem Raum wieder, in dem Sie mit Farben arbeiten können, oder in einem Zimmer mit lauter Spielsachen aus Ihrer Kindheit oder auch in einem Raum voller Geschichten.

Dies ist ein Ort, an den Sie jederzeit kommen können. Sie können auch andere zur Seelenheilung dorthin einladen.

10. Die Begegnung mit der Seele der Seele

Du bist auf dieser Erde kein ungebetener Gast,
du bist auch kein Zufall unter anderen Zufällen.
Du wurdest von einer anderen und größeren Nacht
eingeladen als der, der du gerade entstiegen bist.

– David Whyte, »What to Remember When Waking«

Von allen Geistführern und Ratgebern, die uns in einer Lebenszeit zur Seite stehen mögen, könnte der wichtigste sehr wohl der sein, den wir oft gar nicht wahrnehmen. Das ist, weil wir entweder den Bezug dazu verlieren und seine Existenz vergessen oder weil wir es für etwas anderes halten. Es handelt sich um einen Freund der Seele, der uns nie belügt und nie beurteilt. Es ist kein Fremder. Es ist kein Gott oder Geist außerhalb unseres eigenen Wesens. Es ist das Selbst auf einer höheren Ebene als der gewöhnlichen. Es ist das Gesicht, welches das größere Selbst uns offenbart, wenn wir bereit sind hinzusehen.

Die Sufi sprechen von der Seele der Seele. Wir wollen diesen Begriff entleihen, um die Richtung zu definieren, wenn wir uns auf die Reise zur Seele auf einer höheren Ebene begeben. Außerdem werden wir eine alte Methode der Sufi anwenden, mit der wir diese Reise am Tor zum Herzen starten können.

MEDITATION

Das Herz öffnen

Legen Sie die Hand auf Ihr physisches Herz. Hören Sie Ihrem Herzen zu. Sehen Sie, wie es ihm geht und was es braucht. Dieses tolle Organ hat Ihren Körper all die Jahre am Laufen gehalten. Sie sollten ihm Ihre Dankbarkeit zum Ausdruck bringen.

Nun legen Sie die Hand auf die Mitte Ihrer Brust. Dadurch nehmen Sie Verbindung zum Herzzentrum auf, das das physische Herz und die Lunge enthält und ein luftiger Raum sein sollte. Doch das Herzzentrum ist noch viel mehr als nur ein Körperorgan. In Ihrem Energiekörper, im Zentrum Ihres Lebens, finden Sie Ihre persönliche Wahrheit. Für viele Kulturen – darunter auch die alten Ägypter – ist das Herz der Sitz des wichtigsten Aspekts der Seele. Das ist der Teil, der von diesem Leben in andere Leben übergeht und der von den Ägyptern als Vogel mit menschlichem Kopf dargestellt wurde.

Im Herzzentrum finden Sie Mut. Mut ist eine Eigenschaft des Herzens und sollte nicht mit Furchtlosigkeit verwechselt werden. Wenn Sie keine Angst kennen, können Sie nicht wirklich mutig sein. Mut ist Angst, die durch etwas noch Stärkeres besiegt wird, das Sie im Herzen finden – egal ob Liebe, Loyalität oder eine gute Sache.

Das Herzzentrum ist auch die Stelle, an der Sie Freude und Schmerz am stärksten und aufrichtigsten empfinden. Wenn wir zutiefst verletzt worden sind, versuchen wir manchmal, das Herzzentrum zu verschließen, um nicht mehr so viel zu fühlen und nicht mehr verletzbar zu sein. Wir verstecken das Herz, um nicht gesehen und nicht gedemütigt zu werden. Dann wird der Schmerz zwar weniger, aber auch die Freude. Wenn wir den Zugang zu unseren tieferen Gefühlen verlieren, verlieren wir die Intelligenz des Herzens, die uns einen inneren Kompass verleiht.

Es ist an der Zeit, das Herzzentrum wieder ganz zu öffnen und Wahrheit und Richtungsweisung zu finden, indem wir dem folgen, was wir tief im Herzen längst wissen und wonach wir uns sehnen.

Nehmen Sie die Hand von der Brust und fühlen Sie, wie ein Vorhang zurückgezogen wird, ein Stein wegrollt oder eine Tür weit aufgeht. Lassen Sie Ihr Herzlicht leuchten. Holen Sie tief Luft und lassen das Geräusch heraus, das aus Ihrem Herzen kommt. Noch einmal. Und noch einmal. Bei drei Mal entfaltet der Zauber seine Wirkung.

Nun haben Sie sich einer Quelle geöffnet, die nie versiegen wird. Sie können herkommen, wann immer Sie eine weisende Richtung und Mut für jede Lebensfrage – darunter auch, wie Sie Ihren tieferen Lebenssinn identifizieren und ihm folgen können – brauchen.

Doch für den Augenblick werden wir aus einem ganz bestimmten Grund von diesem Zentrum aus ins Licht des Herzens reisen.

ÜBUNG

Die Reise zur Seele der Seele

Sie spüren eine starke Sehnsucht in Ihrem offenen Herzen. Das ist die Sehnsucht, mit der/dem Geliebten Ihrer Seele zusammen zu sein – mit dem Wesen, das Sie bedingungslos liebt, das Sie führt, beschützt und niemals beurteilt. Diese Sehnsucht geht über die Sehnsucht nach einem Seelengefährten in der physischen Welt hinaus, auch wenn Sie das Glück haben könnten, einen Partner zu haben – zu finden –, der einen Teil dessen verkörpert, wonach Sie jetzt suchen.

Im Herzen sehnen Sie sich nach der Seele Ihrer Seele. Sie geht zwar über Sie hinaus, doch sie ist ein Teil Ihres Höheren Selbst. Sie sucht Sie in Träumen auf, obwohl Sie sie hinter den vielen Masken und Kostümierungen, die sie benutzt hat, um sich Ihrer Verstandesebene anzupassen, möglicherweise nicht erkannt haben. Vielleicht haben Sie geträumt, auf dem Weg zu einer Hochzeit zu sein, und sind verwundert aufgewacht, ohne zu begreifen, dass die Braut oder der Bräutigam der/die Geliebte Ihrer Seele sein könnte – dass Sie aufgefordert worden sind, sich mit einem größeren Selbst zu vereinen. Womöglich haben Sie herrliche Nächte in der Gesellschaft der Seele Ihrer Seele verbracht, aber am nächsten Morgen alle Erinnerungen daran vergessen, so wie man einen benutzten Kaffeefilter im Mülleimer vergisst. Vielleicht sind Sie im Traum vor dem, was Sie für einen Fremden hielten, davongelaufen, ohne zu begreifen, dass das Höhere Selbst dem kleinen Selbst wildfremd sein kann.

Nun sind Sie bereit, bewusst die Wiedervereinigung anzustreben, nach der sich Ihr Herz sehnt. Konzentrieren Sie sich in entspannter Stellung an einem ruhigen, geschützten Ort auf Ihr Ziel, während Sie Ihrem Atemfluss folgen.

Ich will der Seele meiner Seele begegnen.

Sprechen Sie dieses Ziel sanft aus. Klopfen Sie dreimal auf Ihr Herz und bestätigen Sie dadurch, dass die Tür offen ist.

Ihr Verlangen nach der/dem Geliebten Ihrer Seele steigt wie ein Lichtbanner, ein Lichtstrahl auf. Sie nehmen seine sanften Farben wahr. Sie sehen zu, während der Strahl aus Herzlicht sich auf den Himmel zu bewegt.

Nach einer Weile sehen Sie weit oben ein Licht antworten. Sie sehen, wie es sich von hoch oben wie eine weiche Flammenzunge nach unten bewegt.

Wo das Feuer des Himmels auf das Licht Ihres Herzens trifft, in dem Raum, der sich jetzt öffnet, da werden Sie der Seele Ihrer Seele begegnen.

Die Form, die sie annimmt, wird sich der Ebene anpassen, auf der Sie verstehen können. Sie könnte als religiöse Gestalt oder als Engel, in Tiergestalt, als Ihr eigenes helleres Double oder als Lichtgestalt erscheinen.

Sie werden sich unterhalten. Sie können die Seele alles fragen. Sie werden Führung erhalten. Sie werden auch eine Aufgabe gestellt bekommen, möglicherweise eine, die Ihnen schon vor langer Zeit aufgegeben wurde, die Sie jedoch bisher vergessen hatten.

Sie werden reich beschenkt zurückkehren. Sie werden eine neue Energie, ein gewisses Strahlen der Seele haben. Sie werden fähig sein, die Probleme und Dramen Ihres gewöhnlichen Alltags aus einer höheren Perspektive zu sehen. Sie werden sich an die Aufgaben erinnern, die Ihnen auferlegt worden sind.

EINE NACHT MIT DEN PRINZEN DES OSTENS

So wie ein Traum jederzeit Ihr Tor zu einem Teil Ihrer Seele sein kann, der entweder schläft oder verloren gegangen ist, kann er auch das Portal zu einem Geistführer auf einer höheren Ebene sein. Ich möchte Ihnen hierzu eine eigene Geschichte erzählen.
Im Traum bat mich ein alter Bekannter, mit ein paar Ausländern zu Mittag zu essen, einem Mann und einer Frau. Sie hätten Perser sein können. Wir gingen in ein Restaurant. Dort verschwand mein Bekannter und unterhielt sich im Hintergrund mit dem Personal. Ich setzte mich zu dem ausländischen Paar an einen Tisch. Wir schienen die einzigen Restaurantgäste zu sein. Es war ein teures, doch anonym wirkendes Restaurant wie auf einem Flughafen oder in einem Hotel.

Ich beschloss zu gehen und stand vom Tisch auf. Mein Bekannter fing mich völlig aufgelöst vor dem Ausgang ab. Ob ich denn meine Aufgabe vergessen hätte? Ich sollte dem Paar eine Liste von Fragen stellen und ihre Antworten aufschreiben. Er zeigte auf handschriftliche Notizen und ein auf dem Computer geschriebenes Memo, das er mir vorher zugesteckt hatte, das ich mir aber nicht angeschaut hatte.

Als ich von diesem Traum aufwachte, lag ich in helles Mondlicht getaucht im Bett einer Ferienhütte auf den Champlain-Inseln in Vermont. Ich war aufgeregt und sehr neugierig. Ich wollte unbedingt mehr über die Antworten herausfinden, die ich im Traum hätte aufschreiben sollen. Daher musste ich in den Traum zurückkehren und machte mir das zur Absicht. Papier und Stift griffbereit, legte ich mich wieder ins Bett. Ich war entschlossen, wenn ich meine Unterhaltung mit den geheimnisvollen Fremden wieder aufnehmen könnte, meine Aufgabe, die Ergebnisse aufzuschreiben, diesmal nicht zu vergessen.

Ich konzentrierte mich auf das Restaurant als mein Portal für die Rückkehr in den Traum. Wie ich herausfand, hieß das Restaurant »Golden Bowl« (»Zur goldenen Schale«). Bei meiner bewussten Rückkehr in den Traum sah ich mir die Unterlagen, die mein Bekannter mir gegeben hatte, näher an. Es waren drei Schriftstücke in einem großen braunen Umschlag, handschriftliche Notizen auf mehreren Zetteln aus hochwertigem Papier, ein getipptes Memo und ein ausgeschnittener Zeitungsartikel der Tehran Times. Die Überschrift handelte von einem Besuch »Des Prinzen und der Prinzessin von Fars«.

Ich musste unbedingt die Unterhaltung mit diesen königlichen Reisenden wieder in Gang bringen. Also ging ich an den Tisch zurück und betrachtete jedes Detail ihrer äußeren Erscheinung. Der Prinz hatte ein angenehmes Äußeres; er war frisch rasiert, gut gekleidet, hatte eine ovale Gesichtsform, schwarzes, glattes Haar mit nur angedeuteten Koteletten und große dunkelbraune Augen. Im Gegensatz zu ihm waren die Gesichtszüge der Frau verschwommen. Sie war verschleiert, jedoch nicht im Stil des Islams, sondern wie eine Hohe Priesterin.

Wie mir klar wurde, war ich dem Prinzen schon mal in einem Traum begegnet; damals hatte er mir gesagt, sein Name sei Shams. Er trug ein schönes graublaues Hemd mit einem schmalen weißen Kragen unter dem handgeschneiderten Anzug. Er drängte mich, mir das getippte Blatt Papier anzusehen, das mir mein Bekannter gegeben hatte. Ich sah es mir an und stellte fest, dass eine Reihe Fragen aufgelistet waren. Ich war an zwei Orten gleichzeitig völlig präsent: im Restaurant bei dem Prinzen und der Prinzessin und auf dem Bett in der mondbeschienenen Hütte am Champlain-See.

Während ich in der Hütte die Fragen notierte, die mein zweites Selbst durchlas, gab Shams mir die Antworten.

1. *Was bedeutet es, im Exil zu sein?*

Es bedeutet, unfreiwillig von seiner Heimat getrennt zu sein. Das ist der Zustand der Seele, wenn sie in den Körper schlüpft. Es ist der Zustand des höheren Menschen, wenn er von seinem Höheren Selbst getrennt wurde.

2. *Was sind die Bedingungen für die Rückkehr?*

Für die Rückkehr braucht man Mut, die Bereitschaft zur Verneinung weltlicher Dinge. Es ist immer eine Reise zum Berg. Sie bedeutet, die Nabelschnur zu den weltlichen Dingen zu zerschneiden.

Unterwegs gibt es viele Prüfungen und Hindernisse, Ablenkungen und Versuchungen. Doch die Heimat streckt die Hand aus, um den Rückkehrer aus dem Exil nach Hause zu führen. Es gibt immer einen (Geist-)führer. Er tritt fast jedes Mal in unerwarteter Gestalt auf. Sein Gesicht kann das eines vertrauten Menschen oder das eines Fremden sein.

3. Was ist die Quelle?

Die Quelle ist der bodenlose Brunnen der Erinnerungen. Man kann ihn als einen Gang oder ein Bohrloch zu unerschöpflichen Reserven ansehen. Verwechsle das Bohrloch nicht mit dem, was dahinter liegt. Von einem bestimmten Standpunkt aus ist das Bohrloch auch der Geburtskanal. Man kann lernen, ins Wasser des Lebens, die Gebärmutter der Urmutter zurückzuschwimmen.

4. Wer ist der Geistführer?

Der Geistführer ist der Abgesandte der Intelligenzebene – der Ebene des Realen –, auf der du zu diesem bestimmten Zeitpunkt arbeiten kannst. Der Geistführer nimmt die Form an, die du erkennst.

5. Was ist das Königsreich?

Das Königsreich ist diese Welt. Doch eine echte Krone verdient man sich nur durch den Segen der Anderen Welt. Die wahre Krone ist das Leuchten.

6. Wie funktionieren unsichtbare Schulen?

Du wirst in eine spirituelle Tradition oder Familie hineingeboren (d. h. wiedergeboren). In Träumen und im visionären Zustand wirst du aufgefordert, die Verbindung zu Lehrmeistern deines Ordens aufzunehmen. Du kannst zwar zum Besuch anderer Schulen eingeladen werden, doch du wirst mit einer Hauptverbindung geboren.

7. Was sind die Bedingungen für die Seelenreise?

Die Schlüssel sind die Meditation und Konzentration, die Anwesenheit des Geistführers, Mut für die Reise. Außerdem eine zuverlässige Landkarte und ein Passwort. Und vor allem das Reisegewand. Es geht nicht nur darum, den irdischen Körper zurückzulassen, sondern auch darum, sich den himmlischen Körper überzustreifen. Du musst ihn dir verdienen, du musst hineinwachsen. Der himmlische Körper – der wahre Lichtkörper – wird für die hohe Erfahrung des Seelenreisens gebraucht.

Das war der vielleicht tiefgründigste Dialog meines bisherigen Lebens gewesen. Als wir das Gespräch beendet hatten, zog ich mir mein Hemd und die Shorts an und ging hinunter an den See. Im Zwielicht vor der Morgendämmerung lag ich auf dem schwebenden Bootssteg und sah zu, wie sich das Licht auf dem See veränderte. Ein Silberstreifen am Horizont wurde langsam immer breiter. Ein Hauch von Rosa breitete sich wie eine Wolke über dem Wasser vor dem silbernen Hintergrund aus. Ich schwebte auf einem rosa Himmel unter einem blauen See. Ich beobachtete einen Eisvogel mit mächtigem Kopf und breiter Brust, der von der anderen Seite des Ufers Besitz ergriff.

Später forschte ich nach dem Namen Shams. Es überrascht wohl niemanden, der Rumi kennt, dass meine Recherchen mich sehr rasch zum Shams seiner poetischen Vision brachten. Rumis Shams, Shamsuddin l-Tabriz, war der »unsterblich Geliebte« seiner bedeutendsten mystischen Höhenflüge und seiner ekstatischen Dichtkunst. Shams, der als Meister (Mawlana) und zugleich als »rätselhafte« Gestalt beschrieben wird, tauchte im Jahr 1244 in Rumis Heimatstadt Konya auf und verwandelte Rumi (laut dessen Bericht) von einem nüchternen, pflicht- und gesetzestreuen Akademiker in einen spirituellen Dichter: »Früher hielt meine Hand immer einen Koran, doch jetzt hält sie den Krug der Liebe.« Rumis umfangreiches Werk *Diwan* (eine Gedichtsammlung) ist nach Shams benannt; Sein Titel lautet *Diwan-i Shams-i Tabrizi* und ein Drittel der darin enthaltenen Gedichte sind ausdrücklich Shams gewidmet. Der Shams der Gedichte ist der Geistführer, das strahlende Double, der himmlische Zwilling, der Sohn des Sohns, Objekt und Subjekt der Aufgabe.[1]

Ich weiß nicht, ob mein Shams der Shams ist, den der Dichter kannte. Der Name bedeutet »Sonne«. Aber ich weiß, dass in jener Nacht am See für mich die Sonne schien.

DAS DOUBLE AUF DEM BALKON

In meinen Träumen und im Grenzzustand der Hypnagogie bin ich einem zweiten Selbst begegnet, das Kenntnisse und Fähigkeiten besitzt, die meinem wachen Selbst fehlen. Dieser andere Teil lebt in einer anderen Art von Zeit. Er leidet nicht unter der Illusion, Newtons physikalische Gesetze würden für ihn gelten. Er kann Ereignisse und Situationen in meinem Leben – und im Schicksal ganzer Länder – von einer höheren Warte aus überblicken, so wie ein Junge eine Modelleisenbahn von oben sehen kann oder ein Mädchen die Rückseite eines Puppenhauses öffnen und dadurch in die Zimmer hineinschauen kann. Er reist vor mir auf den Wegen der möglichen Zukunft. Er springt in die Zeit hinein und wieder hinaus, bewegt sich zwischen Parallelwelten, so wie Sie und ich einen Aufzug betreten und wieder verlassen. Er teilt Wissen mit mir, das mir keines meiner anderen Selbste zur Verfügung stellt. Einmal sagte er zu mir: »Ich bin nicht dein Double in diesem Leben. Ich bin das Mehr von dir, das du vergisst.«

Manchmal mache ich es mir beim bewussten Träumen zum Ziel, mich mit ihm hinzusetzen und offen über das Leben und die Leben zu sprechen. Der Ort, an dem wir uns meistens treffen, ist ein Tisch auf der Terrasse eines gemütlichen Cafés. Von hier oben kann man Zeit und Raum überblicken. Deswegen ist er für mich zum Double auf dem Balkon geworden.

Wie die Yoruba glauben, haben wir ein »Double im Himmel«, während wir uns hier unten auf dem Marktplatz der Welt befinden. Dieses himmlische Double beobachtet uns aus einer höheren Perspektive und kann uns an Dinge erinnern, die wir im Trubel des Weltlichen gerne vergessen. Darunter sind auch die Seelenvereinbarungen, die wir getroffen haben, bevor wir auf die Welt kamen. Die Hilfe des Doubles beim Erinnern der Seele kann zu den wichtigsten und praktischsten Veränderungen im Leben führen, da »sich ein unglückliches Schicksal korrigieren lässt, wenn festgestellt werden kann, was es ist.«[2] Äußerst faszinierend an der Lehre der Yoruba ist die Vorstellung, dass wir von einem Leben zum nächsten mit unserem »Double im Himmel« die Rollen tauschen.

Der französische Wissenschaftler Jean-Pierre Garnier Malet kam zu der Überzeugung, dass der Kontakt zu dieser Art von Double, vor allem durch Träume, für unser Verständnis der Realität und unsere Fähigkeit zu einem erfüllten und bewussten Leben notwendig ist. In seiner *Théorie du Dédoublement* führt Garnier Malet die Theorie aus, dass das »Verdoppeln« von Zeit und Raum ein »Gesetz der Physik« ist, das uns »temporäre Öffnungen« ermöglicht – Gelegenheiten, in Zeit hinein und wieder aus ihr hinauszugehen und so unsere potenzielle Zukunft zum Besseren zu wenden. Diese Gelegenheiten verstärken sich, wenn wir uns der Existenz unseres Doubles bewusst werden und sein höheres Wissen anzapfen. Die beste Methode, Kontakt zu seinem Double aufzunehmen, ist die richtige Annäherung an Schlaf und Träume. »Ihr Double kann sich in Ihren Träumen um Sie kümmern. Die Art, wie Sie sich dem Schlaf nähern, ermöglicht es ihm zu kommen, um Sie zu beraten und zu arrangieren, was für Sie in der Zukunft möglich ist.«[3]

Während Sie über die Mitspieler in Ihrem Traum nachdenken, sollten Sie vielleicht Ausschau nach dem Double auf dem Balkon halten. Oder sich einfach vorstellen, Sie würden sich in einem netten Café mit Blick über die Welt entspannt mit einem zweiten Selbst unterhalten, das Ihre Probleme und Lebensentscheidungen aus der Zeugenperspektive betrachten kann, ohne Urteil und immer mit Humor.

DIE SPIRITUELLE THRONSETZUNG

Wenn wir Raum in uns für Heilung und Transformation geschaffen haben, ist es manchmal möglich, einen Aspekt des höheren Selbst zu erreichen, den wir bisher in unserem jetzigen Leben noch nicht verkörpert haben.

Dies geht über Seelenheilung und Seelenrückführung hinaus.

Ich nenne es die spirituelle Thronsetzung: die Einsetzung einer größeren spirituellen Präsenz im Körper und in der Persönlichkeit des Empfängers. Was auf den Thron gesetzt wird, ist dem Suchenden keineswegs fremd. Es ist ein Aspekt seiner eigenen tieferen und vollständigeren Identität, das Selbst hinter dem gewöhnlichen Selbst. Es kann dem Suchenden die Erinnerungen an viele Lebensreisen und an das Wesen und die Struktur des multidimensionalen Selbst wiederbringen. Es kann als engelhaftes Wesen oder als Gott oder Göttin wahrgenommen werden.

Die Verschmelzung mit einem Aspekt des Höheren Selbst bewirkt einen Quantensprung in der Evolution des individuellen Bewusstseins und bringt strahlende Energie und Licht mit sich.

Sie ist der Schlüssel zur wahren Transformation.

Wenn wir dazu privilegiert sind, eine spirituelle Thronsetzung zu erreichen, werden wir Hebammen bei der Geburt des höheren Bewusstseins in unserer Welt.

11. Die Heilung der Ahnen

Es ist nicht nur möglich und rechtmäßig, ...
sondern auch die unbedingte Pflicht
der Sterblichen, ... eine liebevolle Verbindung
zu den Lieben aufrechtzuerhalten, die vor ihnen gegangen
sind.

– W. T. Stead, Vorwort zu »After Death, or Letters from Julia«
(1905)

Sie steht vor dem Feuer, aufrecht und so kerzengerade wie eine hohe Flamme. Ihre grünen Augen blitzen. Irene bückt sich kurz, um dem Feuer eine Opfergabe zu bringen, eine Prise Tabak, einen Zweig Salbei. Dann entfaltet sie vorsichtig das erste Blatt Papier. Sie liest die Zeilen, die sie geschrieben hat: »Ich übergebe alle tiefen, verkrusteten Gefühle, die meine Vorfahren, unsere geliebten Männer, in die Alkoholsucht getrieben haben, dem Feuer.«

Dann lässt sie das Blatt ins Feuer fallen und die Flammen verzehren es hungrig.

Sie entfaltet die zweite Botschaft und liest sie mit klarer, schwingender Stimme vor, so dass selbst die Leute am Rand des Kreises ihre Worte verstehen können, ohne sich vorbeugen zu müssen. »Ich übergebe die tiefe Traurigkeit meiner Vorfahren, der verlassenen Männer, die nie Liebe gekannt haben und sich von ihren Frauen, Müttern und Schwestern, Töchtern und Geliebten nicht anerkannt fühlten, dem Feuer.«

Die Flammen schießen höher, während das zweite Blatt knisternd verbrennt.

Sie bückt sich, um ins Feuer zu blasen und ihren ernsten Absichten ein Stück Seele, die auf dem Atem reist, hinzuzufügen.

Als sie sich wieder aufrichtet und sich zum Kreis umdreht, ist es für einen Augenblick ganz still. Dann klatschen wir und feiern, was sie getan hat, weil wir erstaunt sind. In einer Feuerzeremonie wie dieser kommen die Leute mit allem möglichen Ballast, den sie loswerden wollen: alten Gewohnheiten, Angst oder Schuldgefühlen, Sucht oder Abhängigkeit. Sie hat gerade eine Geschichte von verkrüppelten Leben und zerstörerischen Beziehungen, die Generationen umfasst, losgelassen. Statt die Männer, die ihren Frauen das Leben zur Hölle machten, zum Teufel zu schicken, hat sie darum gebeten, sie zu befreien – über die Blutlinie zurück bis in die Urzeiten. Sie hat um eine Tiefenheilung ihrer Vorfahren gebeten und sie hat als eine starke Frau mit dem Recht der Priesterin, zu vergeben und einzugreifen, darum gebeten.

Als wir später am Abend still zusammensaßen, fragte ich sie, wo sie die bemerkenswerten Worte herhatte. »Von Kate und Caroline«, sagte sie. »Die Worte waren ganz klar. Sie hatten alles aufgeschrieben. Sie wollten sicherstellen, dass ich alles genau verstand.«

Wie sie mir erklärte, war Kate ihre irische Großtante und Caroline ihre deutsche Großmutter. Beide waren schon lange tot, doch beide waren ihr bei der Seelenheilungsarbeit, die wir mit der Gruppe gemacht hatten, als Geisthelfer erschienen. Sie hatten ihr geholfen, ihren todtraurigen, einsamen sechsjährigen Seelenteil zurückzuführen, der auf grausame Weise von dem Vater, den sie liebte, getrennt worden war, als sie bei Pflegeeltern untergebracht worden war – ohne jegliche Erklärung. Wenn sie ihn auch nur erwähnt hatte, war sie geschlagen worden. Auch wenn sie sich an Caroline als eine kühle, steife Frau erinnerte, war ihr diese Großmutter nun als warmes und liebevolles Wesen erschienen, das sich große Sorgen um sie machte und sie bei der Heilung der gesamten Familie über Generationen hinweg unterstützen wollte.

Wir waren beide sehr dankbar für die Hilfe, die uns zur Verfügung steht, wenn wir uns der Seelenarbeit widmen. Geleitet von starken Frauen ihrer Familie, die von der anderen Seite des Todes Verbindung zu ihr aufgenommen hatten, wollte Irene die Generationen von männlichen Vorfahren befreien, die im Gefühl der Ohnmacht, in Leid und Sucht gefangen waren. Ich glaube, an diesem Abend hat sie etwas bewirkt. Über Zeit und Dimensionen hinaus hat sie Licht in viele Leben gebracht. Ihr Beispiel kann uns inspirieren, nach einer solchen Heilung unserer Vorfahren zu streben.

***

Wir wollen vielleicht nicht an unsere Ahnen denken, aber unsere Ahnen denken an uns. Ob es uns gefällt oder nicht: Wir sind mit den Vorfahren unserer biologischen Familien bis hin zur Ur-Eva in Afrika oder einer sogar noch älteren Person verbunden. Ihre Geschichte lebt in unserem Körper. Ihre Schablonen können unsere Gewohnheiten und unser Verhalten steuern, bis wir es erkennen und das Muster unterbrechen. Außerdem sind wir mit den Vorfahren des Landes, auf dem wir leben, verbunden. Das kann besonders problematisch sein, wenn es sich um Mitglieder der ersten Urvölker handelt, die unsere Ahnen aus der Alten Welt möglicherweise von ihrem Land vertrieben haben.

Wir sind daran interessiert, Seelenverbindungen zu weisen Ahnen und lieben Verstorbenen herzustellen und zu würdigen. Doch damit diese Beziehungen gedeihen können, müssen wir erst ungesunde Vermächtnisse und Energiebindungen auflösen. Dafür müssen wir verstehen, dass mehr als nur ein Aspekt der Seele und des Geistes den körperlichen Tod überlebt und während des irdischen Lebens außerhalb des Körpers umherwandern kann. Auch wenn wir uns eine klare und hilfreiche Kommunikation mit den Vorfahren auf der geistigen oder spirituellen Ebene erhoffen, wollen wir ganz sicher nicht in die schwere Energie anderer lebender oder toter Menschen verstrickt werden. Wir müssen die Muster vieler Generationen, die uns fesseln, erkennen und loslassen. Wenn wir versuchen, die Folgen von Seelenverlust zu bereinigen, stellen wir womöglich das dringende Bedürfnis nach spiritueller Freisetzung von ungesunden Energiestörungen fest, die durch ein Loch in unserem Wesen ermöglicht wurden. Die Natur verabscheut jedes Vakuum und füllt jedes Loch.

Auf dieser Ebene kann die Heilung mit einer Selbstprüfung beginnen. »Diese Welt ist eine Schüssel, zu der die Geister zum Essen kommen«, hat ein südamerikanischer Schamane es ausgedrückt. Die Frage, die wir uns bei der Selbstprüfung stellen sollten, ist: Welche Geister füttere ich in meinem jetzigen Leben?

RAUCH INS FEUER GEBEN

Gabes Geschichte ist aufschlussreich. Sie dreht sich um eine Sucht, die von dem Bedürfnis eines anderen Familienmitglieds aufrechterhalten wurde, einen Geist der Lebenden und eine weitere höchst originelle Feuerzeremonie.

Er war ein schöner Mann, doch er hatte den Blick eines Gejagten, so als hätte er das Gefühl, von irgendetwas überschattet zu sein. Er konnte nicht lange in Ruhe am Tisch sitzen bleiben, ohne aufzustehen und eine Zigarettenpause einzulegen. Ich äußerte während der allgemeinen Unterhaltung die Bemerkung, dass es mir egal ist, was die Leute tun (solange sie keinem anderen dadurch schaden), dass es aber gut ist, wenn wir uns von Zeit zu Zeit fragen, warum wir etwas tun.

»Was meinst du damit?«, fragte er.

»Ich meine zum Beispiel, wenn ich ein Glas Wein trinken möchte, sollte ich vielleicht innehalten und prüfen, ob ich es für mich trinke oder für ein paar der verstorbenen Trinker, die im Raum sein könnten und hoffen, durch mich einen Schluck zu bekommen. Ich könnte mir auch überlegen, ob ich das Rauchen für mich tue oder für einige der toten Raucher, die mit mir verbunden sind, oder für meine Angehörigen, die Lust auf einen Zug haben.«

Danach war er ziemlich schweigsam. Doch als wir uns am Abend für ein Ritual der Feuerreinigung versammelten, war er vorbereitet. Ich hatte der Gruppe gesagt, dass jeder von ihnen tief in sich gehen und herausfinden sollte, was er wirklich aus seinem Leben entlassen müsste – zum Beispiel eine tote Beziehung, eine ständige störende Angst, eine selbstzerstörerische Angewohnheit oder Sucht. Ich bat sie, etwas aufzuschreiben oder zu basteln, das sich zum Verbrennen eignete und das jedes der Dinge darstellte, die sie aus ihrem Energiefeld und Leben entfernen wollten. Bei der Zeremonie würden sie verkünden, was sie losließen, die vorbereiteten Symbole ins Feuer werfen und dann die schwere Energie, von der sie sich reinigen wollten, hinausblasen oder ausspucken.

Der Raucher kam mit einem Liebesgedicht an. Er hatte es auf ein riesengroßes, dickes Stück Malpappe geschrieben. Es schilderte seine leidenschaftliche Dauerbeziehung von mehr als fünfunddreißig Jahren zu einer Geliebten, die ihn nie verraten hatte: Zigaretten. Er las es uns vor dem lodernden Kaminfeuer vor. Dann schüttelte er eine Zigarette aus der Schachtel heraus, biss den Filter ab und steckte sich die restliche Zigarette in den Mund. Er kaute den Tabak und das Papier, bis beides ein Brei war. Dann spuckte er ihn ins Feuer.

Er war aber noch nicht fertig. Nun fing er an, Stücke von der Malpappe abzubeißen und auf ihnen herumzukauen, bis seine Wangen so dick waren wie die eines Hamsters. Er schaffte es, sich die ganze Malpappe in den Mund zu stecken, bevor er sich übergeben musste. Jetzt kotzte er seine Sucht heraus.

Als er fertig war und vor uns stand, klatschten wir Beifall. Wenn man den Mut aufgebracht hat, seine Krücke zu verbrennen, verdient man Applaus.

Viel später, als die Gruppenzeremonie vorbei war, saß ich mit ihm vor dem Feuer. Ich drückte ihm meine Bewunderung aus für das, was er getan hatte. Er sagte ruhig: »Deine Bemerkung beim Mittagessen machten mir klar, dass ich für meinen Vater geraucht habe. Er lebt zwar noch, aber er hängt an einem Atemgerät. Er war bis jetzt Kettenraucher. Rauchen wurde das Einzige, was wir gemeinsam hatten, aber von jetzt an rauche ich nicht mehr für ihn.«

Wir saßen still da und ich dachte an andere Raucher, die vergeblich versucht hatten, das Rauchen aufzugeben, und sich dann für Versager hielten. »*Falls* du doch merkst, dass du wieder mal eine Zigarette brauchst«, sagte ich vorsichtig, »dann rate ich dir, nach draußen zu gehen und dir eine Kippe anzuzünden. Wenn du einen Zug nehmen musst, dann tue es. Aber lass den Rest der Zigarette draußen in einem sicheren Behälter verbrennen und sag jedem, der versucht, durch dich zu rauchen, dass diese Zigarette für sie ist und dass sie sie nur draußen genießen dürfen.«

Er hörte aufmerksam zu.

»Und falls dir immer noch nach Rauchen zumute ist, wenn du wieder ins Haus gehst, dann zwinge dich, zehn Minuten zu warten. Schau auf die Uhr. Wenn du dann immer noch das Bedürfnis hast, dann rauche eine Zigarette für dich selbst. Wenn das Bedürfnis danach nicht gestillt ist, dann geh nach draußen und zünde die nächste Zigarette für die Schnorrer an, für deinen Vater und alle toten Raucher, die möglicherweise draußen herumhängen. Lass diese Zigarette draußen. Gewöhne dir an, jedes Mal zu entscheiden, was du für dich selbst tust und was du für die anderen tust.«

»Das ist der praktischste Tipp, wie man sich das Rauchen abgewöhnen kann, den ich je gehört habe«, bemerkte Gabe.

Es geht nicht nur ums Rauchen oder das Aufhören. Es geht darum, an jeder Biegung im Leben bewusst wahrzunehmen, warum wir etwas tun und was wir anziehen oder abstoßen, wenn wir eines statt etwas anderem tun. Es geht darum, zu erkennen, was zu uns gehört und was nicht.

DER MANN, DER SEINEM SOHN AUFTRUG, IHN NICHT STERBEN ZU LASSEN

Ungesunde energetische Bindungen zu den Toten entstehen häufig, weil der Verstorbene sich nicht auf das Jenseits vorbereitet hat – was in unserer Gesellschaft ein weit verbreitetes Problem sein dürfte – und möglicherweise noch nicht einmal mitbekommen hat, dass er oder sie tot ist. Nehmen wir den Fall von Sol und seinem Vater. Hier wurde das Problem durch schamanische Spurensuche klar, wobei ein physischer Schauplatz als Portal benutzt wurde. Auch die Methode der spirituellen Freisetzung, die spontan improvisiert wurde, war ziemlich ungewöhnlich.

Sol war ein erfolgreicher und wohlhabender jüdischer Geschäftsmann, der zu einem meiner Seminare kam, weil seine Frau darauf bestand. Sein sarkastischer Schutzschild bekam einen Riss, als er über seinen Vater sprach. Er beschrieb, wie sein Vater im

Krankenhaus in seinen Armen gestorben war und dass die letzten Worte seines Vaters »Lass mich nicht sterben« gewesen waren.

Sol erinnerte sich nur selten an das, was er geträumt hatte. Seit dem Tod seines Vaters vor zehn Jahren konnte er sich an keinen einzigen Traum erinnern, in dem sein Vater erschienen wäre. Doch er gab zu, oft unter unerträglichen Schuldgefühlen und einem bleiernen Gefühl zu leiden. Im Gespräch sagte er mir auch, dass durch seine religiöse Erziehung in seiner Familie nie über das Jenseits gesprochen werde. Sein Vater hatte daran geglaubt, dass das Leben mit dem Tod endet und dass wir nach dem Tod nur zu »Staub« werden.

Ich arbeitete mit Sol und einer Frau zusammen, die uns als zweite Spurensucherin unterstützte. Ich fragte ihn, was sein Vater am liebsten gemocht habe. Zwei seiner Lieblingsbeschäftigungen waren Reisen und sein Aquarium mit Tropenfischen gewesen. Ich spürte, dass der Vater in der Nähe war. Wir beschlossen, für einen Dialog einen bestimmten Ort zu finden: den Keller des Hauses, in dem er früher sein Aquarium untergebracht hatte. Die Tatsache, dass sich auch Sol in den letzten Jahren Fische hielt, war vielversprechend.

Wir *alle* fanden den Vater sofort und hatten drei ineinander übergehende Erlebnisse. Für Sol war es die erste bewusste Wiederbegegnung mit dem Vater seit dessen Tod – eine liebevolle und letztendlich klärende und erleichternde Begegnung, die sein Herz öffnete. Sie unterhielten sich über die Frau des Vaters, die vor kurzem einen Herzinfarkt gehabt hatte. Der Vater erklärte, mitgeholfen zu haben, sie vom Nahtoderlebnis im Krankenwagen zurückzuschicken, weil sie »noch nicht so weit« war.

Bei dem Gespräch mit der Spurensucherin und mir war der Vater anfangs über eine Reihe von Dingen verwirrt – was hatte das Trommeln zu bedeuten? Wo war Sols Frau? Wer waren all diese Leute in seinem Keller? Was machte Sol auf dem Boden mit einer hübschen Frau, die dem Vater unbekannt war?

Im Dialog mit mir zeigte sich Sols Vater als äußerst lernwillig. Da er *gar nicht* auf das Leben nach dem Tod vorbereitet gewesen war, war er gestorben, ohne je wirklich gegangen zu sein. Wie viele

Juden hatte er gelernt, dass es auf der anderen Seite des irdischen Todes nichts gäbe. Der Körper würde verfaulen, bis er zu »Erde« würde und das sei alles. Sols Vater wurde nun klar, dass er auf der anderen Seite des Todes weiterlebte und dass er die ganze Zeit über bei seiner Familie geblieben war.

Wir sprachen über die Gefahr, dass er seine Krankheiten auf den Sohn übertragen könnte (sie hatten beide Krebs und Symptome anderer schwerer Erkrankungen), da beide so fest im selben Energiefeld verstrickt waren. Der Vater erklärte sich bereit, eine Aktion zu unterstützen, bei der seine dichte Energie abgetrennt und umgeleitet würde, damit sein höheres Bewusstsein sich frei bewegen könnte. Wir dachten gemeinsam darüber nach und entwickelten einen Plan. Er wollte *nicht* in das teure Mausoleum gehen, in dem seine irdische Hülle aufgebahrt war – die Vorstellung war ihm zuwider. Stattdessen *war* er bereit, meine Hilfe bei der Übertragung seiner dichten Energie auf einen Ring anzunehmen – einen Ring, den er im Detail beschrieb und der im Besitz seines Sohnes war. Wegen seiner Liebe zu Fischen und Wasser beschlossen wir, den Ring zwischen die Engelhaie (seinen Lieblingsfischen) ins Tischaquarium zu legen, das im Arbeitszimmer seines Sohns stand. Und Sol sollte außerdem zu seinen Ehren etwas Halva (Art weißer Nougat) essen.

Wie wir im Gespräch herausfanden, hatte Sol vor kurzem seine Fischsammlung mit Engelhaien erweitert. Und wie er uns sagte, hatte er am Tag davor einen »unerklärlichen Drang« verspürt, Halva zu kaufen. Und sein Vater hatte ihm einen Ring hinterlassen, der genau der Beschreibung entsprach, die ich erhalten hatte. Wir hatten alles, was wir für eine »Bestattung auf hoher See« im Fischtank brauchten. Sol legte den Ring ins Aquarium und wir alle hatten das Gefühl, eine tiefgehende Heilung in Gang gesetzt zu haben.

Am nächsten Tag schenkte mir eine Frau meines Workshops (ohne zu wissen, was geschehen war) einen hübschen kleinen geschnitzten Fisch, der einem Engelhai ganz ähnlich sah. Dann gab mir eine andere Frau des Workshops ein Buch, auf dessen Umschlag ein fast identischer Fisch war. Synchronizität bestätigt uns, ob wir uns im richtigen Gewässer befinden.

WIE MAN AUFHÖRT, DIE TRÄUME DER TOTEN ZU TRÄUMEN

Wir können ein halbes Leben oder mehr damit verbringen, die Energie von Verstorbenen, deren Namen wir noch nicht einmal kennen, mit uns herumzuschleppen. Diese Last ruft das hervor, was Indianer »die Geisterkrankheit« nennen. Es ist ein Zustand, für den kein Handbuch der Psychiatrie eine angemessene Bezeichnung bietet. In Caras Fall deckte schamanische Spurensuche »Energie-Tramper« als Ursache einer Phobie auf, unter der Cara litt, seit sie vier Jahre alt war. Mithilfe einer kleinen Gruppe aus Fährtensuchern improvisierten wir eine Möglichkeit der spirituellen Freisetzung, die den Umständen gerecht wurde. Es war ein Fall, in dem die bewusste Rückkehr in einen Traum nicht die richtige Methode zur Seelenheilung war, da die fraglichen Träume nicht zur Träumerin gehörten. Hier ist ihre Geschichte:

Es fing wieder an. Sie war im Dschungel, wo es dampfte und stank. Durch den grünen Pflanzenvorhang sah sie zornige asiatische Männer und wusste, dass sie Cara töten würden, wenn sie sie zu fassen kriegten. Über ihrem Kopf flatterten die Propeller von Hubschraubern, die immer tiefer herunterkamen. Die Welt um sie herum explodierte und zerfiel in Schlamm und Blut. Während sie sich auf den Boden warf, zersprang der stoppelige Kopf des Mannes neben ihr wie eine Tomate. Ihr Gesicht und Körper wurden mit seinem Blut und Fleischfetzen vollgespritzt.

Schluchzend und in Todesangst wachte Cara auf. Warum wurde sie immer wieder und wieder in solche Horrorszenen hineingezogen? Wie sie sagte, fing es an, als sie vier Jahre alt war und mit ihrer Familie auf einer Ranch im Südwesten der USA lebte. Noch jetzt hatte sie nachts manchmal Angst vor dem Einschlafen, weil sie befürchtete, im Traum wieder an diesen Ort des Schreckens zurückgeholt zu werden. »So viele Tote. So viele Leichen.« Sogar tagsüber konnte sie dem Horror nicht mehr entkommen. Sie konnte immer noch nicht das Geräusch eines Hubschraubers hören, ohne den Impuls zu verspüren, sich flach auf den Boden zu legen oder unter einen Tisch zu ducken. Selbst der Klang einer Klimaanlage konnte Panik in ihr auslösen.

Während einer Pause in meinem Workshop fragte sie: »Was macht man, wenn man so furchtbare Albträume hat?«

Ich sagte ihr das, an was ich schon lange glaube: »Wenn etwas in einem Traum uns Angst macht, sollten wir all unseren Mut zusammennehmen und uns dem, wovor wir uns so fürchten, auf seinem Territorium stellen. Ich würde versuchen, die Kraft und Mittel zu finden, um in einen dieser Träume zurückzukehren, meine Angst überwinden und tun, was getan werden muss. Heute könnte der richtige Zeitpunkt dafür sein.«

Sie dachte darüber nach. Die Mitglieder unserer Gruppe hatten sich zusammengeschweißt und die Gruppendynamik, die Einfühlsamkeit und den Humor entwickelt, der das Außergewöhnliche leicht macht. Ich hatte schon angekündigt, dass wir uns nach der Pause in kleinere Gruppen aufteilen würden, um eine Schlüsseltechnik des aktiven Träumens zu üben: den Wiedereinstieg in einen Traum und die Fährtensuche. In jeder Gruppe sollte ein Teilnehmer einen Traum als Tor zu einem anderen Raum irgendwo in den Traumwelten präsentieren. Dorthin würden dann alle Gruppenmitglieder mithilfe des schamanischen Trommelns gemeinsam hinreisen. Wenn man einmal die Erfahrung des gemeinsamen wachen und bewussten Reisens in eine andere Realität gemacht hat, in der man tiefschürfende Erlebnisse miteinander teilen kann und aus der man Gaben und Informationen zurückbringt, die von anderen bestätigt werden, verändert sich die eigene Definition des Realen. Es ist erstaunlich leicht, sobald die Gruppenenergie sich erhöht hat, das richtige Tor ausgewählt worden ist und klare Absichten und ein Reiseplan feststehen – mit der Unterstützung des Klangantriebs, der durch die wundersame Zaubertechnik einer einfachen schamanischen Trommel geliefert wird.

Ich erklärte mich bereit, bei der Gruppe mitzumachen, die mit Cara zusammenarbeitete. Sie wollte versuchen, wieder in eine der Albtraumszenen einzutauchen, die ihr Leben seit nunmehr fast vier Jahrzehnten überschatteten.

Wir saßen wie eine Familie um sie herum und hörten uns die schrecklichen Einzelheiten eines Traum an, in dem sie versuchte, sich in einem Schlammgraben zu verstecken, während um sie herum Blut und Körperteile explodierten. Wieder beschrieb sie das Geräusch der surrenden Hubschrauberpropeller.

Vietnam. Ich war mir sicher. Ich war in den letzten Jahren des Vietnamkriegs selbst als Berichterstatter in Vietnam. Ich bitte sie, im Traum ihre Umgebung abzutasten und uns zu sagen, in wessen Körper sie sich befand.

»Ich bin nicht ich selber«, antwortete sie mit plötzlicher Sicherheit. »Ich stecke im Körper eines jungen Mannes mit Sommersprossen. Gott, ist er jung!«

In diesem Moment wurde mir klar, dass es nicht ihre eigenen Träume waren. Es waren die Träume eines Toten, der als Soldat in Vietnam war. Die Erkenntnis kam mit einem Gefühl der Dringlichkeit und dem überwältigenden Verlangen, zu beschützen und zu führen.

Es musste eine Verbindung geben.

Es konnte keine direkte Verbindung geben, da Cara erst 1969 geboren wurde. Sie war erst vier Jahre alt, als ich als Kriegsberichterstatter in Vietnam war.

»War einer deiner Verwandten in Vietnam? Oder ein Freund deiner Familie?«

Sie schüttelte den Kopf. »Nicht dass ich wüsste. Mein Vater war in Korea.«

Ich war sicher, dass es eine Verbindung geben musste, irgendwas, das die Gespenster aus Vietnam und ihre Träume in ihr Elternhaus gebracht hatte. Ich wusste, was wir tun mussten.

»Wir ändern den Plan«, sagte ich zu Cara und der kleinen Gruppe. »Du brauchst nicht in einen Traum zurückzugehen, der zu jemand anderem gehört. Können wir versuchen, stattdessen an den Ort zurückzukehren, an dem du als Vierjährige gelebt hast, um herauszufinden, warum du plötzlich angefangen hast, von Vietnam zu träumen?«

Sie brach in Tränen aus. »Es waren so viele Leichen.« Sie zitterte.

»Du musst nicht alleine hingehen«, erinnerte ich sie. »Wir kommen mit. Wir werden deine Familie, deine Bodyguards, deine Beschützer sein. Wir werden dir helfen zu sehen, was du sehen willst. Ich denke, es besteht eine Chance, jetzt an die Wurzel des Übels zu gelangen und den Schatten zu lüften, der seit vierzig Jahren über dir hängt. Bist du bereit, es zu versuchen?«

»Ja«, sagte sie tapfer.

»Vergiss nicht: Wenn du zu der süßen Vierjährigen zurückgehst, gehst du als dein jetziges Selbst, als Mutter und reife Frau, die es überwunden hat und der kleinen Cara helfen kann, es auch zu überwinden. Zumindest kannst du ihr versprechen: ›Du wirst es schaffen. Du wirst überleben.‹«

Während des Trommelns gingen wir durch Zeit und Raum und fanden die Ranch in Arizona, in der Cara ihre ersten Albträume hatte. Cara hielt ihr vierjähriges Selbst sicher und geborgen in den Armen. Sie gab ihm die Liebe und Hilfestellung, die es gebraucht hätte, als die Erwachsenen ihm sagten, seine Träume seien »nur« Träume und es solle aufhören zu schreien und sich wieder schlafen legen – in den Ort der Hölle.

Als Fährtensucher war es meine Aufgabe, die Verbindung zu Vietnam und seinen toten Soldaten zu finden. Zwei Dinge konnte ich ganz klar erkennen: Auf einem Militärflugplatz in der Nähe von Caras Elternhaus wurden Leichensäcke aus einem großen Transportflugzeug herausgetragen. Und ein Mann, den ich für ihren Vater hielt, betrachtete eine Munitionshülle, eine Medaille, einen Glücksbringer und weitere Metallobjekte, die offensichtlich Erinnerungsstücke an den Krieg waren. Es waren Gegenstände, die an den Leichen der in Vietnam Gefallenen gefunden wurden.

Wenn diese beiden Visionen richtig waren, dann würde jede von ihnen erklären, warum das Blut der Gespenster von Vietnam in den Traumraum eines sensiblen kleinen Kindes hineinströmte. Die körperliche Nähe der Toten. Die beharrliche Energie von Verstorbenen, die häufig an Gegenständen haften bleibt, die sie auf der Haut getragen haben. Eines oder beides konnte gefallene Soldaten, die über ihre Umstände verwirrt waren und nicht wussten, wohin sie gehen sollten, in Caras Elternhaus, in ihr Energiefeld und ihren Geist bringen.

Als ich meine Entdeckungen äußerte, fuhr Cara erschrocken zusammen. Plötzlich erinnerte sie sich wieder daran, oft gesehen zu haben, wie ihr Vater in einer Kiste herumstöberte, die er in einem Schrank aufbewahrte. In der Kiste waren Erinnerungsstücke an die Army, vor allem Medaillen und Schutzmedaillons. Ihr fiel ein Glücksbringer ein. Ungefähr um die Zeit, als ihr Vater damit anfing, solche Gegenstände zu sammeln, die von toten Soldaten hinterlassen worden waren, begannen ihre Kriegsträume. Sie erinnerte sich zwar nicht an einen Militärflugplatz in der Nähe ihres Elternhauses und schon gar nicht an Leichensäcke. Doch als sie später am Tag ihre Mutter anrief, fand sie heraus, dass sich tatsächlich ganz in der Nähe ihres alten Hauses entfernt ein Militärflugplatz befand, der in den letzten Jahren des Vietnamkriegs ein Umschlagplatz für die Leichen von gefallenen Soldaten war.

Wie hört man damit auf, die Träume der Toten zu träumen? Wir diskutierten ein Ritual des Loslassens. Cara würde die Geistführer der toten Soldaten rufen, die bisher bei ihr waren, und ihnen Orientierungshilfe geben. Sie würde auch direkt mit den Verstorbenen sprechen, um ihnen ihre Lage zu erklären und sie zum Weitergehen ermutigen. Außerdem wird sie eine zweite Beerdigung abhalten, um die verdichtete Energie der Toten zur Ruhe zu setzen.

Ich schlug vor, dass sie sich dafür in einem Spielzeuggeschäft eine Anzahl von amerikanischen Spielzeugsoldaten besorgt. Mit der Absicht, die Energie der Toten, die in den Boden gehört, auf diese Weise freizugeben, würde sie die Soldaten in der Erde begraben.

Zuhause führte Cara dieses Ritual durch und bat ihre sechsjährige Tochter, auch daran teilzunehmen. Sie war sehr gerührt, als das Kind zu den toten Soldaten sagte: »Danke, dass ihr uns beschützt habt.«

Nach diesem Akt des gegenseitigen Loslassens schrieb Cara mir: »Der Tag mit dir und unseren Helfern war unheimlich eindrucksvoll. Ich hatte das Gefühl, Jahre zurückzugehen, sobald wir anfingen zu reden. Das Gefühl war der reine Horror. Ich weiß noch, wie du gesagt hast, es sei möglich, das Gefühl schnell aufzulösen, und ich fragte mich: Wirklich? All die Jahre – und dann könnte es so leicht verschwinden? Ich hatte Angst, dass die Rückkehr in den Albtraum ›Staub aufwirbeln‹ würde und ich an jenem Abend zu Hause einen dunklen Raum voller toter Männer vorfinden würde, die auf mich warteten. Was für ein Wunder! Ich war frei.«

Cara hörte auf, die Träume der Toten zu träumen. Sie hat keine Angst mehr vor dem Geräusch eines Hubschraubers oder einer Klimaanlage. Ich glaube, sie konnte auch ihrem vierjährigen Selbst Trost und Hilfe in seinem Hier und Jetzt gewähren und ihre Beziehung zu den toten Soldaten klären. Weitere Möglichkeiten der transtemporale Zeiten überschreitenden Heilung untersuchen wir in Kapitel 14.

SPIRITUELLE ERLÖSUNG

Die beschriebenen Fälle sind Beispiele dafür, was passiert, wenn wir in die dichte Energie anderer verstrickt werden – meist Verstorbener, doch manchmal (wie in Gabes Fall) auch der »Gespenster« der Lebenden. Das letztere Problem breitet sich heutzutage immer weiter aus, da die Menschen länger leben und das unter Umständen (wie bei Alzheimer oder anderen Formen von Demenz), bei denen immer weniger Seelenanteile des Betroffenen im Körper verbleiben. Als ich noch viele private Beratungen machte, kamen einmal drei neue Klientinnen in einer Woche zu mir. Es bedarf keiner großen übersinnlichen Fähigkeiten, um zu erkennen, dass sie ihre Mütter dabei hatten, die in ihren Energiefeldern mitschwangen. Ich fragte jede der Klientinnen: »Wann ist Ihre Mutter gestorben?« Und jede von ihnen antwortete, ihre Mutter sei zwar noch am Leben, würde jedoch unter Alzheimer oder einer anderen Form von Demenz leiden. In jedem der Fälle reiste die Mutter, die größtenteils in ihrem eigenen Körper nicht mehr anwesend war, mit der Tochter mit. Dieser Zustand war für beide Betroffenen verwirrend und ungesund.

Ein Ritual der spirituellen Freisetzung kann notwendig sein, um eine gesunde Trennung von den schweren Energien der Geister der

Toten oder Lebenden zu bewirken. Solche Bindungen entstehen, weil ein Wesen bei uns sein will und weil eine leere Stelle in uns ist, in die es hineinschlüpfen kann. Partieller Seelenverlust verursacht häufig das Eindringen von Fremdwesen, da er eine Leere in uns hinterlässt, die gefüllt werden muss. Manche von uns versuchen, dieses Loch mit einer Abhängigkeit zu füllen, die uns jedoch noch verwundbarer macht und das Interesse von Wesen weckt, die unseren Geschmack und unsere Sucht teilen.

Die Schlüsselelemente eines Rituals der spirituellen Freisetzung sind folgende:

Diagnose:

Prüfen Sie sich auf (frühere oder gegenwärtige) Symptome einer Bindung an ein fremdes Wesen oder seines Eindringens in Ihre Seele:

1. Wenig Energie, vor allem plötzlicher Energieverlust

2. Körperliche Symptome, für die es keine offensichtliche physische Erklärung gibt, vor allem Symptome, die Sie mit einem Verstorbenen teilen

3. Radikale Veränderungen der Persönlichkeit, extreme Stimmungsschwankungen und vor allem eine ausgewachsene dissoziative Identitätsstörung (oder multiple Persönlichkeiten)

4. Schlafwandeln

5. Destruktive, verächtliche innere Stimmen, vor allem wenn sie immer wieder dasselbe wiederholen

6. Suchtverhalten und Missbrauch von Substanzen

7. Erinnerungen an ein »früheres Leben« und »Traumeinschübe«, die möglicherweise nicht Ihre eigenen sind

8. Erinnerungslücken, Bewusstseinsstörungen

9. Plötzliches Eintreten akuter Angstzustände oder Depressionen

10. Gewichtsprobleme und Essstörungen

11. Sexuelle Störungen und Unsicherheit über das eigene Geschlecht

Träumen Sie darüber, und falls Sie jemand anderem helfen, untersuchen Sie seine Träume.

Um Hilfe bitten

Bitten Sie um spirituelle Anweisung für Ihre Vorgehensweise. Rufen Sie Ihre Krafttiere und geistigen Helfer. Wenn Sie einem anderen helfen, rufen Sie seine Geistführer und bitten Sie sie: »Hilf mir, X zu helfen.« Noch besser: »Hilf X.«

Egal ob Sie in eigener Sache oder für jemand anderen aktiv werden, *machen Sie die Sache zu einer Gruppen- oder Familienangelegenheit.* Singen und beten Sie gemeinsam, halten Sie sich an den Händen und segnen Sie die Zeremonie.

Auch Heilung für das Fremdwesen suchen

Sprechen Sie, wenn möglich, mit dem Wesen und vergessen Sie nicht, dass es auch Hilfe und Heilung braucht. Vielleicht müssen Sie ihm bewusst machen, dass es gestorben ist oder im Jenseits bessere Lebensformen finden kann, als ihm klar ist. Wie bei der Seelenheilung müssen Sie möglicherweise die Rolle des Vermittlers übernehmen. Die Verhandlungen werden am ehesten Erfolg haben, wenn Sie bestärkende Geistführer zu Hilfe rufen, die das Fremdwesen an einen neuen Ort bringen. Erinnern Sie sich noch an Carols Reisen mit Gabriel und Michael? Da draußen gibt es Hilfe!

Die Befreiung und die zweite Bestattung

Finden Sie Worte des Abschieds und Segens, Worte, die von Herzen kommen, um den Weg für die Wesen freizumachen, die gehen sollen. Wenn Ihnen keine eigenen Worte einfallen, können Sie zum Beispiel sagen: »Ich überlasse dich deinem höchsten Gut. Wir sind gesegnet und frei.«

Das kann zwar für den rationalen Teil der scheidenden Seele die Befreiung bedeuten, doch möglicherweise das Problem der schweren, nicht rationalen Energie des oder der Verstorbenen nicht lösen. Um das zu erreichen, unterstütze ich meinen Klienten bei der Durchführung einer *zweiten Bestattung,* bei der ein physischer Gegenstand verwendet wird, um die dichte Energie des/der Toten zu binden. Der Gegenstand wird – in einem Behälter oder auch ohne Behälter – in der Erde begraben. Er kann auch in einem Aquarium bestattet werden...

Die Vorfahren fragen

Wenn wir alte Bindungen und Fallen gelöst haben, können wir Beziehungen zu unseren Vorfahren aufbauen, die für beide wundervoll kreativ sind. Ich denke hier an Aine.

Sie war irischer Abstammung, katholisch und lebte in meiner Heimat Australien. Beim Durchsehen alter Familienunterlagen fand sie heraus, dass ihre Tante aus Versehen auf einem evangelischen Friedhof beerdigt worden war. Dies beunruhigte Aine zutiefst und sie bat um spirituelle Führung. Als Antwort kam ein Gefühl himmlischer Ruhe und Gelassenheit. Sie spürte, wie sich ihre Ahnen jubelnd um sie versammelten, weil sie den Irrtum entdeckt hatte – und ihr versicherten, dass auf der irdischen Ebene nichts dagegen getan werden müsse, da ihre Tante schon weitergegangen sei.

Darauf folgte eine Reihe von Träumen, in denen sie über jüngere Generationen ihrer Vorfahren immer weiter zurück zu den Ahnen ging, dic in einer immer ferneren Vergangenheit waren – nur in ihren Träumen nicht.

In einem Traum fand sie sich in einem gepflasterten Hof wieder. Dort bemerkte sie ein aufgerichtetes keltisches Kreuz. Sie betrat die Ruine eines Steinhauses und stieg die Treppen hinauf, bis sie auf einen langen, staubigen Korridor kam. Ein uralter, blasser Mann mit Vollbart und Gewand eilte an ihr vorbei in die andere Richtung. Er schien sie gar nicht zu bemerken. Sie ging in einen Raum, der ein prächtiges Fenster hatte, auch wenn der Fußboden völlig marode war. Dieser Traum brachte sie dazu, noch mehr Ahnenforschung zu betreiben. Wie sie herausfand, hatten die Vorfahren ihrer Mutter einst ein herrschaftliches Steinhaus in

Irland besessen, das schon vor langer Zeit zerfallen war.

Ein weiterer Traum versetzte sie in eine noch viel frühere Zeit. Dort begegnete sie einer jungen Wilden, die einen Umhang trug, der aus Tierfellen zu bestehen schien. In einem anderen Traum spazierte sie das Ufer eines Bergsees entlang. Der See war von zahlreichen Dinosauriern mit langen Hälsen bevölkert. Sie sagte ihrem Sohn, der sie in diesem Traum begleitete, dass sie umdrehen müssten, bevor die Ungeheuer sie sahen.

Wie in Aines Geschichte sind Traumbegegnungen mit unseren Ahnen nicht nur eine Heilquelle, sondern können auch zu einer enormen Entdeckungsreise führen. Ich habe erwähnt, wie ich in Träumen und Visionen dazu gebracht wurde, mehr über die Lebensweise der Vorfahren des Landes am Rande des ursprünglichen Gebiets der Mohawk-Indianer, auf dem ich lebte, zu erfahren. Als ich dem Pfad dieser Träume von den ersten Volksstämmen Amerikas eine Weile nachging, tauchten mehrere meiner wilden schottischen Blutsverwandten in meinen Träumen auf und teilten mir mehr oder weniger mit: »Hör zu, Junge, das eine oder andere wissen wir auch. Dreh dich um und rede mit uns.« Das schickte mich auf eine Reise in die Landschaften des schottischen Merlin in Dumfriesshire – dem Land meiner Vorfahren väterlicherseits – und in ein Abenteuer, das verschiedene Zeiten umspannt und immer noch nicht zu Ende ist.

Unter meinen weiteren Traumbesuchern aus früheren Zeiten ist auch mein Lieblingsprofessor. An dieser Stelle will ich einen Teil dieser Geschichte erzählen, um zu zeigen, was alles möglich ist.

Die Besuche meines Lieblingsprofessors

Mein Lieblingsprofessor hatte mir ein Telegramm geschickt. Beim Aufwachen waren mir nur noch ein paar Zeilen im Gedächtnis geblieben, und so ging ich im Wachzustand in den Traum zurück, um das ganze Telegramm zu lesen, während ich in der Dunkelheit auf einem Block mitschrieb. Der Text bestand aus mehreren Seiten in Mannings ganz eigenem Stil. Er enthielt einen Bericht über das, was er über Übergänge im Jenseits erfahren hatte und was im Leben und im Tod von grundsätzlichem Wert ist. Das alles war zwar unheimlich spannend für mich, doch noch aufregender war die Tatsache, dass ich bald meinem Professor persönlich begegnen würde. Er hatte den Ort schon ausgesucht: Es war der Bistrotisch eines Straßencafés in Paris.

Das war nur das Vorspiel zu vielen weiteren Begegnungen Während ich dieses Buch schrieb, erschien mein Professor mir in einem Traum, um mir zu zeigen, was er über Astralphysik gelernt hatte. Er versprach, mir ein Buch mit dem Titel *Paradies* zukommen zu lassen.

Professor Manning Clark, der berühmte australische Verfasser von geschichtlichen Erzählungen, war der Leiter der Geschichtsfakultät an der Nationalen Universität von Australien, als ich mich dort Ende der 1960er als Student einschrieb. Er wurde mir ein wunderbarer Mentor und Freund. Er ermutigte seine Studenten, Dostojewski und Faulkner, Freud und Jung zu lesen, um die Ursachen menschlichen Verhaltens verstehen zu können. Er war nach der King-James-Bibel erzogen und drängte uns, »den Graben zu finden, in dem wir vergraben sind«. Ich erinnere mich noch lebhaft an die Abendessen in Mannings Haus, bei denen er Wodka unter die Suppe mischte, um die Zungen zu lösen. Seine immerwährende Hilfe und Ermutigung machte für eine kurze Zeit einen Akademiker aus mir (im reifen Alter von einundzwanzig wurde ich zum Dozenten in altertümlicher Geschichte ernannt), obwohl ganz andere Dinge mich lockten – wie zum Beispiel, Journalist zu werden oder in den australischen diplomatischen Dienst zu gehen.

Manning starb 1991. Seit seinem Tod ist er mir in mehreren ganz wichtigen Träumen erschienen – immer als spiritueller Führer und Freund. Einmal begegnete ich ihm in einem Gebäude, das dem Institut für fortgeschrittene Studien an unserer früheren Universität in Canberra ähnelte. In einem luftigen, hellen Raum sah ich zu, wie er ein Paar Schuhe über einen breiten Tisch zog, immer wenn er einen Abschnitt in der neuen Studie fertig hatte, mit der er gerade beschäftigt war. Verwirrt und fasziniert fragte ich ihn nach seinem neuen Projekt. »Ich arbeite an Parallelleben«, erklärte er. Er demonstrierte, was er damit meinte, indem er mir zeigte, was er herausgefunden hatte, nämlich dass die Leben von Lenin und Dionysios von Syrakus, einem altgriechischen Tyrannen, miteinander verwoben waren. Vom Geschichtsprofessor, der sich mit dem Leben anderer in einer linearen Zeit befasst hatte, schien Manning zu einem Metageschichtswissenschaftler zu werden, der daran arbeitete, das Zwischenspiel von Leben in unterschiedlichen Ären aufzuspüren. Als ich über die Schuhe nachdachte, die er über seinen Schreibtisch schob, dämmerte mir die Symbolik. *Mein Professor führt Sohlen zusammen* (im Englischen: soles, was wie souls = Seelen ausgesprochen wird).

Mein Lieblingsprofessor neigt dazu, immer dann in meinen Träumen aufzutauchen, wenn ich mit einem neuen Buchprojekt beginne. Es ist angenehm, seine freundliche Gegenwart zu spüren, die mich daran erinnert, meine australische Identität zu schätzen, und mich dazu bringt*, transtemporale Geschichte* zu studieren und praktisch anzuwenden. Das klingt zwar wie ein Widerspruch, aber es ist ein Schlüssel zur geheimen Ordnung der Ereignisse in unserem Leben und unserer Welt (wie wir in den weiteren Kapiteln sehen werden).

12. In der geheimen Bibliothek

Das Tor zum Unsichtbaren muss sichtbar sein.

– René Daumal, »Der Analog« (Suhrkamp, 1983)

Dianes Onkel war Tierpräparator. Als Kind faszinierten sie all die ausgestopften Tiere in seinem Haus und machten ihr Angst. Als Erwachsene träumte sie, in das Zimmer der ausgestopften Tiere zurückzukehren, wo sie lebendig wurden. Diane spürte, dass sie ihr nicht wehtun würden. Sie wollten nur verstanden werden.

Als sie bewusst in den Traum zurückkehrte, wurden die ausgestopften Tiere lebendig und fingen an, Diane ihr Wesen, ihre Gewohnheiten und Gaben zu offenbaren. Der Wolf zeigte ihr, wie er eine Gruppe durchschauen konnte und witterte, wer echt war und wer nicht, wer stark, krank oder schwach war.

Diesmal gelang es ihr über den Raum, in dem ihr Onkel die Tiere präpariert hatte, hinauszugehen und kam in eine Bibliothek voller Bücher und Bilder, die all ihre vorherrschenden Interessen widerspiegelten. Sie war erstaunt und entzückt, als sie in der geheimen Bibliothek ein Buch entdeckte, das sich nur um sie drehte. Es schien, als hätte sie das Buch selbst geschrieben. Der Titel lautete *Ich bin die Zelebrierung!* Als sie von der Reise zurückkam, machte sie einen Luftsprung und rief: *»Ich bin* die Zelebrierung!«* Sie schwor sich, genau das von nun an zu leben.

Was ist in Ihrer geheimen Bibliothek? In Ihren Träumen waren Sie schon dort. Doch das Tor zu Ihrer geheimen Bibliothek könnte auch eine Erinnerung aus Ihrem Leben sein. Vielleicht erinnern Sie sich an eine reale Bibliothek, in der Ihre Fantasie von der Entdeckung ungeheurer neuer Möglichkeiten entfacht wurde. Es könnte Ihre alte Schulbücherei sein oder eine Stadtbibliothek, die Sie in Ihrer Kindheit immer samstags aufgesucht haben, oder ein Lieblingsbuchladen oder auch ein Zimmer voller Bücher in einem Haus, möglicherweise Ihrem eigenen Zuhause.

Bitten Sie sich, einen solchen Ort, an dem neue Vorstellungen und frische Ideen Ihnen Spannung und Inspirationen schenkten, aus dem Gedächtnis hervorzukramen. Vielleicht fällt Ihnen ein Museum oder eine Kunstgalerie, ein Geschäft voller Kuriositäten oder ein Spielzeugladen ein. Auch wenn wir den Raum, den Sie suchen, weiterhin die geheime Bibliothek nennen werden, muss es sich nicht unbedingt um einen Ort der Bücher handeln. Doch es gibt dort mindestens ein Buch, das Sie lesen wollen – unbedingt.

Wir suchen ein Portal, ein Tor aus einem Traum oder einer Erinnerung, das Sie – auf einer erlebnisreichen Fantasiereise – an einen Ort bringt, an dem Sie jede Information, die Sie interessiert, über jedes Thema, das Sie anzieht, erhalten. In der geheimen Bibliothek können Sie womöglich einen Bibliothekar oder einen ähnlichen Assistenten bitten, Ihnen bei der Suche zu helfen. Sie bekommen dort vielleicht Kontakt zu Lehrmeistern auf dem Gebiet, das Sie sich ausgesucht haben oder das Sie ausgesucht hat. Wenn Sie mutig genug sind, können Sie womöglich sogar einen Blick in Ihr Lebensbuch werfen – in das Buch, das Ihnen mehr über Sie selbst vermitteln kann, einschließlich Ihrer Beziehungen zu Persönlichkeiten in früheren und zukünftigen Leben und das geheime Muster Ihrer gegenwärtigen Beziehungen. Wenn Sie ganz besonders mutig sind, können Sie möglicherweise Ihren heiligen Vertrag im Lebensbuch einsehen. Er enthält die Vereinbarung, der Sie zugestimmt haben, bevor Sie in Ihr jetziges Leben hineingeboren wurden, und die Vertragsbedingungen.

ÜBUNG

Die Reise zur geheimen Bibliothek

Sie sind dabei, einen Ort zu betreten, an dem sich Ihnen alle Wissensgebiete, einschließlich tieferer Einblicke in die Aufgabe und Verbindungen Ihrer Seele, eröffnen können. Das Beste wird jedoch nur offenbart, wenn Sie es suchen. Wenn es zulässt, dass Sie es finden, werden Sie es wissen – vorher nicht. Daher fangen Sie am besten mit einer Absicht an, doch bleiben Sie offen für eine Reise darüber hinaus.

In der geheimen Bibliothek können Sie Informationen und Inspiration auf jedem Gebiet erhalten, das Ihre Neugier und Ihren kreativen Geist weckt. Alles, was den kreativen Geist in Ihnen anspricht, ist eine Sache der Seele, egal ob es sich um Golf oder Alchemie handelt, um Kochen oder Astronomie, Landschaftsarchitektur, Gärtnern oder Schreiben. Auf einer Reise zur geheimen Bibliothek, die ich leitete, entdeckte ein Jachtbauer eine Blaupause, durch die er einen neuen Entwurf für eine Rennjacht entwickeln konnte, die später ein wichtiges Wettrennen im Pazifik gewann. Ein Landschaftsarchitekt begegnete in der geheimen Bibliothek einem berühmten Landschaftsdesigner aus der Vergangenheit, der ihm Ideen für ein Großprojekt in den Hamptons lieferte. Es war so erfolgreich, dass die Grundstückseigentümer ihm einen großzügigen Bonus zahlten.

Es überrascht wohl kaum, dass Schriftsteller von dieser Reise reich beschenkt zurückkehren können. Eine Autorin begegnete einem Lebewesen mit einem Geweih, das sich als Geist des Buchs vorstellte, an dem sie gerade arbeitete. Er gab ihr spezifische Ideen und Titel für drei weitere Bücher, an die sie noch gar nicht gedacht hatte.

Entsinnen Sie sich eines Ortes wie eine Bibliothek, an dem Sie voller Begeisterung neue Geschichten oder Bilder entdeckt haben. Stellen Sie sich am Eingang dieser Stätte vor. Sehen Sie, wie Sie die Tür öffnen und eintreten. Ergreifen Sie mit allen Sinnen Besitz von dem Raum. Sehen Sie, wie das Licht durchs Zimmer fällt, riechen Sie die Bücher, lauschen Sie auf leise Geräusche.

Während Sie tiefer in den Raum vordringen, gehen Sie über die Erinnerung hinaus in ein größeres Gebiet. Dort gibt es Räume und Ebenen, die alles bisher Bekannte überschreiten.

Vielleicht treffen Sie auf einen Bibliothekar oder Wärter, der Sie führen kann. Bibliothekare können in jeder Realität sehr interessante Leute sein. Borges war Bibliothekar. Madeleine L'Engle arbeitete ehrenamtlich als Bibliothekarin in New York. Selbst der berüchtigte Casanova war als Bibliothekar für einen Prinzen tätig. Wenn Sie seine Dienste in Anspruch nehmen, könnten Sie sich in einer pikanten Abteilung für Erwachsene wiederfinden. In meiner eigenen Version der geheimen Bibliothek begegne ich häufig einer Bibliothekarin, die wie eine typische Lehrerin aus Oxford oder Cambridge aussieht, im Tweedanzug und mit Halbbrille, deren Schatten jedoch die Umrisse eines Vogels mit langem, gebogenem Schnabel hat.

Wenn Sie sich unter Büchern befinden, werden Sie feststellen, dass Sie allein durch das Aufklappen eines beliebigen Buchs in seine Welt versetzt werden. Betrachten Sie ein Bild und Sie werden sehen, dass Sie wie durch ein offenes Fenster hineingehen können.

In Ihrer geheimen Bibliothek können Sie Lehrmeistern auf jedem Wissensgebiet, das Ihre Leidenschaft und Neugier weckt, begegnen. Tote Schriftsteller sind recht leicht zu finden. Ich habe in diesem Raum schon viele Gespräche mit Yeats geführt.

Eine Bibliothek dieser Art bietet Ressourcen, die über Bücher hinausgehen. Möglicherweise befinden Sie sich in einem Raum voller Kostüme, Kunstgegenstände, Landkarten, Schmuckstücke oder gar Stofftiere. Ich bin mir ziemlich sicher, dass es eine Bibliothek der Teddybären gibt. Es könnte Sie auch nach draußen in ein Gebiet ziehen, in dem Archive in Bäumen oder Steinen aufbewahrt werden.

IHR BUCH DES LEBENS

Wenn Sie sich tief genug in die geheime Bibliothek vorwagen, können Sie vielleicht sogar einen Blick in Ihr eigenes Buch des Lebens werfen und den Vertrag Ihrer Seele einsehen. Mittlerweile bin ich überzeugt, dass wir alle einen solchen Vertrag abgeschlossen haben, auch wenn die meisten Leute sich dessen völlig unbewusst sind – und daher die größten Chancen in diesem Leben verschenken oder die Herausforderungen scheuen, die der Vertrag vorsieht. Wir können beispielsweise auf die Erde gekommen sein, um die Gelegenheit zu bekommen, den Mut zu beweisen, den wir vorher nicht aufgebracht haben. Oder um mit einem Seelengefährten oder einer Seelenfamilie wiedervereint zu werden. Oder um in einer Krise, in der unsere Begabungen und Erinnerungen lebensnotwendig sind, Gutes zu tun. Oder um die Freuden und Freiheit zu genießen, die uns in einem früheren Leben versagt waren. Oder um karmische Schulden abzuarbeiten – wozu möglicherweise die Wahrnehmungen und Erfahrungen einer ganzen Familie von Persönlichkeiten zu unterschiedlichen Zeiten einen neuen Blickwinkel erhalten.

Sobald Sie anfangen, Ihre geheime Bibliothek zu erforschen, werden Sie feststellen, dass ihre Ressourcen unerschöpflich sind. Im restlichen Teil dieses Kapitels stelle ich nur zwei der zahlreichen Gebiete der Bibliothek vor, die Sie erwarten. Das erste ist das Vertragsbüro. An diesen Ort können Sie gehen, wenn es an der Zeit ist, Seelenvereinbarungen neu zu verhandeln, die Sie mit anderen getroffen haben, als Seelenanteile von Ihnen verloren gingen.

DAS VERTRAGSBÜRO

Als Sie gebrochen, verletzt oder unvollständig waren, haben Sie alle möglichen Verträge mit anderen Leuten und Ihrer Umwelt abgeschlossen, die Sie sich nun näher ansehen oder vielleicht auch kündigen sollten. Damit sind die Vereinbarungen gemeint, die wir alle bewusst oder unbewusst im Laufe des Lebens treffen. Manche von ihnen liegen auf der Hand und wurden schriftlich festgehalten – eine Heiratsurkunde, ein Eintrag ins Grundbuch, ein Arbeitsvertrag oder ein Schuldschein. Es gibt aber auch Verträge, die nicht so offensichtlich sind, sondern die stattdessen unser Verhalten und unsere Reaktionen auf die Umwelt bestimmen. Manchmal entschlüpfen sie uns in Form eines negativen Mantras, wie beispielweise »Ich werde nie in der Öffentlichkeit frei reden können« oder »Man kann keinem über den Weg trauen«. Manchmal sind sie tief verborgen, aber dennoch haben sie große Macht über uns.

Um die Seele zu belassen, wo sie hingehört, ist es wichtig, Einsicht in Verträge zu bekommen, die Sie abgeschlossen haben, als Sie nicht ganz bei sich waren. Dies können Sie tun, indem Sie zum

Vertragsbüro reisen. Es sieht aus wie ein altmodisches Anwaltsbüro mit Ledersesseln, edler Holztäfelung und vielen Reihen schön gebundener Bücher. Wenn Sie hierherkommen, werden Sie den Notar – oder nach Belieben die Sekretärin – bitten, Ihnen einige der Vereinbarungen zu zeigen, die Sie bewusst oder ohne es zu wissen getroffen haben, als Sie nicht ganz Sie selbst waren.

Sie können Ihre Nachforschungen auch beschleunigen, indem Sie eine kurze Liste mit Namen und Themen erstellen und mit Ihren eigenen Namen anfangen.

Hat man Ihnen im Laufe des Lebens verschiedene Namen gegeben? Haben Sie sich selbst unterschiedliche Namen ausgesucht? Ohne nachzudenken: Wie lauten die wichtigsten Namen (einschließlich Spitznamen), die Sie verwendet haben oder die andere Ihnen in verschiedenen Lebensphasen gegeben haben? Wenn Sie zum Vertragsbüro kommen, sollten Sie vielleicht prüfen, was Ihre früheren Selbste unter diesen früheren Namen vereinbart haben. Falls diese Namen Sie nicht länger definieren, sind manche dieser Vereinbarungen vielleicht ungültig geworden.

Fertigen Sie außerdem eine zweite kurze Liste mit den Menschen an, die in Ihrem Leben wichtig sind. Vielleicht sind auch einige dieser Vereinbarungen abgelaufen oder müssen jetzt, da Sie mehr zu und in sich gegangen sind, überprüft werden.

DIE TAROT-ECKE

Ich bin ziemlich sicher, dass es in Ihrer geheimen Bibliothek auch eine Tarot-Ecke gibt. Dort können Sie jederzeit hingehen. Falls Sie eigene Tarotkarten haben, holen Sie sie nun heraus. Wenn Sie keine Tarotkarten haben oder sich damit nicht auskennen, lesen Sie bitte weiter. Wir werden sehen, dass Tarot ein wahrer Bilderschatz ist, der sich nutzen lässt, um Fantasie freizusetzen und unser Verständnis der vielen Aspekte des Selbst zu erweitern.

Lassen Sie uns zuerst den ganzen Hokuspokus über Bord werfen. Tarot ist *kein* mystischer Code für das Universum, der aus Atlantis oder Ägypten oder sonst woher stammt. Es ist eine kluge Zusammensetzung aus drei separaten Elementen – die heute die großen Arkana, Hofkarten und Zahlenkarten genannt werden. Sie stammen aus verschiedenen Quellen und wurden durch Zauberkünstler zusammengebracht, die im Dienst von italienischen Fürsten und Prinzessinnen standen. Das meiner Meinung nach klarste der heute verwendeten Tarotsysteme ist ein Kaleidoskop der Magier des Hermetic Order des Golden Dawn, deren Netzwerk an Bezügen die Kabbala, Astrologie und vieles mehr umspannt. Der Orden nutzte die Karten nicht nur für Weissagungen, sondern auch bei feierlichem Zauberwerk und der Wegarbeit. Sie ist eine Methode, mit der man auf festgelegten Wegen zu den inneren Ebenen des Bewusstseins reisen kann. Die Fachkundigen des Golden Dawn und ihre Nachfolger liehen sich eine schon bestehende Landkarte aus – die der Wege zwischen den zehn Sephiroth-Schwertern auf dem kabbalistischen Baum des Lebens – und stellten dann neue Schilder auf, indem sie jedem Weg eine Tarot-Trumpfkarte (eine der zweiundzwanzig der großen Arkana) zuordneten. Ich bin diesen Schildern gefolgt und sie bringen einen zwar an hochinteressante Orte, doch man kann nicht davon ausgehen, dass es sich um die Original-Kabbala oder um Wegweiser eines alten außerirdischen Gottes handelt.

Ich möchte ein paar meiner eigenen Erfahrungen mit Tarot schildern. Sie begannen in meiner Jugendzeit in Australien, wenn nicht schon lange vorher. Das ist wichtig, um zu verstehen, wie die Beschäftigung mit Tarot »das ferne Gedächtnis« unserer Verbundenheit zu anderen Leben aktivieren kann und wie sich eine Reihe von Bildern in zweierlei Form nutzen lässt: als Spiegel des Selbst im Alltag und als Fenster oder Türen für Reisen in transpersönliche Bereiche und eine mögliche Verbindung zum größeren Selbst.

Meine ersten Tarotkarten fielen mir in die Hände, als ich siebzehn war. Es war das alte Rider-Waite-Kartendeck, das einzige, das man damals öffentlich kaufen konnte, und ein sehr geeignetes Kartenset für Anfänger. Als ich jedoch die Karten ausbreitete und betrachtete, fühlte ich mich nicht wie ein Anfänger. Mir war, als wäre ich zu einer Familie zurückgekehrt. Es war nicht nur eine Familie, zu der der Narr und der Gehängte, die unheilvollen Fünf und die rücksichtslose Königin der Schwerter gehörten, sondern auch diejenigen, die das System hinter den Karten entwickelt hatten und die Bilder für andere Zwecke als Kartenlesen verwendet hatten.

In meinen Träumen, vor allem in langen klaren Nächten, in denen die Schleier zwischen den Welten dünner als Nesselvorhänge waren, fand ich mich unter lebendigen Tarot-Trumpfkarten und Hofkarten und Gestalten wieder, die ihre Verkleidungen annahmen. Als Lehrling verkleidete ich mich wie eine Wahrsagerin mit einem seidenen Turban und las den Leuten bei Wohltätigkeitsveranstaltungen die Karten. Mein Stil war schnell und simpel. Statt mir Gedanken über die wissenschaftlichen Zuordnungen der Karten zu machen, sah ich mir rasch die ausgelegten Karten an – meist waren es zehn, die das keltische Kreuz genannt werden – und stellte fest, was dominierte und was fehlte. Keine Trumpfkarten: Ach, die Götter und Mächte der tieferen Welt bleiben weg. Viele Personenkarten: Es gibt ein Problem mit anderen Leuten oder vielleicht auch mehreren Aspekten des Selbst. Ein Waffenarsenal an Schwertern: O je, Schmerz, Selbsthass, Krankheit und Verunsicherung liegen auf der Hand, es sei denn, der Betroffene überwindet seine jetzige Verfassung. Die Karten trugen den Stempel der individuellen Bedeutung, bestätigt durch ein Gefühl dafür, welche Folgen sie immer wieder – entweder allein oder in bestimmten Verbindungen – gehabt hatten. Die Sieben der Schwerter: der Betroffene gibt zu schnell auf. Die Fünf der Kelche: das Risiko des inneren Todes statt des Todes des Ichs, das der reale Tod mit sich bringt.

Sie werden in der umfangreichen Tarot-Literatur, die heute im Fachhandel oder in Kristallkugelläden erhältlich ist, für jede einzelne Karte tausend mögliche Deutungen finden. Ich will nicht behaupten, dass meine Zuordnungen auf Sie zutreffen. Ich erinnere mich nur daran, dass sie mir ohne Vorwissen zuflogen. Und wenn ich auf sie vertraute, ohne lange darüber nachzudenken, waren sie meist richtig. Wenn ich eine Karte umdrehte, fühlte ich: Ich kenne dich und ich weiß noch, was passiert ist, als du dich da und da gezeigt hast. Das Gefühl der Vorahnung ging über mein junges Leben hinaus. Es war noch etwas anderes. Wie meine gute Freundin Mary Greer es so gut ausdrückt, können Tarot-Bilder Spiegel des Selbst sein.[1] Sie können auch Fenster sein oder etwas, das über das jetzige Selbst hinausgeht. Als Jugendlicher konnte ich manchmal auf eine Szene schauen, die hinter der gemalten Illustration einer Karte lag. Der Kartenrand wurde zum Fenster.

Wenn ich durch dieses Fenster sah, konnte es geschehen, dass ich einen Blick auf ein Ereignis in der Zukunft oder ein Drama zwischen zwei Liebenden oder zwei Rivalen, das Spiel von elementaren Mächten oder die Aktivitäten von Geistern hinter dem Vorhang der Welt erhaschte. Bei den Veranstaltungen auf dem Campus verriet ich davon nicht zu viel. Manchmal verschwieg ich alles, was ich sah. Als ich durch die Fünf der Kelche schaute und den Tod durch einen Unfall sah, weil ein Auto auf einer schmalen Straße die Kurve nicht kriegte, behielt ich es für mich. Ich sagte nur, dass das junge Paar, das eine Menge Geld für einen Sportflitzer ausgegeben hatte, vorsichtig fahren müsse. Als ich später hörte, dass der Unfall, den ich durch das Tarot-Fenster vorhergesehen hatte, für einen der beiden tödlich ausgegangen war, hörte ich auf, anderen die Karten zu lesen. Ich wollte den Tod nicht noch einmal auf einer anderen Straße sehen und dasselbe schreckliche Dilemma haben: Gebe ich eine schlimme Vision weiter, die den Empfänger auf eine Weise beeinflusst, welche die Umsetzung noch wahrscheinlicher macht – oder halte ich womöglich Details zurück, die er nutzen kann, um sich zu schützen? Ich musste noch viel über unsere Verbundenheit mit der Zukunft lernen – oder mich daran erinnern. Das Wesentliche ist zu wissen, dass jedes Ereignis, das wir voraussehen können (was wir am akkuratesten in unseren Träumen tun), zwar möglich, aber nicht unbedingt vorherbestimmt ist. Wenn wir klug und mutig handeln, können wir ein potenzielles Ereignis in der Zukunft zum Guten wenden.

Jahre und Jahrzehnte vergingen. Tarotkarten aller Art fingen an, wie Pilze aus dem Boden zu schießen. Ich begann, sie zu sammeln, und beschäftigte mich erneut mit Tarot zur täglichen Selbstreflexion und um mir darüber eine zweite Meinung bilden zu können. Als die Leute hörten, dass ich Tarotkarten lese, sollte ich natürlich ihre Karten lesen und manchmal gab ich nach. Die Karten, die ich für formelle Kartenlesungen bevorzugte, waren die, die den Systemen des Golden Dawn am ehesten entsprachen. Es war das System, mit dem ich mich seit der Jugend auf der inneren Ebene verbunden gefühlt hatte: Rider-Waite, Diener des Lichts, Gareth Knights

Karten, die alte Golden-Dawn-Version, die irgendwann auf den Markt kam, und Aleister Crowleys Thoth-Kartendeck. Durch die Schönheit der von Lady Frieda Harris gemalten Bilder übt das Deck von Crowley auf mich – und viele andere, darunter auch Tarot-Autorin und Symbolikerin Angeles Arrien – eine starke Anziehungskraft aus. Das kann jedoch aufgrund der Prägung seines Schöpfers zu einem Problem werden, denn dieser nannte sich das Große Biest und praktizierte eine zum Teil undurchsichtige Magie. Eine Warnung: Wenn Sie mit Tarotkarten arbeiten, werden Sie wahrscheinlich auf den inneren Ebenen mit dem Geist und den Energien ihrer Urheber in Verbindung treten. Das kann zu einer interessanten Herausforderung werden, vor allem bei Crowley.

Als Botschaft oder Vorgeschmack auf den anbrechenden Tag ziehe ich eine einzelne Karte aus irgendeinem der vielen Kartendecks, die ein Regal zu meiner Rechten füllen. Es macht mir Spaß, dafür ein neues Deck oder eines, mit dem ich noch nicht vertraut bin, zu verwenden. Das lockt das Biest der Synchronizität hervor, weil ich dann wach bin für das, was an diesem Bild anders ist und was mich über den Tellerrand meiner bewährten Bezüge und fernen Erinnerungen hinaus in neue Gebiete vordringen lässt. Ich nehme die Szene vor mir eine Weile auf, bevor ich das Fenster ganz aufmache, um zu sehen, was dahinter liegt.

Während ich dieses Buch schrieb, zog ich beispielsweise eine Tageskarte aus dem Tarot von Eden, einem Deck, das ich zwar schon eine Weile hatte, aber noch nie benutzt hatte. Ich zog den König der Stäbe. In diesem Deck ist er ein Baummann mit Wurzeln und Ästen. Er ist ein Gingko, der älteste Baum der Welt, ein unglaublicher Überlebenskünstler (die Gingko-Bäume in Hiroshima haben die Atombombe überlebt). In Korea hören Geistliche aus dem Geräusch des Gingko Botschaften heraus. Was der Text über den König der Stäbe sagt, interessiert mich nicht. Das Fenster ist nun ganz auf. Jetzt fühle ich, dass ich in der Erde stehe und mich wie die Wurzeln eines Baums tief und weit ausdehne. Ich spüre, wie sich mein Blätterdach ausbreitet. Ich trinke das Sonnenlicht und sauge es durch meine grüne Krone ein. Der Stab oder Stift in meiner Hand ist mit dem grünen Feuer der Erde und der Erinnerung der Bäume aufgeladen.

Die einfachste Methode, um Tarot zu lernen und einen Gedanken oder ein Signal für den Tag zu erhalten, ist, ein Kartendeck auszuwählen und jeden Morgen eine Karte zu ziehen. Es gibt viele moderne Kartendecks von wunderschön bis bizarr. Lassen Sie sich von Ihrem Sinn für Ästhetik und Ihrer Intuition zu dem Kartendeck führen, das sich für Sie richtig anfühlt. Sie sollten sich ein neues Deck zulegen, da man nie weiß, was für Energien in ein gebrauchtes Deck untergemischt wurden. Wenn Sie verschiedene Arten der Interpretation und Arbeit mit den Karten lernen möchten, werden Sie feststellen, dass Bücher über Tarot mehr als nur eine Ecke der Bibliothek füllen. Sie füllen eine ganze Kammer mit drei Ebenen aus. Mary K. Greers Bücher, einschließlich *Tarot Konstellationen. Persönlichkeits- und Wesenskarten.* (Hugendubel, München, 1989), sind ausgezeichnete Anleitungen zum Kartenlesen. Auch Angeles Arriens Tarot-Arbeitsbuch ist bestens geeignet (wenn Sie sich nicht davor fürchten, in das Lager des Biests gezogen zu werden, da ihre Kartenbilder dem Crowley-Deck entnommen sind). Cynthia Giles schreibt hervorragend über die Geschichte und Lehre vom Tarot, während Paul Huson etwas von dem Hokuspokus über die Ursprünge der Karten zu Grabe trägt.[2]

Wenn Tarot etwas Neues für Sie ist, sollten Sie zwar nachlesen, was die Bücher über die Karte am Morgen aussagen (schließlich sind wir ja in einer Bibliothek), aber kleben Sie nicht an den Texten. Sehen Sie, was Ihnen intuitiv in Gegenwart der Karten kommt. Untersuchen Sie sämtliche Details. Ist das eine Krabbe, ein Flusskrebs oder ein Hummer, der unter dem Mond aus dem dunklen Wasser kriecht? Und was löst eine solche Kreatur in Ihnen aus? Erinnerungen an Krabbenfischen oder Krabbenessen in der Hütte an der Küste von Maryland oder an einen Verwandten, der vom Krebs – einer Krabbenart – heimgesucht wurde?

Bevor Sie die mögliche Bedeutung der Karte in einem Buch nachschlagen, sollten Sie noch einen frischen Blick auf die Karte werfen. Was ist auf dem Bild zu sehen? Was fühlen Sie in Gegenwart dieses Bildes? Erinnert es Sie an etwas anderes, was Sie schon mal gesehen oder erlebt haben? Bleiben Sie locker, wenn Sie nach den Büchern greifen. Holen Sie sich ein paar Anregungen, aber beschränken Sie sich nicht auf vorgefertigte Versionen dessen, was eine bestimmte Karte bedeutet. Ihr bester Führer sind Ihre spontanen ersten Gefühle und Eindrücke in Gegenwart der Karte. Am Ende des Tages können Sie überlegen, ob sich das Thema der Karte, die Sie am Morgen gezogen haben, auf irgendeine Weise umgesetzt hat.

Notieren Sie Ihre Tageskarte in einem speziellen Tagebuch. Achten Sie auf das, was sich nach dem Ziehen einer bestimmten Karte an diesem Tag ereignet. Auf diese Weise entwickeln Sie ein persönliches Gefühl für die zukunftsweisenden Bedeutungen der Karten, so wie die wahren Geistlichen solche Sachen schon immer gelernt und ausprobiert haben – nämlich durch das Prüfen dessen, was auf das Ziehen einer bestimmten Karte oder eines Musters folgt. Nehmen Sie sich Ihr Tarot-Tagebuch vor und sehen Sie nach, welche Karten Sie immer wieder ziehen und welche verborgen bleiben. Lernen Sie daraus, welche Probleme in Ihrem Leben immer wieder auftauchen und welche Kräfte Ihnen gegenwärtig zur Verfügung stehen oder abwesend sind. Nun sind Sie bereit, mit minimalem Aufwand ein noch tieferes Spiel zu spielen.

ÜBUNG

Der Blick in einen Tarot-Spiegel

Bei diesem Spiel geht es darum zu lernen, wie Sie erkennen können, welcher Aspekt Ihrer Persönlichkeit in Gegenwart einer bestimmten Person, Situation oder Aufgabe die Führung übernimmt. Dies kann überraschend oder peinlich sein oder auch nur Ihre Vermutung bestätigen. Häufig ist es ein Verwandlungsspiel. Es kann Ihnen das Gefühl vermitteln, dass der beste aller Lebenstrainer – der für Sie kein Unbekannter ist – gerade vorbeigekommen ist, um Sie vor einer Katastrophe zu bewahren oder Ihnen zu sagen: Weiter so.

Wir wollen dieses Spiel »Tarot-Aspekte der Seele« nennen. Falls Tarot etwas Neues für Sie ist, sollten Sie sich dafür aufwärmen, indem Sie ein paar Tageskarten ziehen und ein wenig mit anderen Karten im Deck mischen. Doch für das Tarot-Aspekte-Spiel brauchen Sie keinen ausführlichen Tarot-Kurs zu absolvieren. Was Sie wissen müssen ist, dass ein Packen aus achtundsiebzig Tarotkarten aus drei Minidecks zusammengestellt wird: den Trumpfkarten (oder der großen Arkana), den Hofkarten und den Zahlenkarten.

Die zweiundzwanzig Trumpfkarten oder große Arkana repräsentieren stärkere transpersönliche Kräfte, die auf der Welt oder in einer bestimmten Situation am Werk sind. Die sechzehn Hofkarten können in einer anderen Lesart andere Personen darstellen; bei diesem Spiel stehen sie immer für Aspekte von Ihnen. Sie tragen in verschiedenen Kartendecks unterschiedliche Namen; hier werden wir sie König und Königin, Prinz und Prinzessin nennen. Die Hofkarten gehören wie die vierzig Zahlenkarten vier Elementen an, die für vier Elemente und vier psychische Funktionen stehen.

In vielen Decks sind die vier Elemente die Stöcke, Schalen, Dolche und Scheiben (oder Pentakel). Stöcke werden normalerweise mit Feuer und Intuition in Verbindung gebracht, Schalen mit Wasser und Emotionen, Dolche mit Luft und Verstand, Scheiben mit Erde und sinnlicher Wahrnehmung. In unserem Spiel zeigen uns die Hofkarten, ob wir mit dem Kopf oder dem Herzen auf eine bestimmte Thematik im Leben reagieren, und ob wir dies von einem jüngeren oder einem eher reiferen Aspekt unseres Selbst aus tun. Die Zahlenkarten weisen uns bei diesem Spiel auf den möglichen Ausgang hin, wenn wir diesen Aspekt unsere Einstellung und unser Verhalten in Bezug auf ein bestimmtes Problem steuern lassen.

Bei dem Tarot-Aspekte-Spiel sehen Sie in einem Tarotspiegel das Gesicht, das Sie in Bezug auf ein Lebensproblem aufdecken. Das Ergebnis kann genauso erschreckend oder ernüchternd sein, wie wenn wir in einen Traumspiegel blicken oder an einem schlechten Morgen in den Spiegel schauen. Bin ich das wirklich?

Der erste Schritt des Spiels ist, Ihr Tarotdeck in drei Minidecks aufzuteilen. Dazu sieht man die Karten durch und legt die Trumpf-karten auf einen Stapel auf der linken Seite. Die Hofkarten bilden einen Stapel in der Mitte und die Zahlenkarten einen höheren

Stapel auf der rechten Seite. Anfangs werden Sie vielleicht ein wenig zögern, was wohin gehört. Ob Sie die Karten richtig geteilt haben, lässt sich rasch prüfen, indem Sie die Zahlenkarten zählen (es sollten sechzehn sein). Falls Sie dann immer noch unsicher sind, können Sie auch noch die Trumpfkarten zählen (zweiundzwanzig).

Ihre Absicht ist nun herauszufinden, welcher Aspekt von Ihnen Ihre Persönlichkeit bei einem bestimmten Thema oder in Gegenwart einer bestimmten Person steuert. Um Ihre Absicht festzulegen, müssen Sie das Problem oder die Person benennen. »Eine Rede in der Öffentlichkeit halten«, »mein Chef« oder »mein Expartner« könnte zum Beispiel ein solches Problem für Sie sein. Falls Sie mit dem Kartendeck genügend vertraut sind, könnten Sie eine Karte auswählen, die das betreffende Problem oder die Person darstellt. Legen Sie dazu diese Karte – die geübte Tarotleser den »Signifikator« nennen – über Ihre Minidecks.

Mischen Sie nun die drei Ministapel, während Sie sich auf das Problem konzentrieren.

Drehen Sie dann eine Karte aus dem ersten Stapel mit den Trumpfkarten um. Sie können entweder die oberste Karte nehmen oder irgendeine andere Karte aus dem Minideck ziehen. Diese Karte steht für die höheren transpersönlichen Kräfte, die ins Spiel kommen, wenn Sie das Problem angehen.

Drehen Sie als Nächstes eine Hofkarte aus dem zweiten Stapel um. Das ist die entscheidende Karte. Sie zeigt Ihnen den Aspekt Ihres Selbst, der Ihr Denken und Verhalten bezüglich der betreffenden Person oder des festgestellten Problems lenkt.

Drehen Sie nun eine Zahlenkarte aus dem dritten Stapel um. Sie zeigt das wahrscheinliche Ergebnis auf, wenn Sie bei dem fraglichen Problem Ihre Persönlichkeit durch den in der zweiten Karte aufgedeckten Aspekt Ihres Selbst kontrollieren lassen.

Falls das Ergebnis Ihnen zusagt, ist das Kartenlesen damit beendet. Beachten Sie, dass Dinge sich zum Guten wenden, wenn Sie von einer bestimmten Seite Ihres Selbst aus vorgehen. Wenn das

Problem wieder auftaucht, sollten Sie daher prüfen, wo Sie »stehen«.

Wenn Ihnen das Ergebnis, das die Zahlenkarte andeutet, nicht gefällt, gibt dieses Spiel Ihnen die Chance, es zu ändern. Sie können noch einmal spielen. Nehmen Sie die vorhin gezogene Hofkarte und legen Sie sie beiseite. Jetzt sind Sie bereit zu sehen, wie sich die Dinge entwickeln, wenn Sie ein Problem von einer anderen Seite Ihres Selbst aus angehen. Die Ergebniskarte müssen Sie jedoch auch diesmal in den Stapel der Zahlenkarten zurücklegen, da sie wieder auftauchen könnte. Lassen Sie die Trumpfkarte liegen, wo sie ist. Die transpersönliche Macht, die sie darstellt, bleibt auch während der Verlagerung Ihrer persönlichen Aspekte auf dem größeren Feld in Kraft.

Mischen Sie erneut die beiden Minidecks, die Sie diesmal verwenden werden – die Hofkarten und die Zahlenkarten. Ziehen Sie eine Hofkarte. Sehen Sie sich die Karte eine Weile an und achten Sie auf die Kontraste zwischen dieser Bildkarte und der vorherigen. Möglicherweise haben Sie von männlichen Aspekten Ihres Selbst auf weibliche umgesattelt, von feurigen auf wässerige, von jugendlichen auf reife Anteile.

Ziehen Sie nun die Ergebniskarte aus dem Zahlendeck. Wenn Ihnen das Ergebnis gefällt, haben Sie eine äußerst nützliche Richtlinie, wie Sie Ihr Problem angehen sollten. Sie sollten nicht vergessen, diesen Aspekt von sich anzurufen, wenn das Problem wieder auftaucht. Womöglich ist es ein Anteil Ihres Selbst, dessen Sie sich bisher nicht genügend bewusst waren.

Falls Ihnen das Ergebnis immer noch nicht zusagt, erhalten Sie noch eine dritte Spielchance. Dafür legen Sie die zweite Hofkarte, die Sie gezogen haben, beiseite und stecken die Ergebniskarte in den Stapel der Zahlenkarten zurück. Die Regeln für die dritte Runde sind dieselben wie die für die zweite Runde, außer dass Sie sich diesmal eine der Hofkarten als den Aspekt, mit dem Sie bewusst arbeiten werden, aussuchen können.

Jetzt, da Ihre neue Hofkarte offen liegt, ziehen Sie eine neue Ergebniskarte aus dem Zahlendeck. Wenn Ihnen das Ergebnis gefällt, sollten Sie gründlich darüber nachdenken, wie Sie dafür sorgen können, die besten Eigenschaften des Anteils von sich zu verkörpern, der durch die nun aufgedeckte Hofkarte offen liegt. Wenn Ihnen das Ergebnis immer noch nicht gefällt, ist dies vielleicht der richtige Zeitpunkt, das Problem »abkühlen« zu lassen oder keine Veränderungen in einer Beziehung zu erzwingen.

13. Traumarchäologie und kulturelle Seelenheilung

Erinnerungsverlust und Gedächtnislücken sind gefährlich für ein Volk.

Absichtserklärung im Museum der Besetzung, Tallinn, Estland

Der westafrikanische Stamm der Akan hat ein mysteriöses und faszinierendes Symbol: ein vogelartiges Wesen, das sich vorwärtsbewegt, während es über die Schulter zurückblickt. Es ist ein Sankofa. Wörtlich übersetzt lautet das damit verbundene Sprichwort der Akan: »Es ist kein Tabu, zurückzugehen und das zu holen, was man vergessen hat.« Eine zeitgenössische Version des Sprichworts besagt: »Wir müssen zurückgehen und uns unsere Vergangenheit zurückholen, um vorwärtsgehen zu können.« Manchmal wird der Sankofa mit einem Ei im Schnabel abgebildet; dies symbolisiert die Kraft, eine bessere Zukunft auszubrüten, wenn man sich gut um die Vergangenheit gekümmert hat.

Der Sankofa erinnert uns daran, *das Beste* aus der Vergangenheit zu nehmen. Dazu müssen wir unterscheiden, was wir uns aus der Geschichte nehmen – um das wiederherzustellen, was unserem Leben Kraft und Unterstützung gibt, und das zurückzulassen, was uns belastet und zurückhält.

Sich die notwendige Vergangenheit zurückzuholen und die alten Geschichten loszulassen, die uns fesseln und einengen, ist für ein volles und schöpferisches Leben erforderlich. Dazu gehören nicht nur unsere persönlichen Geschichten, sondern auch die Geschichte unserer Vorfahren.

Unsere Vorfahren – die möglicherweise durch die Blutlinien bis an den Anfang (der Menschheit) zurückgehen – und die Vorfahren des Landes, auf dem wir leben, erscheinen häufig in spontanen nächtlichen Träumen. Manchmal suchen sie uns. Als Traumreisende können wir auch beschließen, uns auf die Suche nach ihnen zu machen. Wir können uns sogar die Fähigkeiten von Traumarchäologen aneignen.

Während die Archäologie generell als die Wissenschaft der Ausgrabungen und Erforschung der Antike angesehen wird, geht die Bedeutung des Wortes Archäologie noch tiefer: Es ist die Erforschung *der Arche,* der ersten und ursprünglichsten, der wichtigsten und notwendigsten Dinge überhaupt.

Bei der Traumarchäologie geht es darum, die besten Werkzeuge der Analyse und Lehren mit den erfahrungsbedingten Techniken des Aktiven Träumens zu verbinden. Durch bewusstes Traumreisen, den Wiedereinstieg in Träume und gegenseitige Visionen können wir in andere Zeiten gehen und uns dort aus erster Hand Wissen über Bedingungen beschaffen, die wir dann untersuchen und verifizieren können. Möglicherweise unterstützen wir Wissenschaftler und Fachleute in ihren Bemühungen, über bisherige Erkenntnisse hinauszugehen. Wir können das Beste der uralten Traditionen und Rituale auf authentische, hilfreiche und rasche Weise zurückholen.

Während wir in tiefere Ebenen der Vergangenheit und Zukunft vordringen, können wir womöglich vom Standpunkt der Metageschichte aus – die lineare Zeit überschreitet – die lineare Folge von Ereignissen überschauen.

Wir können in die Lebensumstände von Persönlichkeiten in der Vergangenheit oder der Zukunft schlüpfen, die auf verschiedene Weise einen Bezug zu uns haben können – als Ahnen oder Nachkommen, als Mitglieder unserer größeren spirituellen Familien, als verkörperte Aspekte unseres Selbst oder als Gegenstücke unseres Selbst, die tatsächlich zu anderen Zeiten an anderen Orten leben. Und wir können Experimente in der direkten Kommunikation mit Persönlichkeiten durchführen, die zu anderen Zeiten gelebt haben oder leben werden. Eine solche Kommunikation dient beiden und kann in ihrer Jetztzeit sowie im umfassenden Jetzt der Traumzeit erfolgen.

Die Traumarchäologie ermöglicht es uns, Zugang zur lebendigen Vergangenheit zu bekommen, mit den Hütern des Wissens unserer Vorfahren direkt zu kommunizieren und den kollektiven und kulturellen Seelenverlust, der unser Zeitalter charakterisiert, zu heilen. Bei der praktischen Durchführung der Traumarchäologie wird mithilfe einer Mischung aus sorgfältiger Recherche und Erlebnisreisen in andere Zeiten und Dimensionen authentisches Wissen über uralte Traditionen – darunter auch solche, die im Verlauf der Geschichte verschüttgegangen sind oder unterdrückt wurden – zurückgeholt. Der Traumarchäologe kombiniert das Können des Schamanen, des Wissenschaftlers und des Detektivs.

Traumarchäologie funktioniert auf zweierlei Art. Geheimnisse der Vergangenheit, von denen der Verstand im Wachzustand nichts oder nur wenig ahnt, kommen in Träumen zu uns, weil wir dann offen für sie sind. Oder wir sind schon auf der Suche und nutzen das schamanische luzide Träumen und die spontanen Eingebungen der Nacht, um das zu finden, was auf gewöhnlichem Weg nicht gefunden werden kann, doch oft durch Recherchen, die von Träumen gelenkt werden. Wenn wir durch unsere Studien und Reisen schon auf einer bestimmten Fährte sind, können Träume Dinge, die bisher nur unvollständig verstanden wurden, beleuchten. Und wir können die Techniken des Aktiven Träumens anwenden, um eine neue Tiefe in unserem Wissen zu erreichen – beispielsweise, indem wir eine schamanische Reise durch eine Wand voller Felszeichnungen unternehmen oder ein imaginäres Portal nutzen, um Verbindung mit den altertümlichen Hütern des Landes aufzunehmen.

In diesem Kapitel finden Sie mehrere Beispiele, wie sich die Traumarchäologie anwenden lässt und wie hilfreich sie bei der kulturellen Seelenheilung und der Rückholung vergessener Symbole, Rituale und Traditionen sein kann. Die folgende Geschichte über Amy Bruckers traumgelenkte Expeditionen in die Welt ihrer Vorfahren in Neuengland ist ein gutes Beispiel, wie eine Traumarchäologin arbeitet.

DER FLUSS DER TRÄUME FÜHRT ZU DEN PILGER-VORFAHREN

Amy Brucker ist eine Traumarbeiterin und glaubensfreie Geistliche, die durch eine Reihe von Zufällen zu meinem einwöchigen Workshop mit dem Titel »Die uralten Traumwege zurückerobern« gelenkt wurde. Amy unternahm in dieser Woche eine schamanische Reise in ein Reich der Verstorbenen. Dort wurde sie von ihrem neuenglischen Vorfahren Jonathan Padelford (1628-1669) und einem Indianer, dessen Name »Meeshkawa« ausgesprochen wurde, empfangen. Die beiden Männer baten sie um Unterstützung. Amy sollte helfen, die Leute zu heilen, indem sie die alten Traditionen zurückholte und zwei Blutlinien ehrte. Die Verzweiflung der Männer trieb Amy Tränen in die Augen. Sie versprach, alles in ihrer Macht zu tun, um der Bitte zu entsprechen.

Nach ihrer Rückkehr von meinem Workshop forschte Amy nach ihren Vorfahren in Neuengland und deren Verbindung zu Indianern Anfang des 17. Jahrhunderts. Während ihrer Recherchen kam ihr ein alter Traum in den Sinn. Sie nannte den Traum »Das Massaker am Erntedankfest«.

Im Traum befand sie sich auf einem Boot mit einem schwingenden Boden. Sie sah, wie Weiße auf Indianer schossen, die Gesicht und Körper rot bemalt hatten. Am Ufer stapelten sich ihre Leichen. Sie rief verzweifelt aus dem Boot: »Was macht ihr da? Indianer sind Menschen wie ihr!«

Die nächste Traumszene handelte vom Erntedankfest. Jetzt waren die Indianer wie die Weißen gekleidet, doch zur Essenszeit wurden sie in ein feuchtes, dunkles Kellerverlies gesperrt. Amy begleitete sie hinunter in den Keller und teilte Wasser und Brot mit ihnen.

In der letzten Traumszene war es ein Jahr später und wieder Erntedankfest. Und wieder wurden die Indianer in den Keller geschickt, doch diesmal war er warm und mit Teppichen und Möbeln ausgestattet. Amy versuchte, die Indianer davon zu überzeugen, dass sich ihre Bedingungen weiterhin verbessern würden. »Nächstes Jahr haben wir schon einen Tisch.« In einer Vision einer möglichen Zukunft, die Amy im Traum hatte, sah sie alle am selben Tisch essen und fühlte, dass sie bei der Umsetzung helfen könnte.

Dieser »alte« Traum, den zweiten, den sie vor vielen Jahren in ihrem ersten Tagebuch notiert hatte, wies ihr die Richtung, die sie bei den Nachforschungen einschlagen sollte, mit denen sie nach der Begegnung mit den Vorfahren in meinem Workshop begonnen hatte. Wie sie herausfand, wurden die Wampanoag von den frühen Siedlern »rote Männer« genannt, da sie sich wie die Indianer am Fluss in ihrem Traum Gesicht und Körper mit einem roten Farbpigment bemalten. Die Wampanoag hatten in der Nähe von Amys Vorfahren aus der Kolonialzeit in Massachusetts gelebt. Die beiden Gemeinden trafen während des schrecklichen Krieges von König Philip aufeinander, der den Stamm der Wampanoag fast völlig auslöschte.

Die Tatsache, dass Amys Traumboot einen Schwingboden hatte, war von besonderer Bedeutung für sie, da ihr Großvater, ein direkter Nachkömmling von Jonathan Padelford, im Jahr 1969 ein Paddelbootunternehmen gegründet hatte. Sein erstes Boot, das einen Schwingboden hatte, wurde *Jonathan Padelford* getauft.

Jonathan Padelfords Familie kämpfte gemeinsam mit den Ureinwohnern, die ihren Körper rot bemalten, und das Erntedankfest war eine gemeinsame Tradition der beiden Völker. Die Wampanoag waren nach historischer Überlieferung bekannt für ihre Großzügigkeit. Sie halfen den Pilgern, die harten Winter in Neuengland zu überleben. Die Pilger und die Wampanoag feierten das Erntefest gemeinsam. Es war ein Fest, aus dem sich später die amerikanische Thanksgiving-Tradition entwickelte.

Wie Amy klar wurde, wollte ihr Traum, der durch ihre Reise zu den Vorfahren bekräftigt wurde und dessen Dringlichkeit deutlich wurde, ihr sagen, dass sie bei der Überbrückung der unterschiedlichen Kulturen eine Rolle spielen könnte. Wie sie feststellte, ist die alte Bedeutung ihres Nachnamens – Brucker – »Brückenbauer«.

»Diese Erfahrung hat mich gelehrt«, schreibt Amy, »dass Träume nicht nur Symbole sind, die darauf hoffen, entschlüsselt zu werden. Sie können auch ein Vermächtnis an Schmerz und Leid mit sich bringen, das Generationen umfasst, die in unserem Blut und unseren Knochen leben, bis jemand geboren wird, der berufen ist, die Blutlinie der Ahnen zu heilen. Ich ehre alle Vorfahren, egal ob es Blutsverwandte von mir sind oder ob sie durch blutige Schlachten Teil meines Schicksals geworden sind. Ich trauere tief um meine Vorfahren, die Pilger, deren einziger Traum es war, eine Heimat zu finden, und um die Menschen der Urstämme, deren Heimat in diesem Prozess zerstört wurde. Mögen ihre Seelen Frieden finden.«

***

Es gibt eine besondere Art von Synchronizität, die den Traumarchäologen unterstützt. In den folgenden persönlichen Erfahrungen, die mich tief in die Welt der Jeanne d'Arc und eines französischen Dichterfürsten aus dem Mittelalter führten, kam sie besonders zum Tragen.

SICH IN DIE WELT DER JEANNE D'ARC UND IHRES FÜRSTEN HINEINTRÄUMEN

Träume, die durch Synchronizität unterstützt wurden, eröffneten mir ein Abenteuer im Frankreich des Mittelalters und ein Fenster, das mir die Praktiken der Sehenden des alten Galliens verständlich machten. Die meisten von ihnen waren Baumseher. Jeanne d'Arc könnte – zumindest in ihrer natürlichen Gabe zu Visionen – von ihnen abstammen.

Ich träume häufig auf Französisch, der Sprache meiner Vorfahren vor tausend Jahren, und finde mich in meinen Träumen oft in Frankreich wieder. Im Jahr 2001 erwachte ich mit einem einzigen Wort als Erinnerung an meine Träume – dem französischen Wort *chantepleure*. Es bedeutet »Singen und Weinen«. Aus dem Wörterbuch erfuhr ich, dass es ein alter Begriff für eine Art Sieb, Filter oder Gießkanne ist. Ich hatte keine Ahnung, warum mir dieses Wort im Traum erschienen war. Das erfuhr ich erst drei Jahre später.

Eines Nachmittags im September 2004 hielt ich einen Mittagsschlaf. Ich lag auf dem Rücken, meine Hände lagen gefaltet auf meiner Brust – laut Philippe Ariès, den ich als Teil meiner Recherchen für mein *Dreamer's book of the Dead* gelesen hatte, die offizielle Körperstellung (die *gisant* genannt wurde) eines Ritters im Mittelalter, der dem Tod nahe war.

Ich wurde sofort von einer starken Vision ergriffen, in der ich scheinbar die Perspektive eines mittelalterlichen französischen Adligen annahm, der zu seinen Erlebnissen im Jenseits aufbrach. Ich sah ihn in einer Kirche oder Kapelle aufgebahrt. Er lag zwischen anderen Steinsärgen mit Figuren, die in Hochrelief in die steinernen Sargdeckel eingehauen waren. Zu seiner Linken tauchten »Teufel« auf und tanzten auf Spalthufen durch die Kirche. Manche sahen aus wie Wasserspieler. Einer von ihnen hatte eine grässliche Tierfratze, eine Mischung aus Wildschwein und Esel mit kleinen Hörnern. Wie mir klar wurde, waren die monströsen Kreaturen durch die verzerrten Vorstellungen der Kirche entstanden. Auf mich wirkten sie komisch.

Auch der Adlige schien furchtlos zu sein, auch wenn er die Geschehnisse ein wenig ernster nahm. Er wollte sein Schwert erheben – ein großes Schwert materialisierte sich in seiner Hand – um die »Teufel« zu bekämpfen. Gespenster-Ritter gingen um sein Grab herum in Stellung, um ihn zu verteidigen und zu unterstützen. Sie kamen wie riesige gepanzerte Schlafwandler daher und bewegten sich wie Roboter.

Zwei Wege eröffneten sich dem toten Fürsten. In einem Lichtstrahl, der hinauf in den Himmel führte, sah er eine strahlende weibliche Gestalt. Sie erinnerte ihn an eine Frau, der er mit Liebesliedern den Hof gemacht hatte. In diesem Augenblick wusste ich, dass er zu wahrer Liebe fähig war und dass er als Schriftsteller und Patron Gedichte liebte.

Er wurde von der Frau im Licht angezogen, aber er wurde auch von einem riesengroßen weißen gepanzerten Schlachtross angezogen. Auch für ihn war ein passender Schlachtpanzer vorhanden. Er wollte alte Kämpfe fortführen. Ich bemerkte ein großes weißes Banner mit goldenen Schwertlilien. Der Fürst war im Zwiespalt, was er tun sollte, und seine Energie teilte sich. Ich spürte, wie sich die Fasern dehnten und wie Stoff zerrissen.

Als ich langsam aus der Vision zurückkam, wollte ich unbedingt seine Identität herausfinden. Ich wusste, er stammte aus dem Haus von Orléans; möglicherweise war er ein Herzog von Orléans. Auch wusste ich, dass er die Stadt Blois liebte und ihren Namen als Titel verwendete. Ich wusste, dass er Dichter und Liebhaber war, und dass das Wort *gonfalonier* oder *gonfalonière* in seiner Geschichte eine Rolle spielte.

Hier waren eindeutig Nachforschungen erforderlich! Ich recherchierte eine ganze Nacht lang online und in meiner Privatbibliothek und fand heraus, dass Comte de Blois einer der Titel der Herzoge von Orléans war. Es war der Adelstitel des ersten Duc d'Orléans, Louis, und dessen Sohn Charles d'Orléans, eines Zeitgenossen der Johanna von Orléans. Er war ein begabter Dichter, der von manchen »Vater der französischen lyrischen Poesie« genannt wird. Das Wort *gonfalonier* bedeutet »Standard-Träger«. Es könnte sich auf Johanna von Orléans beziehen, die dafür bekannt war, ihr Fahnenbanner selbst in die Schlacht zu tragen.

Am nächsten Tag suchte ich das Antiquariat an der Ecke auf, um nach einer Biografie über Jeanne d'Arc zu suchen. Im Türrahmen erblickte ich auf Augenhöhe der Regale mit Büchern über europäische Geschichte ein Werk, das den Titel *Charles of Orléans: Prince and Poet* trug. Es war eine literarische Erzählbiografie von Enid McLeod, der Leiterin der Französischen Abteilung des Britischen Informationsministeriums während des Zweiten Weltkriegs.

Ich nahm die Biografie mit nach Hause und traf schon bald auf das mysteriöse Wort aus meinem »alten« Traum – *chantepleure* (Seihtrichter, Gießkanne). Im Buch war ein Bild abgebildet: ein globusförmiger Behälter mit langem Hals und zahlreichen Löchern im Boden, aus denen große, tränenförmige Tropfen quollen. Im Text wurde erklärt, dass sich Charles' Mutter Valentina Visconti die *chantepleure* zum Symbol ihrer Trauer gemacht hatte, nachdem Charles Vater Louis, von Axtmördern brutal ermordet worden war. Die Auftragsmörder waren von Jean-sans-Peur, dem Herzog von Burgund, angeheuert worden. Viele Jahre lang machte Charles es sich zu seiner Lebensaufgabe, den Mord an seinem Vater zu rächen – ein Kampf, den er nicht aufgeben konnte.[2]

Ein seltsam anmutendes, archaisches Wort, das zuerst im Traum oder einer Vision auftauchte, schien mich auf einen Weg zu lenken, der mit Dramen und Persönlichkeiten aus einer anderen Ära verbunden war. Die Synchronizität wurde immer stärker, was mich verwunderte, wenn auch nicht unbedingt überraschte. Am Tag, nachdem ich das Buch gefunden hatte, flog ich nach Seattle, wo eine Bekannte einen Workshop für mich arrangiert hatte. Als sie mich vom Flughafen abholte, erzählte sie mir, ein Mann habe am selben Tag aus Paris angerufen und gefragt, ob in meinem Workshop noch ein Platz für ihn frei sei. Sie bejahte dies und er kündigte an, nach Seattle zu fliegen.

Der Mann aus Paris war charmant und kultiviert. Wie er mir sagte, hatte er eine Stiftung für alternative Heilmethoden und Spiritualität ins Leben gerufen. Hätte ich Interesse daran, ein von ihm gesponsertes Programm in Frankreich zu leiten? Wo? »Das Urlaubsseminar wird in einem Schloss in der Nähe von Orléans durchgeführt, das einen Bezug zu Jeanne d'Arc hat«, sagte er mir.

Natürlich fanden wir noch eine Lücke in meinem Zeitplan und vereinbarten, dass ich im nächsten Sommer ein Programm in der Gegend abhalten würde, in der Charles d'Orléans und Jeanne d'Arc gelebt hatten.

Mittlerweile trieb dieses Spiel aus Träumen und Synchronizität mich zu weiteren Nachforschungen. Wie ich herausfand, hatte die Jungfrau von Orleans ihren Kreuzzug im Namen von Charles d'Orléans durchgeführt, dem »Fürsten über dem Wasser«, der nach der französischen Niederlage bei Agıncourt von den Engländern gefangen genommen worden war und fast zwei Jahrzehnte lang in englischer Gefangenschaft verbracht hatte.

Das Schloss, in dem mein Workshop stattfand, war vierzig Minuten Autofahrt von Charles' geliebter Stadt Blois entfernt, wo er eine der umfangreichsten Bibliotheken im Europa des Mittelalters gegründet hatte. Dort hatte er Wettbewerbe für Dichter abgehalten. Ich fand die Szene aus meiner Vision über sein Begräbnis in der Kirche wieder, die ein Teil des Schlosses bei Blois ist. Das Schloss wird von den unheimlichsten Wasserspeiern bewacht, die ich je gesehen habe. Manche von ihnen sehen aus wie gequälte Seelen, die nur darauf warten, andere in ihre heulende Hölle zu ziehen. Als ich zu ihnen an die Stelle hinaufsah, an der sie mit den fliehenden Strebepfeilern springen, erkannte ich Gestalten aus meiner Vision der Erlebnisse eines mittelalterlichen Fürsten von Orleans im Jenseits (den ich nun für Charles halte) wieder. Er wurde in dem Augenblick, in dem er zwischen verschiedenen Wegen wählen musste, mit den Dämonen und Engeln der mittelalterlichen Fantasie konfrontiert. An der Wand der Kirche, in der Charles' Grab steht, befindet sich eine Plakette zu Ehren von Jeanne d'Arc, der Seherin, die in seinem Namen eine ganze Armee in die Schlacht geführt hatte.

Wie unsere Gastgeberin des Schlosses mir erzählte, hatte die Jungfrau von Orleans laut Volksmund auf dem Weg nach Orleans, wo sie ihren größten Sieg errungen hatte, eine Nacht auf dem Schlossgelände verbracht. Ob ich gern den Baum sehen würde, wo Jeanne übernachtet haben soll?

Wir überquerten ein raues Gelände, das durch einen Wald zu einer Kastanie führte. In den Baum hatte ein Blitz eingeschlagen, doch er hatte den Blitz überlebt. Die Gastgeberin nannte ihn L'Arble de la Dame. Würde ich bitte meine intuitiven Eingebungen verraten?

Ich stand neben dem Baum, umarmte ihn und lehnte die Stirn an den Baumstamm. Sofort hatte ich eine Vision in strahlenden, lebhaften Farben. Ein Ritter trug einen weißen Übermantel und einen Brustpanzer mit drei roten Löwen. Ich war sicher, dass es ein englischer Ritter war. Auch trug er eine Adelskrone auf dem Helm, dessen Visier aufgeklappt war. Also ein Edelmann, ein Herzog oder Graf. Aber warum sah ich einen englischen Ritter? Als ich die Szene weiter betrachtete, tauchten noch andere Gestalten auf. Eine Horde von Soldaten versammelte sich um eine Stadtmauer. Wie mir klar wurde, blickte ich auf die Positionen der englischen Besatzungstruppen von Orleans, so wie Jeanne sie möglicherweise bei einer hellseherischen Erkundungstour gesehen hatte, bevor sie die französischen Soldaten in die Schlacht führte.

Wie konnte sie auf diese Weise sehen? Wie genau kamen ihr ihre intuitiven Eingebungen? Sobald ich mir diese Frage gestellt hatte, spürte ich ein übermenschliches Wesen von oben und von hinten mit schlagenden Flügeln heruntersegeln. Ich fühlte, dass es wie ein Pfeil oder Bienenstich auf meinen Nacken zielte. Der Nacken, bestätigte eine innere Stimme. Ich fühlte zwar keine Schmerzen, spürte jedoch den Schmerz, den Jeanne d'Arc vermutlich bei ihrer Vision empfunden hatte – und wie ich später herausfand, hatte sie vor dem Marsch nach Orléans vorausgesagt, dass sie durch einen Pfeil verwundet werden würde. Genau das geschah dann auf dem Schlachtfeld.

An ihrem Baum der Vision spürte ich eine Kontinuität zwischen Jeanne d'Arc und den gallischen Seherinnen, die im Altertum auf Bäume oder Türme aus Baumästen geklettert waren, um Schlachten für ihre Krieger auszuspähen und zu leiten. Julius Cäsar betrachtete diese »Fernseher« als seine mächtigsten Gegner.

Allmählich entfaltete sich eine noch tiefere Geschichte – die Geschichte einer Baumseherin in einem Wald, die mit einer uralten Linie von Seherinnen verbunden war. Die Bedeutung von heiligen Bäumen in Jeannes jüngeren Jahren findet sich in den Schrifttexten (auch wenn ich keinen Bezug zu chataignier finden konnte). Jeannes Ankläger bauschte bei ihrer Gerichtsverhandlung ihre Verbundenheit als Kind zu einem »Märchenbaum« auf – dem L'Arbre aux Dames, einer hohen Birke in einem Eichenwald nahe ihrer Heimatstadt in Lothringen.

Meine fortgesetzten Recherchen ergaben ein Kapitel mit der Überschrift »Jeanne d'Arc und die Baumseher« in meinem Buch *Secret History of Dreaming*. Doch es gibt ein weiteres Kapitel, das noch geschrieben werden muss, in dem es um den Dichterfürsten von Orléans und die geheimen Bücher in der großen Bibliothek geht, die er in seinem Schloss in Blois einrichten ließ. Das weiß ich, weil ich es auf einer schamanischen Reise endlich schaffte, mit Charles persönlich zu sprechen.

Bei den nächsten Berichten über Traumarchäologie handelt es sich um Übungen in schamanischem Gruppenträumen. Der erste Bericht wurde durch einen spontanen nächtlichen Traum ausgelöst, den eine Frau in einem meiner Kreise träumte. Obwohl sie kaum etwas über keltische Traditionen wusste, fand sie sich tief in diesem Reich wieder.

ROTE PFERDE FÜHREN ZU EINER KELTISCHEN TODESGÖTTIN

Rote Pferde rennen über Gebirgskuppen. Sie sind riesengroß und superstark. Sie fliegen über die Berge. Aus ihren Nasenlöchern steigen Dampfschwaden auf. Männer fallen aus dem Dampf zu Boden; im Verhältnis zu den Pferden wirken sie wie winzige Strichmännchen.

Ein gewaltiger Rabe fliegt über eine Stelle, an der Wasser zwischen den Bergen im Uhrzeigersinn und gegen den Uhrzeigersinn sprudelt. Die Zwillingstümpel sind zugleich Labyrinthe. Zwischen den Tümpeln befindet sich ein Weg, den ein prächtiges rotes Pferd entlangtänzelt. Das Pferd verwandelt sich in eine liebliche Frau mit wehenden roten Haaren. Sie trägt ein grünes Gewand mit einem Band aus goldenen Schlüsseln am Saum. Ihre Schönheit und Stärke verzaubern mich.

Die Strichmännchen werden von Priesterinnen eingesammelt, die im Vergleich zu den Männchen Riesen sind. Die Hälfte der Männer wird in den einen Tümpel gelegt, die andere Hälfte in den anderen. Die Männer werden wieder lebendig und wachsen. Sie versammeln sich in großen Trauben in der Mitte der Tümpel.

Dies war der Traum einer Amerikanerin, den sie in einer meiner Gruppen mit uns teilte. Sie wunderte sich über die roten Pferde und wusste nur wenig über die Überlieferungen von Legenden über rote Pferde und in Grün und Gold gekleidete Göttinnen der Alten Welt. Bei unseren Untersuchungen lernten wir wieder einmal, dass spontane Nachtträume Türen zwischen den Welten öffnen und uns in imaginäre Realitäten versetzen können, die von den Göttern, Dämonen und Ahnen unterschiedlicher Kulturen bewohnt werden – selbst wenn wir nur wenig oder gar nichts über diese Kulturen wissen.

In irischen Legenden sind rote Pferde Todespferde. Doch in dem Traum steckte mehr, als einer von uns auf Anhieb ahnte.

Träume geben uns Forschungsaufgaben auf, und wir wussten, dass der hier ein wichtiger und aufregender Traum war. Doch bevor wir uns an die Bücher und die Suchmaschinen im Internet machten, hatten wir die Gelegenheit, Traumarchäologie zu betreiben, indem wir als Gruppe auf einer schamanischen Reise in den Traum zurückkehrten. Wir machten es uns auf dem Boden oder in weichen Sesseln bequem. Wir machten außer einer Kerze in der Mitte des Raums alle Lichter aus.

Als ich anfing zu trommeln, wurden die Trommelschläge schnell zu Hufschlägen, was die gesamte Reise rasant und intensiv machte. Ich sah und hörte die donnernden Pferdehufe deutlich. Die Pferde waren karminrot. Manche von ihnen schienen wild zu sein. Die ganze Szene erinnerte mich an die Wilde Jagd, bei der wilde Geister – darunter auch die von erdgebundenen Verstorbenen – heulend durch die Nacht jagen.

Mitten im Traumterritorium sah ich, dass die Männer, die durch den Dampf fielen, auf die eine oder andere Weise Tote waren. Die Zwillingstümpel – oder Wasserlabyrinthe – waren Tore zu alternativen Situationen im Jenseits. Diejenigen, die in den linken Tümpel kamen – in dem das Wasser gegen den Uhrzeigersinn strömte –, gingen nach unten und blieben in der Nähe. Sie sollten zur Reinigung und Umerziehung in einem Reich bleiben, das nahe der Erde war. Unter ihnen waren Verbrecher und Kinderschänder. Ihre Wahlmöglichkeiten waren begrenzt. Sie kamen zwar nicht in die »Hölle«, aber an Orte, die ein erleuchtetes Wesen nicht aufsuchen wollte. Ihr Tümpel konnte trotzdem als ein Ort der Heilung angesehen werden – der Reinigung und Wiederherstellung der Seele. Der Tümpel auf der rechten Seite bot weitaus mehr Optionen, darunter auch die, *nach oben* an einen Ort zu reisen, an dem neue Entscheidungen über das irdische Leben / das Leben im Jenseits getroffen wurden. Dieser Tümpel schien sich wie die Sonne im Uhrzeigersinn zu drehen.

Die schöne rothaarige Pferdefrau, die ich sah, war Epona, eine Göttin der Kelten, deren Name »Pferd« bedeutet. Bisher hatte ich sie nie als Todesgöttin gesehen. Aber eine große Göttin kann schließlich alles sein, was sie will!

An diesem Abend stapelten sich zu Hause auf meinem Schreibtisch die Bücher über keltische Traditionen. Meine Recherchen bestätigten rasch, was ich bei der Spurensuche im Traum erfahren hatte. Eponas Name stammt vom gallischen Wort *epos* – »Pferd« – ab. Gewöhnlich wird sie seitlich auf einer Stute reitend oder zwischen Zwillingspferden abgebildet. Sie war in Gallien und im Rheinland sehr beliebt, doch auch in England bekannt. Sie wurde von Soldaten der Kavallerie als Schutzpatronin angesehen. Die alten Gallier, die Aedui genannt wurden und von Julius Cäsar als Hilfstruppen eingesetzt wurden, beteten zu ihr, damit sie ihre Pferde (und sie) in der Schlacht beschützen würde. Für die breitere Öffentlichkeit war sie eine Muttergöttin und ihr Bildnis steht häufig für Fruchtbarkeit. Auf einem Steinrelief der Epona in Brazey in Burgund steht ein Fohlen unter der Stute, auf der sie seitlich sitzt, und saugt anscheinend Milch. Sie wird häufig mit Körben voller Früchte oder Brotlaibe abgebildet. Im römischen Kalender bekam Epona am 18. Dezember ein Fest zu ihren Ehren.

Miranda Green kommentiert in ihrem hervorragenden Buch *Animals in Celtic Life and Myth:* »Das Pferd macht Epona aus: Der Pferdesymbolismus lässt viele verschiedene Ebenen der Bedeutung zu, mit dem Ergebnis, dass Epona nicht nur als Schutzpatronin von Pferden verehrt wurde, sondern auch als Beschützerin von Menschen über das Grab hinaus.«[3]

Epona wurde tatsächlich mit Tod und Wiedergeburt über das Grab hinaus in Verbindung gebracht. Oft wird sie auf gallischen Friedhöfen abgebildet. Auf dem L'horloge-an-Sablon, einer Grabstätte der Mediomatrici in Metz (im Osten Galliens) ließen die Verwandten der Verstorbenen Bildnisse von Epona anbringen; eine zeigt die Göttin, wie sie auf ihrer Stute einen Sterblichen ins Jenseits führt.[4]

Die Spurensuche in einem Traum über rote Pferde und eine rothaarige Pferdefrau führte tief ins Reich der Epona hinein und enthüllte all ihre Funktionen als Todesgöttin, die mir bisher unbekannt gewesen waren und die nicht in Büchern geschildert werden. Traumarchäologie führt uns an Stellen, an die selbst der einfühlsamste Ausgräber auf keine andere Weise herankommt.

AKTIVES TRÄUMEN UND KULTURELLE SEELENHEILUNG
IN DEN BLOODLANDS

Die baltischen Republiken (Litauen, Lettland und Estland) haben eine geografische Tragödie erlitten. Sie liegen zwischen Deutschland und Russland, zwei riesigen und manchmal grausamen Nachbarn, die im Wechsel ihr Land zertrampelt und ihre Bewohner abgeschlachtet haben. Gehen Sie durch die Stahltür des Museums der Besetzung in Tallinn, vorbei an den Bergen aus zerbeulten Koffern, die Zwangsumsiedlungen in Erinnerung rufen, bis Sie an ein düsteres inneres Tor gelangen. Es sieht aus wie ein Paar enormer Panzerspuren. Auf der einen Tür ist das Hakenkreuz, auf der anderen der Rote Stern. Als ich davorstand, fühlte ich die zermalmende Schwere der Geschichte dieser Region, die sich in Entleihung an einen neueren Buchtitel in den Bloodlands[5] befindet. Aber der baltische Kampf um Unabhängigkeit und eigene Identität führt bis ins frühe Mittelalter zurück, als der Vatikan teutonische Ritter auf den letzten Kreuzzug schickte, um das Heidentum der Balten auszumerzen, die die längste durchgehende Tradition der Götterverehrung in Europa haben.

Ich wusste nicht viel über ihre Geschichte, als ich 2004 die erste Einladung, im Baltikum Aktives Träumen zu unterrichten, annahm. Ich kannte die Arbeiten von Marija Gimbutas, der herausragenden litauischen Forscherin der Göttin, und wollte unbedingt die Landschaften kennenlernen, die ihre ältesten und jüngsten Werke über Archäomythologie[6] inspiriert hatten. Vor allem aus dem Dokumentarfilm *The Singing Revolution* hatte ich gelernt, dass Volksmusik im Baltikum weiterlebt und geholfen hatte, ein halbes Jahrhundert sowjetischer Unterdrückung im Jahr 1991 durch eine friedliche Widerstandsbewegung zu beenden. Die Herausforderung, Aktives Träumen Völkern nahezubringen, die gerade aus einem sehr langen kollektiven Albtraum aufwachten, begeisterte mich.

Ich war fasziniert, wie begierig die Menschen, die in meine Workshops kamen – in Nidden, Wilna, Kauen und Tallinn und in der Bucht von Riga – die Techniken des Aktiven Träumens aufnahmen und mit ihnen arbeiteten und wie rasch sie ein Portal zu den

Traditionen der Vorfahren öffneten, an denen wir alle teilhaben konnten.

Das erste meiner baltischen Abenteuer war in Nida, dem Ferienort, der für seine hohen Dünen berühmt ist und an dem Thomas Mann ein Sommerhaus hatte, in dem er *Joseph und seine Brüder* schrieb, ein Roman, der sich um Träume dreht. In einem hässlichen Hotel aus der Stalinzeit mit einem Salzwasserpool, der im Hochsommer so kalt war, dass nur ich darin schwamm (außer dem Russen, der betrunken hineinfiel), leitete ich drei Tage lang fünfundvierzig Litauer in Traumteilen, Traumtheater und Gruppenreisen an interessante Orte an.

Am zweiten Vormittag hatte ich den Eindruck, die Gruppe sei bereit für eine Reise, um rasche und hilfreiche Kommunikation mit den Vorfahren aufzunehmen. Ich bat die Teilnehmer, ihre Geistführer und Beschützer zu rufen, damit diese sie dorthin begleiten könnten. Während ich für die Gruppe trommelte, begegnete ich Žemyna, der Erdmutter dieses Landes, in üppiger Gestalt und wie die Umrisse des Landes geformt. Sie öffnete ihren Körper und offenbarte die Gestalt einer Priesterin, die grün gekleidet war und eine Webkappe mit Mondanhängern und ein Messer an der Taille trug. Die Erdpriesterin zeigte mir ein Ritual, wie man die Kraft der Schlange zur Reinigung der Welt aktiviert. Mir wurden mehrere baltische Wege ins Jenseits gezeigt – ein Totenschiff auf einer Meeresstraße hinauf an den Himmel, eine Mondstraße. Ich erhaschte ein paar Wörter in archaischem Litauisch, die Teilnehmer des Workshops mir nach der Sitzung mithilfe von ein paar etymologischen Wörterbüchern im Internet übersetzen halfen. Eines der Wörter bedeutet »Land der Seelen«.

»Erzählt mir eine Geschichte«, bat ich die Gruppe am Ende der Reise zu den Vorfahren. Ich wiederholte die Bitte auf Litauisch, nachdem ich den Dolmetscher gebeten hatte, mir die Wörter zu sagen. *»Papasakok savo istorija.«*

Ein Träumer hatte eine »Kaste von Kriegern« wahrgenommen, die wütend und verwirrt waren, weil die Schlachten vorbei waren und sie nach neuen hungerten. Eine andere Träumerin war einem gehörnten Schamanen »vor einer Million Jahren« und lauter Frauen einer Blutlinie, die ihr heilige Zeichen und die Verwendung von »Gräsern« zur Heilung beibrachten. Viele der Litauer hatten verstorbene Angehörige wiedergesehen – eine tote Mutter an einem Ort des Übergangs, die Liebe und Vergebung brauchte, eine Mutter, die ihr Grab gejätet und in Ordnung gebracht haben wollte, verlorene Seelen, die Hilfe benötigten, um den Weg ins Licht zu finden. Eine Träumerin versuchte verzweifelt, ihrer Großmutter zu helfen, die an einem Ort der Verwesung steckengeblieben war, bis ihr Urgroßvater hoch zu Ross erschien und seine Tochter über die früheren Ländereien der Familie in Richtung Kaliningrad wegbrachte. Bei ihrer Spurensuche kam die Träumerin an ein altmodisches Dorf aus Holzhäusern. Es war eine Geburts- und Todesstätte zugleich. Sie begegnete Laime, der Göttin der Geburt und des Glücks, und ihr wurde ein kleines Mädchen gezeigt, das ihre Großmutter und zugleich ihre eigene Tochter sein konnte.

Ich kehrte im Oktober 2009 nach Litauen zurück, um einen Workshop in Wilna zu leiten, und drang noch tiefer in die Mythen und altertümlichen Praktiken der baltischen Völker vor. Auf unseren Gruppenreisen, die durch schamanisches Trommeln angetrieben wurden, sah ich eine große gekrönte Wasserschlange, die sich aus dem Meer erhob. Ich sah einen großen goldenen Bienenstock, der vor Honig triefte und um den Wildbienen schwirrten, die – bei näherer Betrachtung – Priesterinnen mit Flügeln waren. Da wusste ich, dass ich mich in einem Reich der Göttin befand. Ich erblickte ein großes Stück Bernstein, und die Priesterin von Žemyna erschien erneut, um die Einweisungen fortzusetzen. Sie lehrte mich, dass der eiförmige Bernstein ein Meeresstein war, der sich wie eine Kristallkugel verwenden ließ. Sie zeigte mir, dass das Verbrennen von Bernstein ein anerkanntes Opfer ist, ein Geschenk der Göttin an sich selbst, und auch, dass der Rauch ein Fenster zur Welt-hinter-der-Welt wird. Im Rauch des brennenden Bernsteins sah ich ins Reich der schlafenden Könige – in diesem Fall waren es die Großherzoge des mittelalterlichen Litauens, die Eindringlinge und Möchtegern-Unterdrücker bekämpft hatten. Sie warteten (wie Artus in der britischen Legende) darauf, wieder gerufen zu werden, um auf der psychospirituellen Ebene für ihr Land zu kämpfen, falls sein Überleben erneut bedroht sein sollte.

Ich kehrte im März 2010 nach Litauen zurück, um einen neuen Workshop in der wunderschönen alten Stadt Kaunas durchzuführen. Bevor wir nach Kaunas fuhren, besuchten wir den Künstler Arvydas Každailis in seinem Atelier in der Altstadt von Vilnius. Ich wollte mit Každailis über die kollektiven Träume der baltischen Völker sprechen, die durch die brutale Geschichte zerstört oder unterbrochen worden waren und die er durch die Macht seiner künstlerischen Vision wieder zum Leben erweckt hat. In seinen Radierungen kreiert Každailis Bilder der alten baltischen Stämme und ihrer Götter und Rituale, die wie Seiten aus den verlorenen Büchern dieser Völker aussehen. Er offenbart uns Žemyna als gewaltige mütterliche Gestalt, die ein ganzes Gemeindebankett im Arm hält. Každailis und ich unterhielten uns über Berufungen – wie Träume und Synchronizität einen kreativen Geist auf einen Weg bringen können, der mit bisher verschollenen oder unbekannten Traditionen verbunden ist. Er erinnerte sich daran, im Alter von drei und vier Jahren eine zusammenhängende Sprache gesprochen zu haben, die niemand wiedererkannte oder übersetzen konnte, obwohl sie ihm vollkommen vertraut war. Während unserer Unterhaltung schallten alte preußische Lieder durch das Atelier und ließen die blühenden Gaben der Erde und das Hämmern des Donners um die Eiche von Perkunas, des baltischen Gottes, der in Stürmen und Blitzen spricht, lebendig werden.

In Kaunas wurden meine Träume erneut von bernsteinfarbenem Licht durchflutet. Die altertümliche Priesterin erinnerte mich: »Du gehörst zum Volk des Bernsteins. Deine Aufgabe – und die der Menschen, die du hier ausbildest – ist es, Brücken und Holzstege zu bauen, damit die Leute den Schlamm sicher überqueren können. Du darfst nicht vergessen, die Macht des hellen Bernsteins zur Heilung und Führung anzurufen, und die Macht des dunklen Bernsteins zur Beseitigung der Dunkelheit.«

***

Mein baltisches Abenteuer in Aktivem Träumen zur kulturellen Seelenheilung erweitert und vertieft sich. Im Frühjahr 2011 eröffnete ich nach meinem Besuch im Museum der Besetzung einen Kreis in einem alten Holzhaus am Rande der Altstadt von Tallinn.

Wie immer forderte ich die Teilnehmer auf zu erklären, warum sie gekommen waren. Hier sind ein paar der Gründe:

Ein junger Estländer von der Insel Saaremaa: »Ich bin hier, weil ich einen Schmerz im Bauch spüre, wenn ich aus meinen Träumen zurück in meinen Körper muss.«

Eine ältere Frau: »Ich bin hier, weil dein Buch genau das beschreibt, was ich mein ganzes Leben lang geträumt habe.«

Ein Computerprogrammierer: »Ich bin hergekommen, weil meine Träume nach Jahren der Traumlosigkeit wiedergekommen sind, aber ich habe keine Ahnung, was sie bedeuten.«

Eine hübsche Heilerin: »In meinem Traum sah ich Russen wie verrückt auf einem Monster umherkurven, auf einem aggressiven Rasenmäher vor meinem Haus, und ich will, dass sie von meinem Rasen verschwinden.«

Im Baltikum werde ich immer wieder daran erinnert, dass eine der Gaben des Träumens die Tatsache ist, dass es authentische Verbindungen zu den Vorfahren herstellt, was uns die Chance gibt, die Wunden der Vergangenheit zu schließen und kulturelle Seelenheilung zu bewirken. Es kann uns zur Wahrheit der Inselfrau und der uralten Großmütter zurückbringen – zu denjenigen, die eine partnerschaftliche Gesellschaft aufrechterhielten und Befehle ablehnten, die auf Eroberung und Patriarchat beruhten. Auf diese Weise können wir einen wichtigen Beitrag zu der Aufgabe leisten, die Marija Gimbutas uns auferlegte, als sie (mit klingender Stimme) sagte: »Wir müssen uns wieder auf unser kollektives Gedächtnis konzentrieren. Dies war nie notwendiger als jetzt, da wir entdecken, dass der Weg des ›Fortschritts‹ die Grundbedingungen für das Leben auf der Erde auslöscht.«

14. Die Seele im Multiversum

*In ihrem ursprünglichen Zustand war die Seele mit Federn
bedeckt. Jetzt befindet sie sich völlig in einem Zustand der
Gärung und des pochenden Schmerzes; die Seele eines Men-
schen, dem allmählich Federn wachsen, empfindet dasselbe
Prickeln, dieselbe Irritation und denselben Juckreiz, den
Kinder im Gaumen spüren, wenn sie anfangen zu zahnen.*

– Platon, »Phaidros«

Als Irene ihr sechsjähriges Selbst wiederfand, wollte das
kleine Mädchen sie gar nicht kennenlernen. Während einer Reise
mit der Trommel wurde Irene von einer Szene in ihrem Gedächtnis
angezogen: der Beerdigung ihres Großvaters. Im Alter von sechs
Jahren war sie zu Pflegeeltern gekommen, weil ihre Mutter im
Krankenhaus war. Eine Sozialarbeiterin hatte sie zur Beerdigung
mitgenommen. Die erwachsene Irene beobachtete voller Mitgefühl
das traurige kleine Mädchen, das mit einem Teller voller eingeleg-
ter Früchte, die sie sich vom Büffet genommen hatte, allein in einer
Ecke saß. Irene bat ihr kindliches Selbst, mit ihr mitzukommen,
aber die Sechsjährige schien sie nicht zu erkennen und ihr nicht zu
vertrauen.

Womöglich wäre das Problem nie gelöst worden, wenn nicht
eine Geistführerin mit vertrautem Gesicht eingegriffen hätte. Irenes
Großmutter Caroline kam, um beiden zu helfen. Caroline hatte
einen Koffer für die Kleine gepackt und gab ihr eine wunderschöne
Porzellanpuppe in einem hellgelben Kleid, die irgendwo zurückgelassen worden war. Außerdem steuerte sie eine Tüte Kürbiskekse

bei, die das Kind liebte, damit Irene ihrem jüngeren Selbst die Kekse anbieten könnte. Caroline versicherte dem Kind, dass es der erwachsenen Irene vertrauen könne, und sagte, sie sei ein wunderbarer Mensch, der für das Mädchen sorgen würde.

Irene war sicher, die Essenz der Sechsjährigen, die aus Einsamkeit und Trauer über die auseinandergerissene Familie weggegangen war, in ihr Leben zurückgeholt zu haben. Von nun an aß sie Kürbiskekse, wann immer sie konnte. Es dauerte nicht lange, bevor sie merkte, dass die Wiedervereinigung mit ihrem kindlichen Selbst die Dinge in mehr als einer Zeitperiode zum Guten veränderte.

Während die erwachsene Irene mit der Energie ihrer Sechsjährigen von der Seelenheilungsreise in den Alltag zurückkehrte, integrierte die kindliche Irene Kraft und Wissen der Erwachsenen in ihr eigenes Leben. Irene konnte dies durch ihre nächtlichen Träume verfolgen. Die Sechsjährige, die nach der Beerdigung zu den Pflegeeltern zurückkehrte, war ein »ganz anderer Mensch« – stärker und sich ihrer Fähigkeit bewusst, auf unsichtbare Weise Verbindung zu denen aufzunehmen, deren Hilfe sie brauchte. Zum Beispiel konnte sie in ihrem zweiten Körper hingehen und ihren geliebten Vater – von dem sie durch die Umstände der Familie seit mehreren Jahren getrennt war – besuchen und sich von ihm Liebe und Unterstützung holen.

»Mein kleines Mädchen träumt sich aus einer Art Hölle heraus und heilt sich nun selber, während sie in einem anderen Raum und einer anderen Zeit weitergeht«, berichtete Irene einige Monate nach der Seelenwiedervereinigung. Jede Nacht prüfte Irene in ihren Träumen den Fortschritt, den ihr kindliches Selbst in seiner eigenen Jetztzeit machte. Sie entdeckte das Kind an einer Reihe von Orten ihrer Kindheit, an die sie sich erinnerte. Es war nun mit den Freunden zusammen, nach denen sie sich gesehnt hatte, doch die sie damals nicht gehabt hatte. »Meine Sechsjährige ist unglaublich kreativ. Ich vermute, dass, während ich zurückgehe, um sie zu holen, sie sich mir immer mehr nähert. Sie träumt eine neue Realität.«

Irenes Erfahrungen werfen faszinierende Fragen auf. Hat die Begegnung mit einer jüngeren Version unseres Selbst, wenn wir Kontakt zu ihr aufnehmen, etwa auch einen Einfluss auf das Leben dieses jüngeren Selbst in seiner eigenen Zeit? Wenn die Antwort Ja lautet, dann ändert das vermutlich die Erfahrungen des jüngeren Selbst in seiner eigenen Jetztzeit. Könnten solche transtemporalen Begegnungen, die Zeiten überwinden, also tatsächlich Ereignisse in der Vergangenheit ändern? Wenn auch die Antwort auf die zweite Frage Ja ist, dann befinden wir uns auf einem faszinierenden und schlüpfrigen Weg, der mit aller Wahrscheinlichkeit in nichts Geringerem als einem Spalt im Universum endet. Wenn wir auf diese oder eine andere Weise etwas in der Vergangenheit ändern können, generieren wir eine neue Ereignisspur, die zu einem Paralleluniversum wird. Auch wenn die Vorstellung für Physiker in Ordnung ist, fällt es doch schwer, es im Alltag zu glauben, es sei denn, wir spüren das Phänomen in unseren Träumen auf. Im Traum können wir häufig die Handlungen von parallelen Selbsten in anderen Realitäten beobachten oder daran teilnehmen.

Wie immer bin ich weniger an der Theorie als an der Praxis interessiert. »Was funktioniert, ist real«, hat Jung gesagt, und Recht hat er.

Ich erlitt als Junge in Australien schweren Seelenverlust. Mit drei Jahren starb ich während eines grausamen Winters in Tasmanien zum ersten Mal in diesem Leben. Ich erlag einer Lungenentzündung an beiden Lungenflügeln und im Krankenhaus blieb mein Herz stehen. Damals redete man noch nicht von einem »Nahtoderlebnis«. Später sagte man mir, ich sei »gestorben und wieder zurückgekommen«. Die nächsten acht Jahre fiel es mir sehr schwer, in meinem Körper auf dieser Erde zu bleiben. Ich bekam in dieser Zeit zwölf Mal eine Lungenentzündung. Ich schien gegen alles, was ich einatmete, allergisch zu sein, und ein ganzes Arsenal an Medikamenten und Spritzen half nichts. Als ich neun Jahre alt war, blieb mein Herz während einer Notoperation am Blinddarm erneut stehen. In den Minuten, in denen ich »außerhalb« des Körpers war, schien ich ein ganz reales Leben in einem Volk zu führen, das in der Erde lebte. Häufig war ich unendlich einsam und traurig. Nachts hustete ich in mein Kopfkissen und hoffte, dass meine

Mutter es nicht hörte. Die Hälfte der Zeit verbrachte ich im schummerigen Licht der Krankenzimmer, bis die meisten Symptome sich in Luft auflösten, als ich elf war.

Ich hatte keine Geschwister, und auch keine Kusinen oder Tanten oder Onkel, die mich besuchten. Auch konnte ich nur wenige Freundschaften aufrechterhalten, da ich von einer Schule in die nächste überwechselte, wenn mein Vater an einem anderen Militärstützpunkt stationiert wurde. Eines der Dinge, die mein Leben erträglich machten, war ein ganz besonderer Freund, den andere nicht sehen konnten – ein großer, freundlicher Mann mit einer dichten weißen Haarmähne. Er war wie der Lieblingsonkel, den ich nie gehabt hatte. Er versicherte mir, dass ich es trotz allem schaffen würde. Das garantierte er mir. Er versprach mir, dass ich, auch wenn ich jetzt einsam und Mädchen gegenüber schüchtern war, die Liebe zu Frauen erleben würde. Er sagte mir, dass die ganze Welt eines Tages meine Träume hören wolle, auch wenn jetzt noch nicht der richtige Zeitpunkt war, darüber zu reden. Heute weiß ich, wer dieser Coach und Cheerleader war: Er war mein älteres Selbst (wenn auch jünger, als ich jetzt bin), das über die Zeit hinweg Verbindung zu mir aufnahm, um mir die Unterstützung zu gewähren, die meine verwundete kindliche Seele so dringend brauchte.

Das können wir für unsere jüngeren Selbste in ihrer eigenen Zeit tun. Zumindest können wir sie trösten, dass sie überleben werden, egal wie hart das Leben zu sein scheint und wie viel Leid sie ertragen müssen. Das ist ein eisernes Versprechen. Wir wissen, dass sie es schaffen werden, weil wir aus ihrer Zukunft zu ihnen sprechen. Aber vielleicht können wir noch mehr als nur diese Zusicherung machen. Vielleicht können wir ihnen spezifische Ratschläge und Führung geben, wie sie auf Wegen, die in unserer Vergangenheit, aber in ihrer Zukunft liegen, Herausforderungen meistern und Chancen nutzen können. Was haben wir zu verlieren, wenn wir das versuchen?

SERIENTRÄUMER UND QUANTENSPRINGER

Serienträume, in denen wir immer wieder in ein Leben zurück-kehren, das nicht unser Wachleben ist, sind eine Aufforderung, Informationen über die Möglichkeit zu sammeln, dass wir Parallel-leben in alternativen Realitäten führen, die auch Parallelwelten sein könnten.

Manche Serienträume können die Tatsache reflektieren, dass eine oder mehrere unserer Seelenanteile »da draußen« ist und in einer anderen Realität, die von der Wirklichkeit unserer dominie-renden Persönlichkeit getrennt ist, ein eigenes Leben führt. Doch Serienträume dieser Art öffnen Fenster zu sogar noch größeren Möglichkeiten.

Während Sie Ihr gegenwärtiges Leben auf Ihrer jetzigen Zeitli-nie leben, gehen Co-Läufer in der Nähe oder weit weg neben Ihnen ihren eigenen Weg, der sich abgetrennt hat, als sie eine andere Entscheidung trafen oder anders abbogen. Es gibt das Parallel-selbst, das bei Ihrem früheren Partner geblieben ist, der weiße Schatten, der immer noch im alten Job arbeitet. Wenn die Zahl der Paralleluniversen unendlich ist, wie manche Physiker glauben, dann haben Sie ein Parallelselbst, das zum Frühstück Pfannkuchen statt Eier gegessen hat, und ein anderes, das dieses Buch nicht aufgemacht hat.

Wenn man Parallelselbste untersucht, die gänzlich andere Le-benswege eingeschlagen haben, die andere Fähigkeiten und Bezie-hungen entwickelt haben und die ein anderes Karma umgibt, ist die Überlegung faszinierend, was passiert, wenn zwei Wege anfangen, sich wieder zu kreuzen. Bevor Sie ahnen, was passiert, spüren Sie womöglich eine gewisse Schrägheit in Ihrem Alltag und merken, dass Sie auf ungewöhnliche Weise Ereignisse und Begegnungen anziehen. Die Menschen loben Sie oder verachten Sie auf eine Weise, die Ihnen unbegreiflich ist – es sei denn, Sie werden sich bewusst, wie sehr Sie mit einem Karma behaftet sind, das ein Parallelselbst in Abenteuern angehäuft hat, von denen Sie keine Ahnung haben, solange Sie nicht die Traumspuren Ihres vielfachen Selbst verfolgen.

Was wäre, wenn es möglich wäre, einige dieser anderen Selbste zu erreichen und die eigenen Gaben und Lebenserfahrungen mit ihnen auf eine gegenseitig bereichernde Weise zu teilen? Wir können es durch den bewussten Wiedereinstieg in einen Traum versuchen. Außerdem können wir versuchen, zurück zu einer Kreuzung auf unserem bisherigen Lebensweg zu gehen und dort die Spuren zu einem Parallelselbst zu suchen, das eine andere Entscheidung getroffen hat als die, die uns dahin gebracht hat, wo wir jetzt stehen. Wir können das Leben dieses anderen Selbst von dem Augenblick seiner Entscheidung bis zur Gegenwart zurückverfolgen und eine Inventur der Dinge machen, die auf dem anderen Lebensweg schief- oder richtiggelaufen sind. Dann können wir – und das ist das Wichtigste – die Lektionen und Gaben aus diesem anderen Lebensweg abschöpfen.

Wenn Sie das selbst ausprobieren möchten, sollten Sie die folgende Reiseroute nehmen:

ÜBUNG

Einen nicht eingeschlagenen Weg zurückverfolgen

Sie schweben über einer Straße oder Autobahn. Dies ist Ihr gegenwärtiger Lebensweg. Sie reisen zurück zu einer Kreuzung, an der Sie eine wichtige Lebensentscheidung getroffen haben. Sie sehen die Entscheidungen klar und deutlich in Form von Schildern oder Markierungen und Leuten, die Sie wiedererkennen.

An der Kreuzung nehmen Sie nun einen anderen Weg als den damals eingeschlagenen Weg. Sie folgen Ihrem Parallelselbst auf dem anderen Lebensweg bis zum jetzigen Zeitpunkt.

Am Ende der Reise erkennen Sie, ob es Gaben und Fähigkeiten gibt, die Sie sich von Ihrem Parallelselbst entleihen können. Falls Sie Bedauern über den nicht ausgewählten Weg empfinden, dann sehen Sie, was Sie tun können, um aus dem anderen Leben das mitzubringen, was in Ihrem jetzigen Leben fehlt.

Als ich eine Gruppenreise zu diesem Thema leitete, wurde ich von mehreren wahrscheinlichen Leben auf Wegen, die mein normales Alltags-Selbst nicht eingeschlagen hat, angezogen. Ich folgte einem Parallelselbst, das meine erste Freundin geheiratet hatte, und erlebte uns in einer unglücklichen Ehe gefangen. Wir arbeiteten beide als Lehrer an der Highschool und hassten unseren Job, und wir wohnten in einem hässlichen australischen Vorort. Auch wenn mir unsere Trennung (mit neunzehn) das Herz brach, weiß ich heute, dass sie definitiv zu unserem Besten war!

Eine Frau namens Donna hatte während derselben Gruppenreise ein tiefschürfendes, quälendes Erlebnis. Als sie sich mutig durchkämpfte, wurde es eine sehr heilsame Erfahrung. Wie sie deutlich erkennen konnte, hätte sie womöglich ihren Sohn nie bekommen oder hätte keine so gute Beziehung zu ihm haben können, wäre sie dem Leid ihres früheren Lebens entronnen. Donnas Reise inspirierte sie dazu, diesen Brief zu schreiben:

Was wäre wenn? Ein Brief an meinen Sohn
Was wäre, wenn ich in eine gesunde, liebevolle Familie hineingeboren worden wäre?
Was wäre, wenn ich mit deinem Vater Schluss gemacht hätte, als meine Eltern in einen anderen Bundesstaat zogen?
Was wäre, wenn ich laut zugegeben hätte, dass ich für dich noch nicht bereit war, als du für mich bereit warst?
Was wäre, wenn ich mich nicht für dich entschieden hätte, sondern stattdessen aufs College gegangen wäre und einen Beruf ergriffen hätte?
Was wäre, wenn ich mich getraut hätte, diesen anderen Lebensweg zuzulassen, den mein Leben hätte nehmen können?
Ich frage: Was wäre dann?
Ich antworte: Dann hätte ich nie gewusst, was bedingungslose Liebe ist.
Ich hätte nicht gewusst, was für eine erstaunliche Erfahrung eine Geburt ist.
Ich hätte nicht gewusst, wie es sich anfühlt, wenn jemand völlig abhängig von mir ist.
Ich hätte die Unschuld eines Kindes nicht kennengelernt.
Eines weiß ich aber: Hätte ich den anderen Weg gewählt,

statt dich zu bekommen, dann hättest du mich trotzdem als deine Mutter ausgewählt – nur zu einer anderen Zeit.

Ich liebe dich, mein Sohn,
Deine Mutter

Als Donna mir die freundliche Erlaubnis gab, diesen wundervollen Brief mit anderen zu teilen, schrieb sie: »Danke für die Chance, tief in mich hineinzufühlen. Die Möglichkeiten des Wachstums sind enorm.«

Eine andere Traumreisende folgte einer alternativen Ereignisspur, auf der sie, statt jung zu heiraten und Kinder zu kriegen, die höhere Schule besuchte und eine berufliche Karriere anstrebte, in der sie eine Dolmetscherin bei der UN wurde und schließlich ihr eigenes erfolgreiches Unternehmen gründete. Sie sah sich in nicht weniger als fünf Sprachen Reden halten. Sie hatte auf diesem Weg zwar einige romantische Liebesaffären und ein aufregendes Leben, fand sich jedoch – in ihrem jetzigen Alter – einsam und allein inmitten der Illusionen von Erfolg und Wohlstand, die sie umgaben. Wie sie uns sagte, machte diese Erfahrung sie froh, die richtige Entscheidung getroffen zu haben, und sie war auch froh zu wissen, dass sie nichts versäumt hatte, weil sie das andere Leben als internationale Karrierefrau nicht gelebt hatte. »Jetzt fühle ich mich, als hätte ich *beide Leben gelebt.*« Auf die Frage, ob sie Gaben ihres alternativen Selbst in ihr gegenwärtiges Leben mitbringen konnte, erwiderte sie, sie würde nun mit Sprachkassetten arbeiten, um Französisch zu lernen. Sie hatte sich zum Ziel gesetzt, die Fremdsprache fließend zu lernen, was ihr Parallelselbst schon vor Jahrzehnten erreicht hatte. Sie glaubte, dass sie sich ihre Sprachkenntnisse nun, nach der bewussten Verschmelzung mit dem anderen Selbst, der Linguistin und Globetrotterin, schneller aneignen könnte.

Eine Frau, die sich dem kirchlichen Dienst verschrieben hatte und entschieden hatte, nicht zu heiraten, kehrte in eine Zeit zurück, in der sie auf das Angebot eines Kollegen, eine Liebesbeziehung mit ihm anzufangen, reagierte. Auf dem anderen Lebensweg, den sie zurückverfolgen wollte, traf sie nun eine andere Entscheidung.

Sie fing eine Beziehung mit dem Mann an und führte eine liebevolle Ehe. Den beiden wurden eine Tochter und ein Sohn geboren. Die Frau wurde Studienberaterin an einer Universität. Als ihr Mann starb und sie mit Mitte vierzig Witwe wurde, verfiel sie in eine tiefe Trauer. Sie spürte auf beiden Lebenswegen die liebevolle Fürsorge dieses Mannes aus dem Jenseits. Die Reisende kehrte mit einem tiefen Gefühl des Friedens und der Zufriedenheit zurück. Für das andere Leben und für das Leben, das sie jetzt führte, brauchte sie Mut, um Herausforderungen zu meistern. Sie sprach von dem Gefühl, dass beide Leben gut waren und dass sie in beiden Leben anderen Menschen Liebe und Fürsorge bieten konnte. »Beide Lebenswege sind sehr wertvoll«, sagte sie. »Jetzt, da ich das weiß, empfinde ich tiefen Frieden und Befriedigung.«

Nicht alle Erlebnisse, die erzählt wurden, brachten Frieden und Vollendung. Eine unserer Reisenden kehrte mutig zu der Nacht zurück, in der sie Motorrad gefahren war und einen schlimmen Unfall gehabt hatte, der sie für eine lange Zeit ins Krankenhaus brachte und Narben hinterließ. Was wäre gewesen, wenn sie in jener Nacht zu Hause geblieben wäre? Wie sie herausfand, war auch auf dem alternativen Weg, auf dem der Unfall vermieden wurde, ihre Ehe in die Brüche gegangen. Das befreite sie von den Fragen, die sie immer gequält hatten. Auch war sie einem weiteren Selbst begegnet – einem Double, das dieselbe Entscheidung getroffen hatte, an jenem Abend Motorrad zu fahren. Das Double hatte den Unfall jedoch nie überwunden. »Ich nenne sie die Traurige. Sie nimmt ihre Behinderung als ständige Ausrede dafür, dass sie nichts ausprobiert und nicht mehr wirklich lebt. Ich dachte, ich hätte mich von ihr getrennt, aber sie ist noch da und ich will sie loswerden.«

Ein Teil der geheimen Logik unseres Lebens könnte die sein, dass unsere Wege ständig dauerhaft mit denen zahlloser Parallelselbste verwoben sind, sich manchmal berühren oder sogar miteinander verschmelzen und sich manchmal auch noch weiter voneinander entfernen. Die Gaben und Verfehlungen dieser anderen Selbste – mit allen Lasten ihrer getrennten Leben – beeinflussen uns möglicherweise beim Kreuzen unserer Wege auf Weisen, die wir im Allgemeinen nicht wahrnehmen. Doch eine plötzliche Einsicht oder vorwärtsfließende Energie kann damit verbunden sein, wenn wir uns mit einem alternativen, lebendigen Selbst zusammentun, genauso wie ein unangenehmes Gefühl der Hoffnungslosigkeit oder eine Reihe anderer unerklärlicher Rückschläge mit dem Schatten eines anderen – traurigen oder düsteren – Parallelselbst verbunden sein kann.

Das Buch des Physikers Brian Greene, *Die verborgene Wirklichkeit. Paralleluniversen und die Gesetze des Kosmos.* (Siedler Verlag, 2012), bietet ein wissenschaftliches Modell für die Vorstellung, dass wir alle »zahllose Doppelgänger« haben könnten, die in Paralleluniversen Parallelleben führen.[1] Greene verwendet häufig den Begriff *Multiversum*. Dieser Begriff wurde vor einem Jahrhundert von dem großen amerikanischen Philosophen, Psychologen und Parapsychologen William James verwendet und wahrscheinlich auch erfunden. James schrieb: »Der Kosmos ist kein geschlossenes und harmonisches System, sondern ein Schlachtfeld der Gegenströmungen und Zwecke, die miteinander im Konflikt stehen. Er zeigt sich mit schon lächerlicher Deutlichkeit nicht als ein Uni-, sondern als ein Multi-versum.«[2]

Dazu kommt der glänzende und sehr produktive Fantasyautor Michael Moorcock, der den Bindestrich gestrichen hat und den Begriff *Multiversum* populär gemacht hat. Moorcock verwendete das Wort »für die Vorstellung der beinahe unendlichen co-existierenden Raum-Zeit-Kontinua, die sich alle nur einen Bruchteil voneinander unterscheiden, in denen sich bestimmte Herausforderungen und Geschichten auf einer riesigen Anzahl von Existenzebenen bis in die Ewigkeit abspielen.«[3]

Im sechsten Band der Reihe Elric: *Sword and Roses* von Moorcock riskiert der Held, in »einer Art intradimensionalem Wirbelsturm« miteinander konkurrierender Zeitlinien den Verstand zu verlieren. Doch die Vision eines Sehers versichert ihm – und uns –, dass das Bewusstwerden des Wesens des Multiversums auch starke Kräfte zum Guten bewirken kann:

Eines Tages werden wir den Plan des gesamten Multiversums erfahren und nach Belieben durch die riesigen Wolken der farbenfrohen Sterne, die ständig in Bewegung sind, die Millionen von fallenden Planeten, durch Galaxien, die wie Mücken in einem Sommergarten umherschwirren, und Flüsse aus Licht – eine nie gekannte Pracht –, auf Wegen aus Mondstrahlen zwischen den wandernden Sternen reisen.[4]

SIE STEHEN IN DER MITTE ALLER ZEITEN

So wie wir in diesem Leben zu einem früheren (oder älteren) Selbst oder zu einem Selbst in einer Parallelwirklichkeit reisen können, können wir auch in das Leben von Persönlichkeiten in anderen Epochen reisen, mit denen wir innerhalb unserer multidimensionalen Familie aus Seelenanteilen verbunden sind. Das tun wir spontan in unseren nächtlichen Träumen. Wenn wir lernen, es bewusst zu tun, erweitert sich unsere Sicht des Lebens und der Möglichkeiten enorm.

Während Sie in Ihrer eigenen Jetztzeit leben, leben andere Persönlichkeiten, die mit Ihnen verwandt sind – und womöglich Aspekte oder Projektionen eines zentralen Selbst sind, das außerhalb der Zeit lebt – ihr eigenes Leben in verschiedenen Zeiten und an verschiedenen Orten. *All das geschieht gleichzeitig,* so dass die Entscheidungen, die jeder Einzelne von Ihnen trifft, sich auf alle anderen auswirken.

> Du hast noch andere Jahrhunderte, mit denen du spielen kannst. ... Im Traumzustand triffst du und agierst du mit deinen eigenen reinkarnierten Selbsten. ... Ich ziehe es vor, wenn du sie als gleichzeitige Selbste ansiehst. Im Zustand des Träumens findet ein starker Austausch von Informationen mit diesen anderen Anteilen deiner Selbst statt.[5]

Diese Worte stammen von dem Wesen Seth, das von dem bemerkenswerten Medium Jane Roberts in ihrem Buch *The Nature of Personal Reality* gechannelt wird. Das erste Mal, als ich dieses wichtige Werk las, war vor fast einem Vierteljahrhundert. Zuerst beschäftigte ich mich eher unwillig damit, da mir gechanneltes Material oftmals widerstrebt. Es mag mit der Tatsache zu tun haben, dass meine Großtante nicht nur eine Opernsängerin, sondern auch ein begabtes Medium war, die meinen Tod im Alter von drei Jahren vorhersagte. Sie behielt recht: Im nächsten Winter bekam ich eine Lungenentzündung und »starb und kam zurück«, wie ein Arzt es ausdrückte. Was mich dazu brachte, Jane Roberts zu lesen, war der Besuch einer charismatischen Frau aus Venezuela auf der Farm, auf der ich damals wohnte. Ich hatte sie auf einem Schiff in Brasilien kennengelernt, auf dem wir Caipirinha tranken, was damals (in den USA) noch kaum bekannt war. Bevor Romelia über meine Türschwelle trat, betonte sie: »Du musst unbedingt Jane Roberts lesen.«

Das war ein ausgezeichneter Rat. In den Seth-Büchern und in ihren Romanen – der Trilogie *Überseele Sieben* liefern Jane Roberts und ihre übersinnliche Quelle eines der klarsten Modelle eines multidimensionalen Selbst und der Rolle, die das Träumen beim Erwachen in Bewusstwerden unserer Verbundenheit zu Persönlichkeiten in anderen Zeiten und Dimensionen spielt. Wie im oben zitierten Abschnitt lädt Seth uns ein, über simple, lineare Annäherungsversuche an die Reinkarnation hinauszugehen. Wenn wir die chronologische Zeit verlassen (wie wir es in Träumen ständig tun), stellen wir fest, dass alles jetzt passiert. Wenn ich ca. anno 600 mit dem Druiden in Schottland verbunden bin oder der jungen Priesterin-Wissenschaftlerin aus dem Jahr 2300, dann können sich Entscheidungen, die ich jetzt treffe, auf sie in ihrer jeweiligen eigenen Jetztzeit auswirken. Genauso können sich Entscheidungen, die sie fällen, auf mich auswirken. Die Einflüsse strömen gegenseitig durch die Stränge des Netzes, das uns miteinander verbindet.

In den Überseele-Sieben-Geschichten schildert Jane Roberts, wie all das stattfinden könnte, und zeichnet ein lebendiges Bild einer lenkenden Intelligenz (der »Überseele«), die über Persönlichkeiten wacht, deren Lebensdramen sich an ganz anderen Orten zu ganz unterschiedlichen Zeiten von der Steinzeit bis in die Gegenwart entfalten.

Lasst mich mal sehen ... Mittwochs und freitags bin ich ein Mann, sonntags und donnerstags bin ich eine Frau und den Rest der Woche habe ich frei für meine unabhängigen Studien.
Wobei ... eigentlich ist es komplizierter. Jedes Leben wird in einem anderen Zeitgebiet unter verschiedenen Bedingungen gelebt. Als Lydia lebe ich im zwanzigsten Jahrhundert, als

Josef im siebzehnten, als Ma-ah 35.000 vor Christi und als Proteus im 23. Jahrhundert.[6]

Als Romananfang, der sofort neugierig auf mehr macht, sind diese Zeilen kaum zu überbieten. Der Abschnitt ist aus dem ersten Band, Überseele Sieben, und der Sprecher ist das Wesen, das als Überseele Sieben identifiziert wird. Es ist ein Wesen mit Fehlern, das für vier Menschen mit vielen Fehlern verantwortlich ist. Diese müssen sich verschiedenen Herausforderungen, die einen Bezug zueinander haben, an unterschiedlichen Orten in verschiedenen Ären stellen – von der Steinzeit bis zur Zukunft, in der die meisten Menschen »Schwebende« sind, in einer Plastik-Umwelt lebend, die über dem Erdboden hängt. Die ersten Zeilen des Romans verraten nicht zu viel, denn schon bald merken wir, dass die Dinge noch komplexer und aufregender sind, als Überseele Sieben zu diesem Zeitpunkt weiß. Er ist kein allwissender »Geistführer« oder Schutzengel. Obwohl er zu einem gewissen Maß die Rolle des Führers und Lehrers seiner transtemporalen menschlichen Schützlinge übernehmen kann, muss er sich seinem eigenen Mentor und Vorgesetzten gegenüber verantworten, der eine Ebene über ihm steht. Dieses mysteriöse Wesen, das nie lange in einer Form verharrt, nennt sich Cyprus. Es wird angedeutet, dass Überseele Sieben wie seine menschlichen Schützlinge einer aus einer Reihe von »Überseelen« sein könnte, die alle miteinander verwandt und Cyprus unterstellt sind. Mit Sicherheit ist Überseele Sieben kein »Meister«. Er ist ein Schüler, dessen Klassenzimmer die Welt ist. All seine Aktivitäten für seine menschlichen Wesen sind Tests, für die er Noten erhält.

Wenn er Cyprus wie in der Eröffnungsszene Bericht erstattet, nimmt Überseele Sieben im Allgemeinen die fehlerhafte Persönlichkeit eines Vierzehnjährigen an, was absolut angemessen ist, da er im Vergleich zur höheren Intelligenz noch ein dummer Schuljunge ist. Wenn seine Menschen ihn wahrnehmen – meist in ihren Träumen –, sehen sie ihn als weisen alten Mann. Seine Fähigkeit, allen vier Menschen gleichzeitig gegenwärtig zu sein und ihnen in Krisen zu helfen, wird durch seine Neigung eingeschränkt, manche zu bevorzugen und sich in ihr Drama hineinziehen zu lassen, während er die anderen drei aus den Augen verliert.

Die erste wesentliche Lektion, die wir aus den Abenteuern von Überseele Sieben lernen, ist daher: Der Lehrer ist auch ein Schüler. Unsere Fähigkeit, von unseren Lehrern zu profitieren und mit dem Selbst auf höheren Ebenen zu kommunizieren, bleibt stark eingeschränkt, bis wir diese einfache und grundsätzliche Wahrheit begreifen.

Die zweite wichtige Lektion, die die Geschichte von Überseele Sieben uns erteilt, ist, dass wir möglicherweise Beziehungen zu Persönlichkeiten in anderen Zeiten und anderen wahrscheinlichen Realitäten in Vergangenheit und Zukunft haben, die sich stark auf unsere Lebensdramen in der Gegenwart beziehen – und dass all diese Leben jetzt gelebt werden. Was 35.000 v.Chr. passiert, kann eine heutige Situation verändern, und was im 23. Jahrhundert geschieht, kann das Leben eines Malers im 17. Jahrhundert inspirieren und transformieren. Es gibt ständig »Durchsickerungen« zwischen einem Leben und einem anderen, die zwar von den Menschen auf der Erde nur selten wahrgenommen werden – außer in Träumen, die oft vergessen werden.

Das ist die dritte wichtige Lektion: Um zu verstehen, wie all das direkt funktioniert, müssen wir aktivere und bewusstere Träumer werden.

Die vierte großartige Lektion ist für mich die hier: Ja, Wiedergeburt ist möglich, aber sie findet nicht automatisch statt und funktioniert nicht nur nach den Gesetzen der linearen Zeit. Ein Liebling von Überseele Sieben ist Lydia, eine freche, kettenrauchende, siebzigjährige Schriftstellerin, die sich in einem gemütlich möblierten Wohnmobil niedergelassen hat, um die Altersromanze mit ihrem jüngeren Lover zu genießen. Im ersten Überseele-Sieben-Roman und im Folgeband (Lehrjahre) begleiten wir Lydia auf ihrer Reise durch den Tod und die Entscheidungen, die sie trifft, wenn ihr Verständnis von der Seele (über deren Existenz sie im Leben nicht sicher war) langsam wächst. Eine Zeitlang hat sie Spaß in einem jungen, attraktiven Körper in einer persönlichen Nachtodwelt, die sie aus ihren Sehnsüchten und Fantasien heraus erschafft. Als ihr das langsam zu eintönig wird, erklärt sie sich irgendwann bereit, als Kind eines Mitglieds der Familie aus Selbsten, die Überseele Sieben lenkt, wiedergeboren zu werden. Sie wird (als Baby) im 17. Jahrhundert reinkarniert werden. Ihr vergangenes Leben wird dadurch ihr zukünftiges sein.

Das ist ja nur Fiktion, stimmt's? Ich erinnere mich an einen Jungen, der bei einem Sonderverkauf im Buchladen in der Schlange stand. Er sagte: »Sachbücher sind Bücher, die man im Kopf denkt. Romane sind, was man sieht.« Die Überseele-Sieben-Geschichten sind Bücher, durch die wir sehen. Für mich ist die Vorstellung einer Wiedergeburt in eine »frühere« Zeit durchaus plausibel. Aber wir wollen nicht nur über diese Dinge diskutieren. Wie Jane Roberts' Seth-Bücher regen auch ihre Überseele-Sieben-Romane dazu an, Wissen aus erster Hand über solche Dinge zu sammeln, indem man davon träumt, und dann nach diesem Wissen zu handeln. Seth rät: »Du stehst im Zentrum der Zeiten« und »jetzt ist der Punkt, an dem du die Kontrolle hast.«

Lassen Sie uns einen Raum betreten, in dem Sie Ihre Familie aus Persönlichkeiten in verschiedenen Zeiten kennenlernen können:

ÜBUNG

Die Spiegelkammer

Um zur Spiegelkammer zu kommen, müssen Sie eine Tür in einer bestimmten Farbe wählen. Lassen Sie die Farbe und die Eigenschaften der Tür auf Ihrem mentalen Bildschirm lebendig werden.

Vielleicht haben Sie den Eindruck, als wäre die Tür der Eingang zu einem Raum, in dem Sie schon einmal waren – in einem Traum, auf einer Reise zur geheimen Bibliothek oder an einen Ort im imaginären Reich, wie zum Beispiel dem Haus der Zeit, dessen

Beschreibung und Schlüssel Sie in meinem Buch *Dreamgates* finden.

Für den Augenblick wollen wir es uns ganz einfach machen. Ist Ihre Tür grün oder blau, rot oder eine andere Farbe? Wenn sie sich öffnet, werden Sie sich auf dem Weg zur Spiegelkammer befinden. Ihre Reise kann Sie über viele Gänge und durch viele Zimmer führen, aber lassen Sie sich davon nicht ablenken.

Sie werden die Spiegelkammer erkennen, sobald Sie sie betreten. An den Wänden befinden sich Spiegel in lauter unterschiedlichen Winkeln zu Ihnen. Zählen Sie sie. Es ist die Anzahl der Lebenserfahrungen, die für Sie jetzt hilfreich und relevant sind.

Beachten Sie eine andere Art von Spiegel in der Mitte der Spiegelkammer. Es ist ein Spiegelteich. Wir werden gleich darauf zurückkommen.

Wenn Sie bereit sind, gehen Sie im Raum umher und blicken Sie in jeden Spiegel. Jedes Mal werden Sie ein anderes Gesicht sehen, ein anderes Kostüm, die Fallen einer anderen Kultur. Versuchen Sie herauszufinden, was Sie über diese verschiedenen Identitäten in einem raschen Überblick lernen können.

Gehen Sie nun zum Spiegelteich zurück. Was sehen Sie auf der spiegelartigen Oberfläche des Wassers? Es ist das Gesicht des Selbst, das Sie im Jetzt mit der Familie aus Persönlichkeiten verbindet, die Sie im Spiegel gesehen haben. Während Sie das Gesicht betrachten, wird Ihnen bewusst, dass es das Bildnis von etwas ist, das sich auf einer höheren Ebene befindet. Sie blicken auf und sehen durch das Dachfenster über Ihnen, wo dieser höhere Aspekt des Selbst gefunden werden kann.

Nach dieser Einführungstour sind Sie nun vielleicht für eine tiefere Reise bereit. Sie können zu einer Persönlichkeit gehen, von der Sie besonders angezogen werden. Gehen Sie wie Alice im Wunderland durch den Spiegel und betreten Sie seine eigene Jetztzeit. Wenn Sie diesen Übergang machen, können Sie sich aussuchen, ob Sie die Rolle des Beobachters behalten wollen oder ob Sie völlig in den Körper und die Situation der Person eintauchen möchten, mit der Sie nun unterwegs sind. Möglicherweise stellen Sie fest, dass es Dinge in deren Leben gibt, die Sie korrigieren oder heilen wollen. Einflussnehmend auf deren Gedanken können Sie das nun versuchen. Sie sollten aus dem Leben, das Sie hier erforschen, Lektionen für Ihr gegenwärtiges Leben mitnehmen. Auch möchten Sie sehen, ob die Lebensumstände der anderen Persönlichkeiten Hinweise auf Ihre jetzigen Beziehungen liefern können.

Eine solche Reise lässt sich wunderbar hervorheben, indem man eine kurze Autobiografie aus der Sicht einer Persönlichkeit in einer anderen Zeit schreibt. In Hermann Hesses Roman *Das Glasperlenspiel* erteilt ein Orden von Akademikern, die als Gedächtnis und Gewissen der Menschheit dienen, begabten Studenten die Aufgabe, Leben zu schreiben – ihre eigenen vermuteten Autobiografien in anderen Zeiten und Kulturen. Die Studenten geben sich große Mühe. Sie lernen Fremdsprachen und schreiben zum Teil in diesen Sprachen; sie studieren alte Schriftstücke, Archäologie, Musikwissenschaft. Die Aufgabe wird nicht nur als ein Zugang zu möglichen Erinnerungen aus vergangenen Leben angesehen, sondern auch als eine Methode, mit der sich aktive Fantasie zähmen lässt. Und vor allem ist es ein Weg, den Studenten beizubringen, dass die Persönlichkeit des Lebens in der Gegenwart nur eine »Maske« in einem sich entwickelnden Drama ist, das über Zeit und Dimensionen hinaus gespielt wird.

Wie Joan Grant, die Autorin von *Die Tochter des Pharao* und anderen hervorragenden Büchern, die aufgrund ihres Ferngedächtnisses über frühere Leben zustande kamen, angemerkt hat, führt Geschichtsunwissen dazu, dass sich »Erinnerungen an frühere Leben« in vertrauten Kulturen und Epochen ansammeln.[8] Das stelle ich sehr oft fest, wenn die Leute versuchen zu sortieren, wo und wann die Ereignisse in einem Traum oder auf einer Traumreise spielen. Ich ermutige sie immer wieder zu detaillierten Nachforschungen, die notwendig sind, um die Fakten von Eindrücken »an frühere Leben« zu etablieren. Solche Recherchen können sehr nützliche Bestätigungen der objektiven Richtigkeit von Beobachtungen oder Fernerinnerungen sein.

Auch wenn Joan Grant eher eine lineare »Reinkarnistin« war, als ich es bin, finden sich in ihren späteren Schriften Hinweise darauf, dass sie allmählich Gefallen an der Vorstellung fand, Persönlichkeiten in verschiedenen Zeiten könnten mit einem zentralen oder Höheren Selbst verbunden sein, für das Zeit eine Illusion ist.

Sie schrieb, dass »zwei Persönlichkeiten aus derselben Reihe durch ihr Integrales – den Geist – miteinander kommunizieren.«[9] Das deutet darauf hin, dass im Zentrum vieler Leben ein Höheres Selbst steht, das in verschiedenen Welten zu Hause ist. Dieses Höhere Selbst könnte außerhalb von Zeit operieren und die Verbindung zwischen Persönlichkeiten ermöglichen, die in unterschiedlichen Zeiten leben. Wir wollen versuchen, zur Perspektive des Höheren Selbst aufzusteigen, das viele Ären überblickt. Und wir wollen nicht nur erkennen, wie sich das Vermächtnis früherer Leben auf unser jetziges Leben auswirken kann – und geheilt werden kann, wenn es als das erkannt wird, was es ist –, sondern auch, wie wir in der Zeit zurückgehen können, um etwas im Leben eines früheren Selbst zu heilen.

DAS HÖHERE SELBST ZEICHNEN

Stellen Sie sich Folgendes vor. Sie gehen auf einem spiralförmigen Weg einen Hügel hinauf, vorbei an riesigen Wächterstatuen, darunter auch ein Steinlöwe mit einem großen Karneol im Rücken, der rote Flammen spuckt. Sie betreten ein kuppelförmiges Gebäude, das innen größer ist als außen.

Auf der anderen Seite des Raums sehen Sie einen Künstler an einer enormen Leinwand arbeiten, die an der gegenüberliegenden Wand lehnt. Unten auf das Bild hat der Künstler eine menschliche Gestalt kreiert, die von bunten Bändern umgeben ist. Sie stellt den Körper in seinen vielfältigen Energiehüllen dar.

Die Gestalt wirkt so klein wie eine Kerzenflamme im Vergleich zum riesigen Rest der Leinwand darüber, wo die Farbbänder das Höhere Selbst auf aufeinanderfolgenden Ebenen darstellen könnte. Der fertiggestellte Teil der Leinwand ist winzig im Vergleich zum riesigen Raum darüber, der immer höher hinaufgeht. Es ist unmöglich zu erkennen, wo das Bild endet, *falls* es jemals endet.

Diese Szene kam mir in einem Traum. Ich lade Sie dazu ein, sie sich zu Eigen zu machen und sich diese aufeinanderfolgenden Ebenen der Seele und das Selbst vorzustellen, die der Künstler darstellen möchte.

In einem Workshop forderte ich eine Gruppe auf, den spiralförmigen Weg zu gehen und ihre eigenen Bilder des Höheren Selbst zu betrachten. Als ich wieder in das kuppelförmige Gebäude hineinging, war ich anfangs überrascht, weil es scheinbar viele Fenster hinzubekommen hatte. Im ursprünglichen Traum strömte das Licht von oben durch ein Deckenfenster oder ein Dach, das zu Sonne und Mond hin offen war, nach unten. Als ich nun näher hinsah, bemerkte ich, dass die neuen Fenster die Bilder waren, die von den anderen Träumern und ihrem eigenen Künstlerselbst erschaffen worden waren. Manche leuchteten in durchsichtigen Farben wie Buntglasfenster.

Nach der Gruppenreise konnte ich kaum erwarten zu hören, was die anderen Träumer bei ihrer Suche nach einem Bild des Höheren Selbst vorgefunden hatten. Wie eine Traumreisende erzählte, hatte sie den Steinlöwen erreicht und sich dann auf den Karneol auf seinem Rücken wie in einen Sattel gesetzt. So war sie in den Dom hineingeritten. Sie fand sich in einem dreifachen Bewusstseinszustand wieder: Sie betrat das Bild, das gerade gemalt wurde, während sie gleichzeitig mit dem Künstler verschmolz und außerdem den Blickwinkel der Beobachterin einnahm, der sie die Aktivitäten der anderen Träumer verfolgen ließ. Als Künstler sagte sie: »Ich malte auf einer Schaukel, die aus einem unbekannten Reich herunterhing und höher schwang, während ich hinauf malte. Abstrakte Formen in verschiedenen Farben, die ich auf die Leinwand pinselte, wurden zu Wegen, Flüssen, Wäldern, in die ich hineingehen konnte. Bilder aus Träumen, Göttern, Göttinnen und unendlichen Symbolen ergossen sich in prächtigen Farben, vital und lebendig, über das Panorama. In der Welt schuf ich mein Seelenlied. Das Erlebnis war schnell, umfangreich und voller grenzenloser Freude.«

Eine andere Reisende berichtete: »Der Maler, dem ich begegne, ist zuerst ein männlicher Renaissance-Typ, aber dann verschwindet die Gestalt und fühlt sich an wie ich selber. Ich sehe ein mächtiges, riesiges weißes Licht, das einem breiten Trichter oder einer Säule gleicht und das von ganz oben, wo die Decke sein sollte, herunterströmt. Dann ist es, als wäre ich plötzlich riesengroß, und die Lichtsäule strahlt durch die Krone meines Kopfes hindurch, durchdringt und umgibt mich. An der Quelle des Lichts scheint ein für mich unsichtbares Wesen zu sein. Das Wesen wirkt weiblich. Man gibt mir zu verstehen, dass diese Lichtkraft meine Form als ›physisches‹ Bild und als Energie zusammenhält. Dann merke ich plötzlich, dass noch eine Reihe anderer Individuen wie ich mit ihr verbunden sind, und dass wir alle Möglichkeiten ausleben, von denen sie träumt. Es ist, als wären sie durch Lichtstrahlen miteinander verbunden. Wenn ihr Leben zu Ende ist, kehren sie in das weibliche Wesen zurück.«

Ein dritter Reisender berichtete: »Ich sah die kleinere Flamme der Persönlichkeit. Dann ging ich einfach in das Gemälde hinein. Ich stand auf einer Linie auf einem Gitter oder Netz. Die Linien führten nach oben und nach unten. Ich fing an, über das Gitter zu gehen. Wie ich merkte, gab es an dem Punkt, an dem sich die Linien kreuzten, noch mehr Linien oder Wege, die ›nach innen‹ führten. Ich konnte hinauf oder hinunter und dann hineingehen. Diese Linien nach innen waren Wege entlang verschiedener Zeitlinien. Ich ging durch die Zeit der Jeanne d'Arc. Eine andere Linie brachte mich zu der Zeit, in der Jesus von Nazareth gelebt hat. Ein Weg führte zur Geburtsstunde der Erde. Es gab so viele Linien und Möglichkeiten. Ich sah fremde Menschen. Die, die ich am meisten kennenlernen wollte, war nicht in unserer Welt. Sie wandte sich mir zu. Sie wirkte abgeklärt. Sie schien eine weise Frau oder eine Heilerin zu sein. Die Frau hatte ein wunderschönes langes, fließendes Gewand an. Das Gewand war aus einem seidigen, federleichten Material, das auf Erden unbekannt ist; es war wie ein Wandteppich aus Silber- und Blautönen. Wir kommunizierten in einer Sprache, die ich hier auf Erden nicht kenne. Dieser Kontakt fühlte sich wirklicher als wirklich an. Ich glaube, sie kann mir helfen. Ich weiß aber nicht, ob ich ihr auch helfen kann. Sie war nicht so überrascht, mich zu sehen, wie ich es war.«

Auf meiner eigenen Reise überraschte mich, dass der Maler wie eine Figur aus einer früheren Zeit aussah, bis ein Teil meines Bewusstseins mit seinem verschmolz. Ich betrachtete die Farbbänder, die er wie eine Kerzenflamme um die Gestalt gemalt hatte. Eine innere Stimme brachte mich dazu, die subtilen Energiekörper zu benennen, die er in der Art der griechischen Einweihenden dargestellt hatte: den *sarkon pneumatikon,* den *sarkon astroeides,* den *sarkon augoeides.* Über und hinter ihnen hatte mein Künstler einen himmlischen Körper hervorgebracht, den man sich verdienen oder neu erwerben muss. Hoch oben hatte er angefangen, eine flammende sonnenartige Scheibe zu malen. Ein Lichtscheitel aus diesem Zentrum fiel hinunter auf das Kronenzentrum der Gestalt unten auf dem Bild. Ähnliche Lichtstrahlen oder -säulen führten zu anderen Persönlichkeiten, die zu verschiedenen Zeiten und an unterschiedlichen Orten verkörpert waren. Ich begriff, dass sie eine Familie aus Selbsten darstellen, die durch ein gemeinsames Zentrum – ein Selbst auf einer höheren Ebene – miteinander verbunden sind. Sie alle haben denselben Ursprung und ihre Schicksale sind eng miteinander verknüpft, auch wenn sie sich im bewussten Alltag der anderen nicht bewusst sind. Sie können durch ihre subtilen Körper, die ziemlich mobil sind, zwar Kontakt zueinander haben, doch der Schlüssel zu ihrer tieferen Identität und Lebensaufgabe findet sich in ihrer gemeinsamen Mitte, die wiederum mit einem Zentrum auf einer noch höheren Ebene verbunden ist.

15. Folgen Sie Ihrem eigenen Merlin

*Wenn wir aus der Glasflasche unseres Ichs herausgehen
und wenn wir uns wie Eichhörnchen im Käfig unserer
Persönlichkeit umdrehen und entfliehen
und wieder in die Wälder kommen,
werden wir vor Angst und Kälte zittern,
doch dann werden uns Dinge widerfahren,
so dass wir uns nicht mehr kennen werden.*

– D. H. Lawrence, »Escape«

Es geht nicht nur darum, die Seele im Körper zu lassen und sich daran zu erinnern, dass wir von den Sternen kommen und dass sich unsere Geschichten in mehr als nur einer Zeit abspielen. Es geht darum, die Seele wachsen zu lassen, mehr zu werden als je zuvor, noch mehr des Größeren Selbst zu verkörpern. Das erfordert die Bereitschaft, den Sprung des Schöpfers zu wagen und etwas Neues in unser Leben und unsere Welt zu bringen. Dies wird im Leben absolut unabdingbar, wenn wir unseren Platz finden und uns mit ihm vereinen.

»Der Dichter heiratet die Sprache, und dieser Verbindung entspringt das Gedicht.« Diese wunderschöne, leidenschaftliche Aussage des Dichters W. H. Auden führt uns direkt in den Schmelztiegel, in dem alle kreativen Handlungen geboren werden. Er ist erotisch, spirituell, er lässt Ihr Herz schneller schlagen, er lässt den Champagner der Aufregung fließen. Er durchdringt alles um sich herum mit einem unglaublichen Licht, so dass man das

Gefühl hat, zum allerersten Mal die Rundung einer Blume oder die Sektperlen in einem Glas zu sehen.

Eine solche Tiefe, eine solche Leidenschaft und konzentrierte Faszination ist nicht allein den Dichtern vorbehalten, auch wenn wir vielleicht eine poetische Sprache benötigen, um zu sagen, wie und was es ist.

Was ist Ihr Platz? Es ist nicht die Arbeit im gewöhnlichen Sinne oder die Qualifikationen, die Ihre Zeugnisse Ihnen bescheinigen, oder wie Sie sich in einem Bewerbungsschreiben selbst darstellen – auch wenn all das enthalten sein kann. Ihr Platz ist da, wohin Ihre Seele sich sehnt. Ihr Platz ist das, was Sie aus reiner Freude am Schaffen Tag und Nacht tun werden, ohne auf die Kosten oder Konsequenzen zu achten. Ihr Platz ist das Gebiet, auf dem Sie »Das Werk« vollbringen, zu dem Ihr tieferes Leben Sie ruft. Ihr Platz ist jedoch nicht unbegrenzt. Ohne eine gewisse Form oder einen bestimmten Kanal können Sie nichts kreativ manifestieren. Dafür müssen Sie Grenzen setzen. Ihr Platz ist also der Ort, an dem die kreative Kraft, die in Ihnen steckt, Form annehmen wird.

Wenn Sie dieses Jahr etwas Neues in Ihre Welt bringen wollen, dann finden Sie den Platz, den Sie heiraten werden, so wie der Dichter die Sprache heiratet, der Künstler Farben und Textur, der Sternekoch Aroma und Geschmack, der Schwimmer das Wasser.

Sagen wir einmal, Sie haben die Vorstellung, Ihr kreativer Akt könnte das Schreiben sein. Vielleicht glauben Sie sogar, dass ein Buch, eine Geschichte oder ein Drehbuch in Ihnen steckt. Für Sie bedeutet die Vereinigung mit dem Platz, Wörter zu heiraten und ihr ständiger Liebhaber zu sein. Sie werden Leseorgien feiern und mit einem ersten (oder dritten) Entwurf zärtlichen Sex haben. Sie küssen Ihre Geliebte morgens wach, indem Sie schreiben, bevor Sie hinaus in die Welt gehen, und wenn Sie hinausgehen, pflücken Sie einen Blumenstrauß für Ihren Schatz, indem Sie frisches Material sammeln – der Gesang eines Vogels, das Rattern einer Straßenbahn, der seltsame Akzent des Mannes mit dem Handy, der unerwartete Spruch auf einem Werbeplakat in der U-Bahn.

Sie arbeiten daran, weil es in einer Ehe nicht immer harmonisch zugeht. Es wird Tage geben, an denen Sie kaum miteinander reden.

An manchen Tagen haben Sie das Gefühl, dass Ihre Partnerin Sie nicht ausstehen kann oder Sie betrügt, vielleicht mit dem Typ, der gerade eine Geschichte im New Yorker gelandet hat oder der auch nur im örtlichen Gedichtwettbewerb vor dem Mikrofon steht. Aber Sie geben nicht auf. Sie gehen weiterhin einkaufen. Sie wickeln Ihre Partnerin weiterhin abends in die Decke ein und versprechen ihr, zusammen zu träumen.

Und aus dieser Beständigkeit – trotz Ehekrächen und so – wird das Feuer der Schöpfung kommen, bei dem die Sonne um Mitternacht scheint, bei dem die Zeit nach Ihrem Willen stehen bleibt oder sich beschleunigt, bei dem Sie so tief in der Zone drin sind, dass kein Schritt mehr falsch sein kann. Je nach dem von Ihnen gewählten Thema und der von Ihnen eingeschlagenen Richtung werden Sie vielleicht feststellen, dass Sie mit anderen kreativen Intelligenzen verbunden sind. Sie reichen Ihnen über die Zeiten und Dimensionen hinweg die Hand in jener gesegneten Vereinigung, die ein anderer Dichter namens Yeats als »mingling of minds« – die Vermischung von Geist – bezeichnet hat.

Wenn die Sonne nicht länger um Mitternacht scheint, wenn Sie sich wieder in der Uhrzeit befinden, dann werden Sie keine Energie darauf verschwenden zu bedauern, dass Sie heute nicht in der Zone sind. Schließlich sind Sie immer noch verheiratet. Sie werden die Arbeit vollbringen, die nun zu Dem Werk gehört.

DIE WELT WIEDER BUNT ANSTREICHEN

Damit Ihre kindlichen Selbste Ihnen nach der Seelenheilung nahe sind und glücklich sind, sollten Sie Zeit mit Kindern verbringen. Teilen Sie Spiele und Geschichten mit ihnen und üben Sie sich darin, wieder aus den Augen eines Kindes zu sehen. Wir hatten das Glück, ein kluges zwölfjähriges Mädchen bei einem meiner Urlaubskurse dabei zu haben. Es begleitete seine Großmutter, die mit einem Rudel Samojeden und einem Tipi im Garten auf einer Insel lebt – was jetzt schon ein Traum ist.

Wie die Zwölfjährige uns erzählte, taucht manchmal ein blauer Schmetterling in ihren Träumen auf, der ihr den Weg weist. Einmal träumte sie, dass die Welt ganz dunkel wurde und sie Angst bekam, doch dann tauchte in der Ferne ein winziger Lichtpunkt auf. Er wurde immer größer, bis er zu einem leuchtenden blauen Schmetterling wurde, der auf ihrer Schulter landete. Er leuchtete ihr mit einem Lichtstrahl, der ihr wie die Lampe eines Minenarbeiters die Richtung wies, bis sie aus der Dunkelheit herausgefunden hatte und in ein helles, glückliches Land kam.

In einer schwierigen Phase familiärer Veränderungen hatte das Schmetterlingsmädchen noch andere Träume von der Dunkelheit. Eines Nachts wurde ihre Traumwelt durch einen Wirbelsturm durcheinandergeschüttelt. Dann sah sie, wie am Horizont Dunkelheit aus der Sonne »quoll, als könnte die Sonne sie nicht zurückhalten«. Der Rat ihrer Großmutter war: »Frag die Dunkelheit, was sie bedeutet.« Mutig erklärte sich das Mädchen dazu bereit. Mit der Unterstützung von mehreren unserer Kursteilnehmer und ihrer Großmutter beschloss sie, in diesen beängstigenden Traum zurückzukehren, um herauszufinden, was die Dunkelheit mit ihr zu tun hatte.

Von Anfang an wurde sie auf der Reise eifrig unterstützt. Ihr blauer Schmetterling landete auf ihrer Schulter, während sie auf einem Tiger ritt und eine Schlange, die sie als weitere Traumverbündete erkannt hatte, hinter ihnen herglitt. Sie sah die Dunkelheit wieder aus der Sonne quellen und die ganze Welt schwärzen. Sie fragte die Dunkelheit: »Was bist du?« Die Antwort lautete: »Ich bin das Nichts.« Ein Gefühl von Kälte und kriechender düsterer Vorahnung überfiel sie. Der Schmetterling auf ihrer Schulter legte sich scheinbar tot hin, so wie Schmetterlinge es bei Kälte tun, bis die Sonne wieder herauskommt und sie aufwärmt.

In diesem Augenblick wurde dem Mädchen klar, dass es die Aufgabe hatte, die leere Dunkelheit zurückzudrängen und die Sonne wieder an den Himmel zu stellen. Eine neue Verbündete eilte ihr zu Hilfe. Eine weiße Taube flatterte herunter auf ihre Hand und brachte alle Farben mit. »Streich deine eigene Welt bunt an«, wurde dem Mädchen aufgetragen. Es fing an, Farben auf das formlose Dunkel zu spritzen, so wie ein Künstler eine leere Leinwand mit Farbe füllt. Es wählte Blau- und Grüntöne, Rot- und

Goldtöne, bis die Sonne am Himmel strahlte und der blaue Schmetterling in der Luft tanzte.

Nach der Reise blieb das Leuchten bei uns allen. Es erinnerte mich daran, was passiert, wenn eine zwölfjährige Romanfigur namens Jonas die Farbe Rot sieht und anfängt, aus der »Gleichheit« in Lois Lowrys zauberhaftem Roman *The Giver* auszusteigen. Wir sprachen darüber, welche Botschaften das Schmetterlingsmädchen aus dem Wiedereinstieg in seinen Traum zurückbringen würde. »Sucht euch eure eigene Bedeutung heraus«, sagte sie klug und fügte in Worten, die jeder Erwachsene hören sollte, hinzu: »Egal, wie schlimm ein Traum ist – man muss trotzdem herausfinden, was er bedeutet und wo er einen hinführen kann.« Ach ja, sie nahm außerdem Buntstifte und Kreiden zur Hand und malte die Welt weiterhin bunt an.

In diesem Moment wurden wir alle wieder zu Zwölfjährigen. Alle griffen sich Wachsmalkreiden und Malpapier und alle kindlichen Selbste, die die Erwachsenen mitgebracht hatten, halfen dem Schmetterlingsmädchen, die Welt bunt anzustreichen.

Auch wenn Sie vielleicht kein Schmetterlingsmädchen als Inspiration haben, tragen Sie ein zwölfjähriges und ein dreijähriges und ein neunjähriges Kind in sich, die Ihnen Inspiration und Freude an der Kreativität bringen werden, wenn Sie für Spiel und Spaß in Ihrem Umfeld sorgen. Während ich dieses Buch schreibe, stehen auf meinem Schreibtisch Spielzeugsoldaten und ein Tigerspitzer, ein Sack Murmeln und ein Teddybär, eine Miniaturwelt und andere Spielsachen, die meinen Robert-Jungs zeigen, dass ich bereit bin, mit ihnen zu spielen. Was haben Sie im Auge, was Ihre kindlichen Selbste unterhalten wird? Wenn die Antwort »Nichts« lautet, dann sollten Sie noch einmal darüber nachdenken. Vielleicht gefällt es Ihren kleinen Mädchen, sich wenigstens Damenkleider und hochhackige Schuhe anzuziehen oder Eis zum Frühstück zu essen oder die Farben für Ihre Welt heute auszusuchen oder in Ihr Tagebuch zu schreiben. Und vielleicht sind Sie nun bereit, ein paar Dinge nur für sie hinzuzufügen. Sie werden Ihnen schon zeigen, was das für Dinge sind.

HALTEN SIE AN IHREN TRÄUMEN FEST

Behalten Sie Ihre Träume im Blick. Nach der Seelenheilung helfen sie Ihnen zu sehen, was Sie tun müssen, um die verschiedenen Seelenanteile glücklich zu Hause zu behalten.

Der Seelenheilungsprozess kann durch Träume weitergehen und sich noch vertiefen. Nachdem eine meiner Bekannten ein kindliches Selbst zurückgebracht hatte, träumte sie von lauter älteren Seelenanteilen, die hintereinander mit einem Koffer auf ihrer Türschwelle auftauchten und zu ihr nach Hause kommen wollten.

Manchmal ist alles, was wir von unseren Träumen brauchen, ein einfaches Bild, das Klarheit bringt und die Richtung weist. Mitten in einem Seelenheilungstraining, das ich in Frankreich leitete, hatte ich die Absicht, im Namen der Gruppe zu träumen. Mitten in der Nacht füllte sich mein Zimmer in einem alten Steinhaus mit blauem Licht. Auf der Farbskala der Blautöne würde ich sagen, es war azurblau. Voller Staunen entdeckte ich die Quelle des Lichts: Es kam aus einem großen blauen Vogel wie aus der Mitte eines Kristalls. In diesem Licht wusste ich, dass alles gut werden würde und dass großartige Gaben auf die warteten, die die Reise zu diesem kleinen Dorf der Hoffnung mitten in Frankreich gemacht hatten.

Die Art des blauen Lichts erinnerte mich an Gestalten, die mir in anderen nächtlichen Visionen erschienen sind. Ich dachte vor allem an eine, die ich die Blaue Lady nenne. Sie hat mich auf wichtige Abenteuer zwischen den Welten vorbereitet und begleitet. Auch erinnerte ich mich an die blauhäutigen Gottheiten der Ägypter und Inder. Mein Vogelgast hatte einen Kamm auf dem Kopf, der einen unbestimmten Eindruck von Adel und Anmut vermittelte.

Ich nahm die wunderbare Energie dieser Vision mit, als ich am nächsten Morgen nach unten ging, um im Speisesaal Kaffee zu trinken. »Deiner erwachenden Seele einen guten Morgen«, begrüßte mich eine Kursteilnehmerin mit einer Zeile von Robbie Burns. Ich teilte mein simples Traumbild am Herd mit den anderen, während wir die Kohlereste, die von der Feuerzeremonie des vergangenen Abends übrig waren, und die dadurch inspirierten Träume zu neuem Leben erweckten.

Um diese Dinge zu tun, muss man nicht in ein französisches Dorf aus dem 17. Jahrhundert gehen. Das Traumteilen ist alltägliche Seelenarbeit. Es lässt außergewöhnliche Freundschaften entstehen und versetzt existierende Beziehungen auf eine noch tiefere Ebene. Menschen, mit denen Sie Träume teilen, werden zu Seelenfreunden. Sie werden feststellen: Es fällt leicht, einander bei der Umsetzung der Seelenwünsche zu unterstützen.

Vergessen Sie auch nicht, dass unsere Träume sich nicht nur in der Nacht abspielen, sondern auch tagsüber um uns herum. Synchronizität ist die Grammatik der Manifestation. Eine Epiphanie ist buchstäblich ein »Nach-vorne-Zeigen«. Die Offenbarungen des Lebens, diese göttlichen »Showzeiten«, in denen wir einen Blick auf die tiefere Realität hinter der manifestierten Welt werfen und Einblicke in die größere Bedeutung unserer persönlichen Existenz erhalten, zeigen sich, wenn eine verborgene Reihenfolge von Ereignissen sich mit unserer scheinbar linearen Fortbewegung durch Zeit kreuzt.

FINDEN SIE IHREN MYTHOS

Finden Sie Ihren Mythos. Wie Joseph Campbell anmerkte, ist »Mythos die geheime Öffnung, durch die die unerschöpflichen Energien des Kosmos in menschliche kulturelle Manifestation fließen.«[1] Ein Mythos, den wir im Geist und im Alltag wieder zum Leben erwecken, bringt kreative Säfte mit sich, denn jeder lebendige Mythos »birgt in sich die Kraft des heilen Saatkorns seiner Quelle.«[2] Und Jean Houston fügt hinzu: »Bei einem Mythos geht es immer um die Seele.«[3]

Mein Mythos der Irrfahrten ist Odysseus, seit seine Wunder sich mir zum ersten Mal offenbarten. Das griechische Werk wird seit hundert Generationen geliebt. Es ist der lebendigste Klassiker der westlichen Literatur, da es nahe den Ursprüngen niedergeschriebener Geschichte und seiner ersten Quelle steht und (wie Robert Graves glaubt) möglicherweise von einer Priesterin geschrieben wurde. Wer mit dem Text nicht sonderlich vertraut ist, erinnert sich dennoch an Seeungeheuer und die Zyklopen, an Hexengöttinnen und Verführerinnen auf fremden Inseln. Das überragende Thema der Geschichte ist jedoch, wie sich die größten Herausforderungen einer Heimkehr erst dann zeigen, wenn man zu Hause angekommen ist. Nur ein Sechstel der Erzählung ist den Wanderungen des Helden in anderen Reichen gewidmet. Am mühsamsten wird seine Reise, als er am Ufer seiner Heimatinsel angeschwemmt wird – nur um herauszufinden, dass sie sich seit seiner Abreise zu einem fernen Krieg unter der Zerstörungswut von Schurken in Brachland verwandelt hat. Selbst nachdem er seine Verkleidung ablegt, erkennen ihn die Menschen, die er liebt, nicht wieder oder wollen es nicht zeigen.

Die Geschichte wurde in den altertümlichen Mysterien als Parabel für die Reise der Seele angewandt und die zentrale Botschaft könnte sein, dass die Heimkehr die schwerste aller Prüfungen auf der Seelenreise ist. *Jeder Reisende ist ein Bürger von Ithaka,* steht auf einem Schild auf einer kleinen Insel im modernen Hafen von Ithaka.

MERLINS APFELGARTEN

Und dann gibt es da noch Merlin. Der hat tausend Gesichter. Er ist ein Magier, Zauberer, Dichter, Trickbetrüger, Prophet, ein weiser oder listiger Ratgeber des Königs, der Held oder der Antiheld unzähliger Dramen, einschließlich einer neueren Fernsehserie, in der er von Joseph Fiennes gespielt wird. In den *Four Ancient Books of Wales* (vier altertümliche Bücher aus Wales) heißt er zwar Myrddin, doch in späteren Texten wurden die beiden D durch ein L ersetzt. Wie man sagt, ist der Grund dafür, dass die alte Form in den Ohren der angel-normannischen Adligen, die Geoffrey of Monmouths Version der Merlin-Geschichte im zwölften Jahrhundert lasen, dem französischen *merde* zu sehr ähnelte. In Geoffreys *Vita Merlini* (ca. 1150) war er »den stolzen Menschen von Südwales, denen er Gesetze gab, und den Häuptlingen, denen er die Zukunft voraussagte, ein König und ein Prophet«.[4] Er ist Waliser, Brite, Schotte. Er ist universal.

Merlin ist ein Träumer, auch wenn dies in manchen der Epochen, in denen man sich an ihn erinnerte, nicht als ein Kompliment galt. In Thomas Malorys *Morte Darthur* denunzieren ihn seine

Feinde als »Hexer und Traumleser«. In Shakespeares *Heinrich VIII* macht sich Hotspur über die walisischen Prahlereien vom Träumer Merlin und seinen Prophezeiungen (und all dem Zeug) lustig. Merlins Gesellschaft ist die eines *awenyddion,* eines »Inspirierten«, über den Gerald of Wales schrieb, dass »seine Begabungen sich gewöhnlich in seinen Träumen zeigen«.

Merlin ist ein Schamane, vielleicht der Prototyp des Schamanen des Westens. 1985 half mir Leo Tolstois Buch *The Quest for Merlin* sehr. Darin spürt er Merlins leuchtende Schamanenfußspuren nicht nur in der Literatur, sondern auch in den Landschaften der schottischen Borders bis Hart Fell (Deer Mountain) auf, wo ein Merlin mit den Rehen rannte, mit einem zahmen Wolf und einem kleinen Schwein sprach und an einer Eisenquelle, deren Wasser rostrot herausblubberte, als Schamane arbeitete.[5] Diese Landschaft in Dumfrieshire ist die meiner Ahnen väterlicherseits. Vor vielen Jahren benutzte ich Tolstoi als Baedeker und wanderte vom Feld einer katastrophalen Schlacht, deren Blutvergießen diesen Merlin zeitweise in den Wahn trieb, zum Gebirge seiner Träume. Die Geschichte werde ich vielleicht eines Tages in aller Ausführlichkeit veröffentlichen.

Während die Legenden und Landschaften in meiner Fantasie ineinanderfließen, sehe ich den Merlin, den ich als Schamanen – das heißt, als Erzträumer – kenne und liebe, so:

- Er ist von Geburt an anders als andere (manche sagen, er sei der Sprössling eines Dämonen, andere sagen gar, der eines goldcncn), doch er kümmert sich um Bedürftige, hilft ihnen und berät sie.

- Seine Berufung wird durch einen spirituellen Notfall erneuert (seine Trauer über eine schreckliche Schlacht und dann über den Lärm der Welt).

- Sein Zuhause sind die Bäume (er findet Geborgenheit in einem alten Apfelbaum, ernährt sich von Äpfeln und Nüssen und arbeitet zwischen Eichen, Haselnusssträuchern und Birken als Schamane).

- Er kennt die Tiere und kann ihre jeweilige Gestalt annehmen (umgeben von einer Herde Rehe, reitet er auf dem Rücken eines Hirschs von seinem bewaldeten Berg hinunter).

- Er kennt die Tore und Wege des Jenseits und kann andere durch die Tore hindurchlotsen und auf den Wegen führen (in einer Erzählung baut er eine schmale Brücke zwischen dieser Welt und einer Insel auf der anderen Seite).

- Er sieht die Zukunft und kann akkurate Details über zukünftige Ereignisse berichten, was von anderen geschätzt wird (eine Hauptfunktion echter Schamanen, soweit wir wissen oder raten können).

- Er ist ein Meister der Geschichte, Poesie und Lieder; durch seine Dichtkünste kann er die Welt um sich herum neu definieren und somit auch neu erschaffen.

- Durch seine eigenen Wunden findet er die Kraft, die Wunden anderer zu heilen (er verliert den Verstand, kommt jedoch wieder zu Sinnen, als sein leuchtendes Double Taliesin ihn in poetischer Sprache an den Lauf von Himmel und Erde erinnert und auf diese Weise eine magische Quelle erschließt – und so kann Merlin einem anderen dasselbe Heilwasser bieten, um ihm zu helfen, seinen Geist wieder in den Körper zurückzuholen).

Wir werden durch seine Gesellschaft, die aus kriegerischen Königen, lustvollen Königinnen und abenteuerlustigen Rittern besteht, von ihm angezogen. Doch für mich erhebt sich Merlin über Arthur und Guinevere, Lancelot und die Gesellschaft am Runden Tisch und sogar über Morgan le Fay hinaus, obwohl ich auch von ihnen träume und mich dem Ritterbund verbunden fühlte, als ich auf dem Weg zu den schottischen Borders in Carlisle anhielt.

Wir träumen von Merlin, und vielleicht ist ja er es, der uns die Träume bringt. Mein Merlin, der Liebhaber des Waldes, der Rehe und der poetischen Sprache, ist nicht auf das Glashaus beschränkt, wo ein anmutiger weiblicher Lehrling ihn eingesperrt haben soll, nachdem sie ihm seine Meisterzaubersprüche durch einen Trick entlockt hat.

Mein Merlin reist mit einem verzauberten Apfelgarten, der ihn überallhin begleitet. Wenn Sie großes Glück haben, wird er Ihnen einen Apfel anbieten, der entweder silbern oder golden ist. Wenn Sie in den Apfel beißen, werden Sie nicht nur den süßen Saft des Apfels schmecken, sondern auch die betörende Macht einer Geschichte – einer Geschichte, die Sie inspiriert und Ihrem Leben Saft gibt ... die in Sie hineinschlüpft. Der Traumschamane, der uns die richtigen Geschichten schenkt, das ist der Merlin, dem ich folge.

Epilog: Die Heimkehr

Du hast den Mut gefunden,
dich dem Tiger zuzuwenden, der dich verfolgt hat,
und mit ihm zu ringen.
Er hat dich verschluckt
und wieder ausgespuckt,
und durch dein Verlieren hast du gewonnen,
in einem leuchtenden Körper neu gestählt.
Nun bist du es wert, sein Herz zu erobern
und ihn deinen treuen Verbündeten zu nennen.
Es ist nicht genug.

Von deiner Sehnsucht angetrieben,
bist du in Welten der Verzauberung hineingetanzt,
hast an der Brust der Göttin gesaugt,
wo Küsse zu Hyazinthen erblühen,
Liebkosungen in Milchströme hineinfließen,
wo jeder Nerv ein Partner der Liebe ist
und Herzen nie gebrochen werden.
Du hast entdeckt, dass Träumen Magie ist.
Doch es ist nicht genug.

Als vertrauensvoller Reisender hast du gelernt,
deine Körperhülle abzustreifen
und dir den Baum der Welt
zu deiner eigenen Himmelstreppe zu machen,
um durch das Gesicht des Mondes zu fliegen,
mit dem Bären unter den Sternen zu tanzen,
in die Sonne hinter der Sonne zu gehen
und auf Paradiesflügeln über eine neue Welt zu reiten.
Du bist da draußen, doch es ist noch nicht genug.

Aus deiner Berufung heraus
hast du dich den Toren der Unterwelt gestellt,
hast den uferlosen Fluss auf deinem Herzschlag überquert
und den Engel der Finsternis in seinem Reich bezwungen.
Als du geschlagen vor den undurchdringlichen Mauern des Todes
standest,

ist ein Lied aus deinem Herzen und Bauch entsprungen,
und hat den höchsten Himmel um Hilfe gebeten,
um eine Seele aus dem kalten Schöpfungsgarten zu pflücken,
dort, wo niemand ein neues Spiel spielt.
Doch du musst noch die Heimkehr antreten.

Der Weg zurück ist mit Ablenkungen gespickt.
Manche halten dich mit rosa Küssen zurück,
andere klammern sich wie Ertrinkende an dich.
Du stellst fest, dass die Wegweiser verdreht oder gestohlen wurden.
Vielleicht bist du so tief oder so hoch gegangen,
dass du dich nicht mehr erinnern kannst,
in welcher Welt du deinen Körper gelassen hast.
Oder es widerstrebt dir, in eine Welt zurückzukehren,
in der Herzen gebrochen werden und die Erde beschmutzt wird.
Du wirst zurückkehren. Deine Seele hat es so vereinbart.

Jetzt, da du mit dem Bären getanzt hast,
wirst du der Welt der Schmerzen Heilung bringen.
Jetzt, da du die Wege der Seele gegangen bist,
wirst du den Seelenverlorenen helfen, ihre Kinder zurückzubringen.
Jetzt, da du wie Apollo auf einem glänzenden Pfeil geflogen bist,
wirst du Licht in die Schattenwelt bringen.
Jetzt, da du die Tore und Wege der Wahren Welt kennst,
wirst du Brücken für andere bauen.
Du wirst alles nach Hause bringen.

Bei deiner Heimkehr wirst du dich an deine Aufgabe erinnern
als Traumbotschafter unter die Menschen zu gehen
und Wege zu öffnen, damit die Seele gehört und geehrt wird.
Mach dir die Welt zum Spielplatz, nicht zu deinem Gefängnis.
Sternenkind, tauche verzückt in die warme Erde ein,
feiere erneut die Hochzeit von Himmel und Erde,
folge deinem Herzlicht, tanze deine Träume,
lebe jeden Tag in allem ein Gedicht.
Jetzt bist du zu Hause angekommen.

Danksagungen

Es gibt die Geschichte vom Mann, der sich den Unmut einer Göttin zuzog, weil er vergaß, sie zu erwähnen, als er ein Loblied auf all die Gottheiten sang, an die er sich erinnern konnte. Ich habe nicht vor, denselben Fehler zu machen. Es ist mir unmöglich, alle Menschen aufzuzählen, die dieses Buch möglich gemacht haben, indem sie ihre Seelen – in manchen Fällen buchstäblich – mit mir teilten.

Wenn ich gefragt werde, warum ich mein Leben meiner Arbeit widme und beinahe jede Woche von einem Flieger in den nächsten steige, um auf der ganzen Welt Tiefenworkshops zu leiten, antworte ich manchmal: »Wegen der Freude, das Licht in den Augen von jemandem leuchten zu sehen, der gerade einen wichtigen Anteil seiner Seele zurückgebracht hat.«

Ich werde vom Mitgefühl, der Energie, dem Humor und der Menschlichkeit der Tausenden von wundervollen Träumern getragen, die ihre Abenteuer im Aktiven Träumen und der Seelenheilung mit mir teilen. Ich bin denjenigen zutiefst dankbar, die meine Programme organisieren und mir helfen, eine träumende Gesellschaft auf die Welt zu bringen, indem sie Aktives-Träumen-Kreise gründen und leiten und unsere Techniken in Familien, Gemeinden, Organisationen und ihre Privatpraxen hineintragen.

Mein Dank gilt meiner Lektorin Georgia Hughes für ihre Fürsorge und Begeisterung, Marc Allen für seine Vision und den wundervollen Mitarbeitern der New World Library für ihre Arbeit. Ich laufe Gefahr, ein »Hausautor« zu werden – dies ist mein fünftes Buch, das mit dem Baumlogo der NWL auf dem Buchrücken erscheint; mein bisheriger Rekord an Büchern, die vom selben Verlag herausgegeben wurden, lag bei zwei.

Ich bin meiner Frau, unseren Töchtern und unserer Großfamilie aus Träumern zutiefst dankbar. Mögen eure besten Träume wahr werden!

Anmerkungen

Einführung

1. Lame Deer/John Fire and Richard Erdoes, »Lame Deer, Seeker of Visions«. (New York: Simon and Schuster, 1994), 162-63.
2. Der Report stammt von Vater Paul Ragueneau, ein Jesuit, der bei den Island Woman's birth people, the Hurons, in den Wintern 1647-48 überwinterte. Der Text befindet sich bei Reuben Gold Thwaites, ed., Jesuit Relations and Allied Documents (Cleveland, OH: Burrows Brothers, 1896-1901), 53:251-53.
3. The Lightning Dreamwork Process wird in meinen Büchern »The Three ›Only‹ Things« und »Active Dreaming« erklärt.
4. Robert Moss, Dreamways of the Iroquois: Honoring the Secret Wishes of the Soul (Rochester, VT: Destiny Books, 2004), 90-102, 114-30.

Kapitel 1: Schamanen als Träumer

1. P. Couliano, Out of This World: Otherworldly Journeys from Gilgamesh to Albert Einstein (Boston: Shambhala, 1991), 71-72.
2. Robert Bosnak, Tracks in the Wilderness of Dreaming (New York: Delacorte,1996).
3. Holger Kalweit, Die Welt der Schamanen: Traumzeit und innerer Raum, Schirner, 2004.
4. Caroline Humphrey, with Urgunge Onon, Shamans and Elders: Experience, Knowledge, and Power among the Daur Mongols (Oxford: Clarendon, 1996), 219.
5. Ibid., 230.
6. Ibid., 228.
7. Andreas Lommel, »Shamanism in Australia«, in Shamanism Past and Present: Teil Eins, ed. Mihaly Hoppal and Otto von Sadovsky (Budapest: Ethnographic Institute, Hungarian Academy of Sciences, 1989), 33.
8. P. Elkin, »Aboriginal Men of High Degree«. 2nd ed. (New York: St. Martin's Press, 1978).
9. Isaac Tens' Zitate aus Marius Barbeau, »Medicine Men of the Pacific Coast«, bulletin 152 (Ottawa: National Museum of Man, 1958). Die Versionen von Isaac Tens' Liedern sind hier meine eigenen und basieren auf der Übersetzung von Barbeau.
10. Ruby Modesto and Guy Mount, »Not for Innocent Ears: Spiritual Traditions of a Desert Cahuilla Medicine Woman«. (Arcata, CA: Sweetlight Books, 1980), 26.
11. Ibid.
12. Ibid., 25.
13. Ibid., 45.
14. C. G. Jung, »The Red Book: Liber Novus«. ed. Sonu Shamdasani (New York: Norton, 2009), 249.
15. Ibid., 248.
16. Ibid., 290.
17. Stephan Hoeller, »Der gnostische Jung. Und die sieben Reden an die Toten«. Schatzkammer, 1987.
18. Jung, »Red Book«, 252.
19. »C. G. Jung: Briefe 1906-1945«, Patmos.

20. Jung, »Red Book«, 254.
21. Claire Dunne, »Carl Jung: Wounded Healer of the Soul«. (New York: Continuum, 2001), 81.
22. C. G. Jung, »Briefe«, Band 2, ed. Gerhard Adler.Patmos.
23. Briefe an P. W. Martin, August 20, 1945, ibid., 436.
24. Aniela Jaffe, »Jung's Last Years and Other Essays«. trans. R. F. C. Hull and Murray Stein (Dallas: Spring Publications, 1984), 106-7.
25. C. G. Jung, »Erinnerungen, Träume und Gedanken Memories, Dreams, Reflections«. ed. Aniela Jaffe, übersetzt von Richard Winston and Clara Winston, Patmos.2011.
26. C. G. Jung, » Symbole und Traumdeutung, Patmos. 2011.
    Sandra Ingerman, »Welcome Home: Following Your Soul's Journey Home«. (New York: HarperOne, 1994), 28.
    Sandra Ingerman, »Medicine for the Earth«. (New York: Three Rivers Press, 2000), 189.
27. Sandra Ingerman, Interview des Autors, 16. Juni 2011.

Kapitel 2: Träumer als Schamanen

1. Robert Bosnak, »Tracks in the Wilderness of Dreaming«. (New York: Delta, 1997).
2. J. N. B. Hewitt, »The Iroquoian Concept of the Soul«. Journal of American Folk-Lore 8 (1895): 107-16.
3. Reuben Gold Thwaites, ed., Jesuit Relations and Allied Documents (Cleveland, OH: Burrows Brothers, 1896-1901), 42:147.
4. Marie-Françoise Guédon, »La pratique du rêve chez les Denes septentrionaux«. Anthropologie et Sociétés 18, no. 2 (1994): 76.
5. Ake Hultkrantz, »The Concept of the Soul Held by the Wind River Shoshone«. Ethnos 16 (1951): 32.
6. Martha Beckwith, »Hawaiian Mythology«. (Honolulu: University of Hawaii Press, 1976); Caren Loebel-Fried, Hawaiian Legends of Dreams (Honolulu:University of Hawaii Press, 2005).

Kapitel 3: Seelenverlust verstehen

1. Plutarch, »Concerning the Face Which Appears in the Orb of the Moon«, vol. 12 of Moralia, trans. Harold Cherniss and William Helmbold (Cambridge, MA: Harvard University Press, 1995), 221.
2. Ich danke Savannah M. Caitlin für diese Originalübersetzung von »I Remember Clifford«.
3. Sandra Ingerman, »A Fall to Grace«. (Santa Fe: Moon Tree Rising, 1997), 56.
4. Lord Dunsany, »The Unhappy Body«, in A Dreamer's Tales (1910; reprint, Holicong, PA: Wildside Press, 2002), 145.
5. Ibid., 148.
6. Marlene Steinberg and Maxine Schnall, »The Stranger in the Mirror: Dissociation, the Hidden Epidemic«. (New York: Cliff Street Books, 2000), xvii.
7. Lloyd deMause, »The Evolution of the Psyche and Society«. Journal of Psychohistory 29, no. 1 (Winter 2002): 239.

Kapitel 4: Traumwege zur Ganzheit

1. Michel de Montaigne, »Of the Inconsistency of Our Actions«, in Complete Essays of Montaigne, trans. Donald M. Frame (Stanford, CA: Stanford University

Press, 1958), 244.

2. Barbara Platek, »Instinct as Guide: Animals in Women's Dreams«. Psychological Perspectives 51, no. 1 (January 2008).

3. Barbara Tedlock, »Die Kunst der Schamanin: Heilen und Wissen als weibliche Tradition«. Goldmann. 2007.

4. Anne Ross and Don Robins, »Der Tod eines Druidenfürsten. Die Geschichte einer archäologischen Sensation«. vgs Verlaggesell. 1998.

5. C. G. Jung, »C. G. Jung, Erinnerungen, Träume und Gedanken Memories, Dreams, Reflections«. ed. Aniela Jaffe, Übers. Richard Winston and Clara Winston, Patmos. 2011.

6. Henry Corbin, »Spiritual Body and Celestial Earth«. trans. Nancy Pearson (Princeton, NJ: Bollingen, 1989); Henry Corbin, Swedenborg and Esoteric Islam, Übers. Leonard Fox (West Chester, PA: Swedenborg Foundation, 1995).

7. Gustav Davidson, »A Dictionary of Angels: Including the Fallen Angels«. (New York: Free Press, 1994).

8. D. H. Lawrence, »Selected Poems«. (New York: Viking Compass, 1959), 74.

Kapitel 7: Die Höhle und der Hochsitz

1. Barbara Hannah, »The Archetypal Symbolism of Animals: Vorlesung am C. G. Jung Institute, Zurich, 1954-1958«. (New York: Chiron Publications, 2005), 7.

2. John Roach, »Ancient Figurines Found — From First Modern Humans?« National Geographic News (December 17, 2003).

3. William Irwin Thompson, »Thinking Otherwise: From Shamanism to Religion, Part Two«, Wild River Review (August 2011).

Kapitel 8: Das Windpferd

1. Sarangerel [Julie Ann Stewart], »Riding Windhorses«. (Rochester, VT: Destiny Books, 2000), 15.

2. Samten G. Karmay, »The Arrow and the Spindle: Studies in History, Myths, Rituals and Beliefs in Tibet«. (San Rafael, CA: Mandala Publishing, 1998), 41.

3. Carol Laderman, »Taming the Wind of Desire: Psychology, Medicine, and Aesthetics in Malay Shamanistic Performance«. (Berkeley: University of California Press, 1991), 68-69.

Kapitel 10: Die Begegnung mit der Seele der Seele

1. William C. Chittick, »The Sufi Path of Love: The Spiritual Teachings of Rumi«. (Albany: State University of New York Press, 1983), 3.

2. E. Bolaji Idowu, »Olodumare: God in Yoruba Belief«. (New York: Wazobia, 1994), 181.

3. Jean-Pierre Garnier Malet und Lucile Garnier Malet, »Le double ... comment ça marche?«. (Agnières, France: Editions Le Temps Présent, 2007).

Kapitel 12: In der geheimen Bibliothek

1. Mary K. Greer, »Tarot Konstellationen, Persönlichkeits- und Wesenskarten«. Hugendubel, 1989

2. Cynthia Giles, »Tarot, Geschichte, Geheimnis und Überlieferung«. Walter Verlag, 1994. Paul Huson, »Mystical Origins of the Tarot: From Ancient Roots to Modern Usage«. (Rochester, VT: Destiny Books, 2004).

Kapitel 13: Traumarchäologie und kulturelle Seelenheilung

1. Amy E. Brucker, »Dream Genealogy and Deep Ancestral Healing«. online http://thedreamtribe.com/dream-genealogy/.
2. Enid MacLeod, »Charles of Orleans, Prince and Poet«. (London: Chatto and Windus, 1969).
3. Miranda Green, »Die Druiden. Die Welt der keltischen Magie«. Reclam. 1994.
4. M. Toussaint, »Metz à l'epoque gallo-romaine«. (Metz: Paul Even, 1948), 206-7.
5. Timothy Snyder, »Bloodlands: Europe between Hitler and Stalin«. (New York: Basic Books, 2010).
6. Früh in Marija Gimbutas' langem Leben veröffentlichte sie »The Balts« (New York: Praeger, 1963). In »The Living Goddesses« (Berkeley: University of California Press, 2001) lektoriert und erweitert nach ihrem Tod Miriam Robins Dexter unser Wissen über die baltische Religion in einem wichtigen und letzten Kapitel.
7. Marija Gimbutas, »The Civilization of the Goddess«. (San Francisco: Harper-SanFrancisco, 1991), vii.

Kapitel 14: Die Seele im Multiversum

1. Brian Greene, »The Hidden Reality: Parallel Universes and the Deep Laws of the Cosmos«. (New York: Knopf, 2011).
2. William James benutzte den Ausdruck Multi-verse in einer Vorlesung von 1895, Erstveröfflichung als »The Will to Believe« in The New World 5 (1896): 327-47.
3. Michael Moorcock, »Introduction to Hawkmoon: Eternal Champions«, vol. 3 (Stone Mountain, GA: White Wolf Publishing, 1996).
4. Michael Moorcock, »Elric: Swords and Roses«. (New York: Del Ray, 2010).
5. Jane Roberts, »The Nature of Personal Reality: Specific Practical Techniques for Solving Everyday Problems and Enriching the Life You Know«. (New York: Bantam Books, 1980), 390. A Seth book.
6. Jane Roberts, »The Education of Oversoul Seven«. (New York: Pocket Books, 1976), 1.
7. Roberts, »Nature of Personal Reality«, 303.
8. Joan Grant, »Speaking from the Heart: Ethics, Reincarnation, and What It Means to Be Human«, ed. Nicola Bennett, Jane Lahr, und Sophia Rosoff
9. (New York: Overlook/Dutton, 2007), 195. Ibid., 201.

Kapitel 15: Folgen Sie Ihrem eigenen Merlin

1. Joseph Campbell, »The Hero with a Thousand Faces«. (Princeton, NJ: Bollingen,1972), 3.
2. Ibid., 4.
3. Jean Houston, »The Hero and the Goddess: The Odyssey as Mystery and Initiation«. (New York: Ballantine, 1992), 15.
4. Geoffrey of Monmouth, »Vita Merlini: The Life of Merlin«. trans. Basil Clarke (Cardiff: University of Wales Press, 1973).
5. Nikolai Tolstoy, »Auf der Suche nach Merlin«. Langen-Müller, 2000.

Literaturverzeichnis

Barbeau, Marius. »Medicine Men of the Pacific Coast«. Bulletin 152. Ottawa:National Museum of Man, 1958.

Becker, Raymond de. »The Understanding of Dreams and Their Influence on the History of Man«. New York: Bell, 1968.

Beckwith, Martha. »Hawaiian Mythology«. Honolulu: University of Hawaii Press, 1976.

Bosnak, Robert. »Tracks in the Wilderness of Dreaming«. New York: Delta, 1997.

Boyd, Brian. »On the Origin of Stories: Evolution, Cognition and Fiction«. Cambridge, MA: Belknap Press of Harvard University Press, 2009.

Burke, Janine. »The Gods of Freud: Sigmund Freud's Art Collection«. Sydney: Knopf, 2006.

Campbell, Joseph. »The Hero with a Thousand Faces«. Princeton, NJ: Bollingen, 1972.

———. »Historical Atlas of World Mythology«. New York: Harper and Row, 1988.

Chittick, William C. »The Sufi Path of Love: The Spiritual Teachings of Rumi«. Albany: State University of New York Press, 1983.

Corbin, Henry. »Creative Imagination in the Sufism of Ibn Arabi«. Übersetzt von R. Mannheim. Princeton, NJ: Princeton University Press, 1969.

———. »Spiritual Body and Celestial Earth«. Übersetzt von Nancy Pearson. Princeton, NJ: Bollingen, 1989.

———. »Swedenborg and Esoteric Islam«. Übersetzt von Leonard Fox. West Chester, PA: Swedenborg Foundation, 1995.

Dunne, Claire. »Carl Jung: Wounded Healer of the Soul«. New York: Continuum, 2001.

Eliade, Mircea. »Schamanismus und archaische Ekstasetechnik«. Suhrkamp Taschenbuch, 2008. Elkin, A. P. Aboriginal Men of High Degree. 2nd ed. New York: St. Martin's Press, 1978.

Emerson, Ralph Waldo. »Essential Writings«. Edited by Brooks Atkinson. NewYork: Modern Library, 2000.

Eliade, Mircea. »Shamanism: Archaic Techniques of Ecstasy«. Übersetzt von Willard A. Trask. Princeton, NJ: Bollingen, 1974.

Elkin, A. P. »Aboriginal Men of High Degree«. 2nd ed. New York: St. Martin's Press, 1978.

Emerson, Ralph Waldo. »Essential Writings«. Lektoriert von Brooks Atkinson. New York: Modern Library, 2000.

Garnier Malet, Jean-Pierre, und Lucile Garnier Malet. »Le double ... comment ça marche?« Agnières, France: Editions Le Temps Présent, 2007.

Geoffrey of Monmouth. »Vita Merlini: The Life of Merlin«. Übersetzt von Basil Clarke. Cardiff: University of Wales Press, 1973.

Giles, Cynthia. »Tarot: History, Mystery and Lore«. New York: Fireside, 1994.

Gimbutas, Marija. »The Balts«. New York: Praeger, 1963.

———. »The Civilization of the Goddess: The World of Old Europe«. San Francisco: HarperSanFrancisco, 1991.

———. »The Goddesses and Gods of Old Europe«. Berkeley: University of California Press, 1996.

———. »The Living Goddesses«. Berkeley: University of California Press, 2001.

Grant, Joan. »Far Memory«. Atlanta: Ariel Press, 1988.

———. »Speaking from the Heart: Ethics, Reincarnation, and What It Means to Be Human«. Lektoriert von Nicola Bennett, Jane Lahr, und Sophia Rosoff. New York: Overlook/Dutton, 2007.

Green, Miranda. »Animals in Celtic Life and Myth«. New York: Routledge, 1998.

Greene, Brian. »The Hidden Reality: Parallel Universes and the Deep Laws of the Cosmos«. New York: Knopf, 2011.

Halifax, Joan. »Shaman: The Wounded Healer«. New York: Crossroad, 1982.

Hewitt, J. N. B. »The Iroquoian Concept of the Soul.« Journal of American Folk-Lore 8 (1895): 107-16.

Homer. »The Odyssey«. Übersetzt von Robert Fitzgerald. New York: Farrar, Straus and Giroux, 1998.

Hoppal, Mihaly, and Otto von Sadovsky, eds. »Shamanism Past and Present: Part One«. Budapest: Ethnographic Institute, Hungarian Academy of Sciences, 1989.

Houston, Jean. »The Hero and the Goddess: The Odyssey as Mystery and Initiation«. New York: Ballantine, 1992.

Hultkrantz, Ake. »Conceptions of the Soul among North American Indians«. Stockholm: Statens Etnografiska Museum, 1953.

Humphrey, Caroline, with Urgunge Onon. »Shamans and Elders: Experience, Knowledge, and Power among the Daur Mongols«. Oxford: Clarendon Press, 1996.

Huson, Paul. »Mystical Origins of the Tarot: From Ancient Roots to Modern Usage«. Rochester, VT: Destiny Books, 2004.

Idowu, E. Bolaji. »Olodumare: God in Yoruba Belief«. New York: Wazobia, 1994.

Ingerman, Sandra. »A Fall to Grace«. Santa Fe, NM: Moon Tree Rising, 1997.

———. »Heilung für Mutter Erde«. Ullstein Taschenbuch, 2006.

———. »Auf der Suche nach der verlorenen Seele. Der schamanische Weg zur inneren Ganzheit«. Ariston, 1999.

———. »Die Heimkehr der verlorenen Seele«. Ariston 2001.

Ingerman, Sandra, and Hank Wesselman. »Awakening to the Spirit World: TheShamanic Path of Direct Revelation«. Boulder, CO: Sounds True, 2010.

Jaffe, Aniela. »Jung's Last Years and Other Essays«. Übersetzt von R. F. C. Hull und Murray Stein. Dallas: Spring Publications, 1984.

Jung, C. G. »Briefe«. Band. 2. Padmos. 2011.

———. »Beiträge zur Symbolik des Selbst: Gesammelte Werke«. Padmos 2011.

———. »Erinnerungen, Träume und Gedanken«. Patmos, 2011.

———. »The Red Book: Liber Novus«. Edited by Sonu Shamdasani. New York: Norton, 2009.

Kalweit, Holger. »Die Welt der Schamanen: Traumzeit und innerer Raum«. Schirner, 2004.

Kracke, Waud H. »›Everyone Who Dreams Has a Bit of Shaman‹: Cultural and Personal Meaning of Dreams, Evidence from the Amazon«. Psychiatric Journal of the University of Ottawa 12 (1987): 65–72.

Krippner, Stanley. »Anomalous Experiences and Dreams«. In The New Science of Dreaming, ed. Deirdre Barrett and Patrick McNamara, 2:285-306. New York: Praeger, 2007.

Krippner, Stanley, and Laura Faith. »Exotic Dreams: A Cross-Cultural Study«. Dreaming 11, no. 2 (June 2001): 73-82.

Laderman, Carol. »Taming the Wind of Desire: Psychology, Medicine, and Aesthetics in Malay Shamanistic Performance«. Berkeley: University of California Press, 1991.

Lahr, Jan, ed. »The Celtic Quest«. New York: Welcome Books, 2008.

Lame Deer/John Fire and Richard Erdoes. »Lame Deer, Seeker of Visions«. New York: Simon and Schuster, 1994.

Larsen, Stephen. »The Shaman's Doorway«. Barrytown, NY: Station Hill Press, 1988.

Lewis-Williams, David. »Conceiving God: The Cognitive Origin and Evolution of Religion«. London: Thames and Hudson, 2010. Thames and Hudson, 2010.

———. »The Mind in the Cave: Consciousness and the Origins of Art«. London: Thames and Hudson, 2002.

Loebel-Fried, Caren. »Hawaiian Legends of Dreams«. Honolulu: University of Hawaii Press, 2005.

Lohmann, Roger Ivar, ed. »Dream Travelers: Sleep Experiences and Culture in the Western Pacific«. New York: Palgrave Macmillan, 2003.

Long, Max Freedom. »Geheimes Wissen hinter Wundern«. Bauer, 1985.

Matthews, Caitlin, and John Matthews. »Lexikon der keltischen Mythologien«. Seehamer Verlag, 2001.

Matthews, John. »The Celtic Shaman«. Shaftesbury, Dorset, U.K.: Element, 1991.

May, Rollo. »Liebe und Wille«. Ehp Taschenbuch 1988.

Metzner, Ralph. »The Well of Remembrance: Rediscovering the Earth Wisdom Myths of Northern Europe«. Boston: Shambhala, 1994.

Miller, Pamela Cox. »Dreams in Late Antiquity: Studies in the Imagination of a Culture«. Princeton, NJ: Princeton University Press, 1994.

Modesto, Ruby, and Guy Mount. »Not for Innocent Ears: Spiritual Traditions of a Desert Cahuilla Medicine Woman«. Arcata, CA: Sweetlight Books, 1980.

Moss, Robert. »Active Dreaming«. Novato, CA: New World Library, 2011.

———. »Blackrobes and Dreamers: Jesuit Reports on the Shamanic Dream Practices of the Northern Iroquoians«. Shaman's Drum, no. 28 (1998): 30-39.

———. »Conscious Dreaming«. New York: Three Rivers Press, 1996.

———. »The Dreamer's Book of the Dead«. Rochester, VT: Destiny Books, 2004.

. »Dreamgates: Exploring the Worlds of Soul, Imagination and Life beyond Death«. Novato, CA: New World Library, 2010.

———. »Dreaming True«. New York: Pocket Books, 2000.

———. »Dreamways of the Iroquois: Honoring the Secret Wishes of the Soul«. Rochester, VT: Destiny Books, 2004.

———. »The Secret History of Dreaming«. Novato, CA: New World Library, 2009.

———. »The Three ›Only‹ Things: Tapping the Power of Dreams, Coincidence and Imagination«. Novato, CA: New World Library, 2008.

Myers, F. W. H. »Human Personality and Its Survival of Bodily Death«. London: Longmans, Green, 1903.

Narby, Jeremy, and Francis Huxley, eds. »Shamans through Time«. New York: Jeremy P. Tarcher/Putnam, 2001.

Noel, Daniel C. »The Soul of Shamanism: Western Fantasies, Imaginal Realities«. New York: Continuum, 1997.

Paterson, Jacqueline. »Memory: Tree Wisdom«. London: Thorsons, 1996.

Pentikäinen, Juha, and Marie-Laure Le Foulon. »L'Ours, le grand esprit du Nord«. Paris: Larousse, 2010.

Plutarch. »Concerning the Face Which Appears in the Orb of the Moon«. Vol. 12 of Moralia. Übersetzt von Harold Cherniss und William Helmbold. Cambridge, MA: Harvard University Press, 1995.

Rasmussen, Knud. »The Netsilik Eskimos: Social Life and Spiritual Culture. Report of the Fifth Thule Expedition, 1921-1924. Vol. 8. Copenhagen: Gylendal, 1931.

Roberts, Jane. »The Education of Oversoul Seven«. New York: Pocket Books, 1976.

————. »The Nature of Personal Reality: Specific Practical Techniques for Solving Everyday Problems and Enriching the Life You Know«. New York: Bantam,1980.

————. »Gespräche mit Seth: Von der ewigen Gültigkeit der Seele«. Goldmann. 2001.

Rockwell, David. »Giving Voice to Bear: North American Indian Myths, Rituals and Images of the Bear«. Niwot, CO: Roberts Rinehart, 1991.

Rohde, Erwin. »Psyche: The Cult of Souls and Belief in Immortality among the Greeks«. New York: Harper Torchbooks, 1966.

Ross, Anne. »The Folklore of the Scottish Highlands«. New York: Barnes and Noble Books, 1993.

Ross, Anne, and Don Robins. »The Life and Death of a Druid Prince«. New York: Summit, 1989.

Rothenberg, Jerome, ed. »Technicians of the Sacred: A Range of Poetries from Africa, America, Asia, Europe and Oceania«. Berkeley: University of California Press, 1985.

Ryan, Robert E. »The Strong Eye of Shamanism«. Rochester, VT: Inner Traditions, 1999.

Sumegi, Angela. »Dreamworlds of Shamanism and Tibetan Buddhism: The Third Place«. Albany: State University of New York Press, 2008.

Tedlock, Barbara, ed. »Dreaming: Anthropological and Psychological Interpretations«. Santa Fe, NM: School of American Research Press, 1992.

————. »Die Kunst der Schamanin: Heilen und Wissen als weibliche Tradition«. Goldmann, 2007.

Thwaites, Reuben Gold, ed. »Jesuit Relations and Allied Documents: Travels and Explorations of the Jesuit Missionaries in New France, 1610-1791«. Cleveland, OH: Burrows Brothers, 1896-1901.

Tick, Edward. »War and the Soul: Healing Our Nation's Veterans from Post-Traumatic Stress Disorder«. Adyar, IL: Quest Books, 2005.

Tolstoy, Nikolai. »Auf der Suche nach Merlin«. Langen-Müller, 2000.

Trinkunas, Jonas, ed. »Of Gods and Holidays: The Baltic Heritage«. Vilnius, Lithuania: Tverne, 1999.

Vasilevic, G. M. »The Acquisition of Shamanic Ability among the Evenki Tungus«. In Popular Beliefs and Folklore in Siberia, ed. V. Dioszegi. Bloomington: Indiana University Press, 1968.

Vitebsky, Piers. »The Reindeer People: Living with Animals and Spirits in Siberia«. Boston: Houghton Mifflin, 2005.

————. »The Shaman«. Boston: Little, Brown, 1995.

Walsh, Roger N. »Der Geist des Schamanismus. Patmos. 2005.

Index

296

Über den Autor

Robert Moss ist der Vater des Aktiven Träumens, einer Originalsynthese der modernen Traumarbeit und uralter Schamanentechniken zur Seelenheilung und für Traumreisen. Er wurde in Australien geboren und hatte in seiner Kindheit drei Nahtoderlebnisse. Er leitet auf der ganzen Welt beliebte und gut besuchte Seminare, darunter auch eine dreijährige Lehrerausbildung in Aktivem Träumen und eine lebhafte Online-Traumschule. Er arbeitete früher als Dozent für Geschichte des Altertums an der Australian National University; heute ist er Autor von Bestseller-Romanen, Journalist und unabhängiger Wissenschaftler. Er hat bisher neun Bücher über das Träumen, Schamanismus und Imagination veröffentlicht, darunter *Conscious Dreaming, Dreamways of the Iroquois, The Three »Only« Things, The Secret History of Dreaming, Dreamgates und Active Dreaming.* Seine Webseite finden Sie unter www.mossdreams.com.

Weitere Informationen unter:
Workshops und Seminare: www.mossdreams.com
www.mossdreams.blogspot.com

Felix R. Paturi

Heilbuch der Schamanen

Mit Trommelrhythmen und Naturweisheiten das Bewusstsein verändern und das Wissen der Schamanen nutzen

MIT TROMMEL-CD, Gebunden,.illustr. 272 S.

ISBN 978-3-926388-72-8   € 29,90

Felix R. Paturi

Indianische Heilpflanzen

Mit heimischen und exotischen Pflanzen nach der indianischen Heiltradition Krtankheiten vorbeugen du behandeln

Gebunden, illustr, 168 S

ISBN 978-3-926388-86-5   € 19,90

Jürgen Majewski

Die Überwindung des Karmas

Die geistige Evolution der Menscheit. Ihre Entstehung - ihr Fall - ihr Aufstieg

TB, 168 Seiten

ISBN 978-3-941435-09-4   € 14,95

Peter Beck

Gespräche mit Franz von Assisi

Über die Liebe und das Leben im 21. Jahrhundert

TB, 220 Seiten

ISBN 978-3-941435-11-7   € 14,00